清代皇宫图鉴

清宫与皇家生活

李寅 著

·北京·

图书在版编目（CIP）数据

清宫与皇家生活 / 李寅著 . — 北京：中国经济出版社，2025.5. — （清代皇宫图鉴）. — ISBN 978-7-5136-8017-2

Ⅰ. D691.9-49

中国国家版本馆 CIP 数据核字第 2025W7M445 号

策划编辑	龚风光	陶栎宇
责任编辑	陶栎宇	
责任印制	李　伟	
封面设计	仙　境	

出版发行	中国经济出版社
印 刷 者	三河市嘉科万达彩色印刷有限公司
经 销 者	各地新华书店
开　　本	710mm×1000mm　1/16
印　　张	19
字　　数	246 千字
版　　次	2025 年 5 月第 1 版
印　　次	2025 年 5 月第 1 次
定　　价	79.00 元

广告经营许可证　京西工商广字第 8179 号

中国经济出版社 网址 www.economyph.com 社址 北京市东城区安定门外大街 58 号 邮编 100011
本版图书如存在印装质量问题，请与本社销售中心联系调换（联系电话：010-57512564）

版权所有　盗版必究（举报电话：010-57512600）
国家版权局反盗版举报中心（举报电话：12390）　　服务热线：010-57512564

序　言

我一直认为，就兴趣而言，对清代宫廷史的研究是一个不错的选择。

首先，清朝是一个"渗入性"很强的王朝。这个王朝的人物、典故、制度、沿革等，都会在不经意间渗入到人们的意识里。

这个王朝离我们太近了，有种往事如昨的代入感。比如帝王与深宫，清朝为我们留下了最后的影像；比如盛世与衰败，清朝为我们留下了生动的素材；比如制度与沿革，清朝为我们提供了宝贵的资料。可以说，清朝所经历的一切，都是今日中国的文化脉络、传承基因，不可割断，具有深层次的借鉴意义。

其次，对清代宫廷史的研究，是研究清代历史的一块敲门砖。进入这个领域，可以找到一些研究的方向和线索。对此，我认为：

对清代宫廷史的研究是了解清代帝王最便捷的渠道。开国皇帝努尔哈赤、皇太极的智慧与谋略；入关第一帝顺治帝的任性与豪情；千年一帝康熙帝的修身、齐家、治国、平天下的胆识与胸怀；毁誉参半的雍正帝的改制与革新；"十全老人"乾隆帝的奢华与才情；傀儡天子同治帝和光绪帝的懦弱与无奈；等等。

对清代宫廷史的研究是揭秘清代后妃最可靠的史料。后宫是神秘的，后妃是后宫的核心，喜欢猎奇的人对此会产生不同的理解。影视剧的编剧们则直接将形形色色的后妃形象搬上银幕，或有部分依据，或根本没有依据，想当然地编造了人物形象和情节，来吸引普通的观众。

深入研究清代宫廷史，则可以知晓历史真相。

比如乾隆三十年（1765年），乌拉那拉皇后遭遇不公事件。影视剧说成是因乾隆帝风流所致。实际上，是复杂的储位之争导致的。从表面上看，是乌拉那拉皇后与令贵妃魏佳氏的争斗，实质是皇十二子永璂与皇十五子永琰的储位博弈。乾隆帝猎艳的说法就显得很肤浅和毫无依据了。

同样，影视剧的某些桥段，也会在后宫史中加以验证。比如"假孕事件"，一般认为不可能在后宫中发生。可是，乾隆帝的后宫"脉案"却提供了依据。乾隆四十三年（1778年），惇妃悍然打死一名宫女，坊间流传乾隆帝与这名宫女有染，引发惇妃醋意而致。经考证，真相被揭开。乾隆四十年（1775年），皇帝65岁，惇妃30岁的时候，一场惇妃孕事的风波悄然袭来。惇妃被御医陈世官、罗衡诊断为已经怀孕，几个月后，深谙医道的刑部尚书余文仪诊断道："今荣分既应时而至，脉亦不见娠象，其无喜已经显著。"将事件定性为"假孕"。就是这个事件，使尴尬的乾隆帝冷落了惇妃，进而导致惇妃情绪失控，妇科疾病缠身，直至在焦躁中杖殴宫女致死。

研究清代宫廷史，还有一个很重要的原因，是人们对宫廷养生知识的渴望。多年来，人们对深宫养生知识兴致盎然，甚至出现民间"造假"的现象。

比如在雍正初年的"曾静案"中，曾静的口供中有"圣祖皇帝在畅春园病重，皇上（雍正帝）就进一碗人参汤，不知如何，圣祖皇帝就崩了驾，皇上就登了位"之语，于是人们认为康熙帝很重视吃人参，故而年过花甲仍很健硕。实际上，康熙帝从不吃人参，他认为北方人不宜吃人参，还为此痛斥皇八子，告诫他不要吃人参。

相反，有"十全老人"之称的乾隆帝，年过耄耋，成为中国封建社会最长寿的帝王，仰仗的并非山珍海味，而是锻炼养生，即长期坚持"十常""四勿"来强筋健骨。还有一个很重要的因素，就是他适时进补，吃时令食物，而不在食物多珍贵，那些反季节的食物最好不吃。

所以，研究清代宫廷史，不仅能够让我们了解清宫人物的"隐私"，还能为我们打开一扇探究过去的窗。

或许，这就是《清代皇宫图鉴》这套书的出发点和落脚点了。笔者经过努力，撷取史料精华，做到：

一是依档案，从宏观入手，对清朝十二帝及其后妃的形象、性格进行客观描摹。从细微处着墨，找寻契合大众口味的话题，对清代历史及特色文化进行深入浅出的科普，力求在传递知识的同时，增添阅读的趣味性。

二是依官史，结合民间史料，互为佐证，对所谓正史中描述的事件，进行对照、分析，寻找真实的历史，再现清朝宫廷原貌。

从清太祖努尔哈赤到末代皇帝溥仪，《清朝十二帝》记录了清代诸帝或聪睿，或果敢，或多情，或诙谐的多面人生。

从努尔哈赤的大妃衮代到末代皇后婉容，《宫闱里的后妃》深入探究了清帝的后宫状况，揭开这些红颜女子或风花雪月，或钩心斗角，或母子情深，或帝妃反目的神秘面纱。

从衣食住行到礼制宫俗，《清宫与皇家生活》全面展示了"第一家庭"的生活画卷，于一饮一馔，一节一俗中，领略有滋有味的清代皇宫生活。

希望这套书可以帮助读者拓展认知范围，丰富想象空间；同时，还可以为传播历史知识做出贡献。

倘如此，我则倍感欣慰。

2024 年 11 月 18 日

目　录

壹　临朝

幼儿临朝　　　　　　　　　　　002
不愿临朝　　　　　　　　　　　006
垂帘听政　　　　　　　　　　　009

贰　立储

康熙帝立储错在哪儿　　　　　　014
雍正帝的发明　　　　　　　　　017
随心所欲　　　　　　　　　　　020

叁　册封

皇帝的女人　　　　　　　　　　026
乾隆帝的尴尬　　　　　　　　　034
严苛的道光帝　　　　　　　　　039

肆 抬 旗

清宫中被抬旗的女人　　　　　　046

汉女恪妃　　　　　　　　　　　048

允禵的伤心事　　　　　　　　　053

伍 迁 都

清朝有几个都城　　　　　　　　058

多尔衮最正确的决策　　　　　　067

咸丰帝曾想迁都　　　　　　　　072

陆 行 宫

清朝的四大宫殿　　　　　　　　076

圆明园的哭泣　　　　　　　　　086

行宫坐汤　　　　　　　　　　　091

柒 外戚

康熙帝杀叔丈 100
乾隆帝杀小舅子 102

捌 洋人

顺治帝的洋"玛法" 108
为乾隆帝画全家福的洋人 112
不下跪的马戛尔尼 117

玖 清宫保健

康熙帝的养生之道 122
"十常""四勿" 125
可怕的教训 131

拾　清宫美容

　　梳头的快乐，剃头的烦恼　　　　　　　138

　　慈禧美容的妙方　　　　　　　　　　　142

　　慈禧美甲和洗澡　　　　　　　　　　　145

　　东　珠　　　　　　　　　　　　　　　149

拾壹　清宫美食

　　清宫的饮食习惯　　　　　　　　　　　154

　　炫目的美器　　　　　　　　　　　　　162

　　慈禧一餐之费，百姓万家之炊　　　　　166

拾贰　清宫服饰

　　皇太极的高见　　　　　　　　　　　　174

　　旗　鞋　　　　　　　　　　　　　　　178

　　荷包和小刀　　　　　　　　　　　　　181

拾叁　清宫娱乐

体育健身　188
游戏玩耍　196
宫中唱大戏　208

拾肆　清宫过节

过春节　214
康熙帝跳舞　225
"甄嬛"豪华过生日　229

拾伍　清帝出巡

"五台山寻父"　236
幸福的德妃　239
倒霉的乾隆帝出巡　243

拾陆　老佛爷的欢心事儿

　　吸水烟　　　　　　　　　　　250
　　玩官房　　　　　　　　　　　254
　　坐奔驰　　　　　　　　　　　257
　　照　相　　　　　　　　　　　259

拾柒　清宫太医院

　　提心吊胆的太医　　　　　　　264
　　为慈禧找名医　　　　　　　　266
　　自以为是的帝王　　　　　　　269

拾捌　准备后事

　　造棺材　　　　　　　　　　　274
　　制寿衣　　　　　　　　　　　279
　　陀罗尼经被　　　　　　　　　282
　　压　舌　　　　　　　　　　　286
　　亲临镇墓　　　　　　　　　　288

壹 临朝

幼儿临朝

清朝有5位幼年登基的皇帝，即顺治帝、康熙帝、同治帝、光绪帝、宣统帝。这5个小孩子之所以能够继承皇位，都是因为他们在特定的历史条件下，被人抬上了皇帝宝座。可是，他们的情况又各有不同。

顺治帝福临是皇太极第九子，6岁继位。顺治帝的幼年帝王生涯究竟是怎样的呢？先是在剑拔弩张中继位。顺治帝的继位，最能体现一句古语，叫"螳螂捕蝉，黄雀在后"。本来帝位没他什么事，可当强势的兄长豪格和实力派叔叔多尔衮相持不下的时候，弱小的福临便为各方所接受，意外继位。他的母亲因此被尊为皇太后，他成了少年天子。可这样的天子临朝，其处境可想而知。多尔衮摄政掌权，称号由"叔父摄政王"到"皇叔父摄政王"再到"皇父摄政王"，连皇帝专用的玉玺都被多尔衮占用。年幼的皇帝，甚至连学习文化知识的权利都被剥夺了，更不用说其他权利。一直持续到顺治七年（1650年）十二月多尔衮去世，14岁的福临才真正临朝亲政。

康熙帝玄烨，他是顺治帝第三子，8岁继位。康熙帝一出生就饱经苦难——他继位的时候，虽然年龄不大，却欠下了两大人情账，这账欠的都是同一个人的，那就是他的奶奶孝庄太后。一是生命是奶奶给的。生命不都是父母给的吗？确实，康熙帝的生命是父亲顺治帝和母后佟佳氏给的，可大约两岁的时候，小玄烨出了天花，被迫离开紫禁城，到宫外去避痘。在这个艰难的时刻，奶奶孝庄太后派出自己的心腹苏麻喇姑和保姆孙氏前往照料，顽强的小玄烨终于战胜天花病魔，活了下来。二是帝位是奶奶给的。顺治十八年（1661年）正月，顺治帝临终之际，想把帝位传给他的堂兄弟，是孝庄太

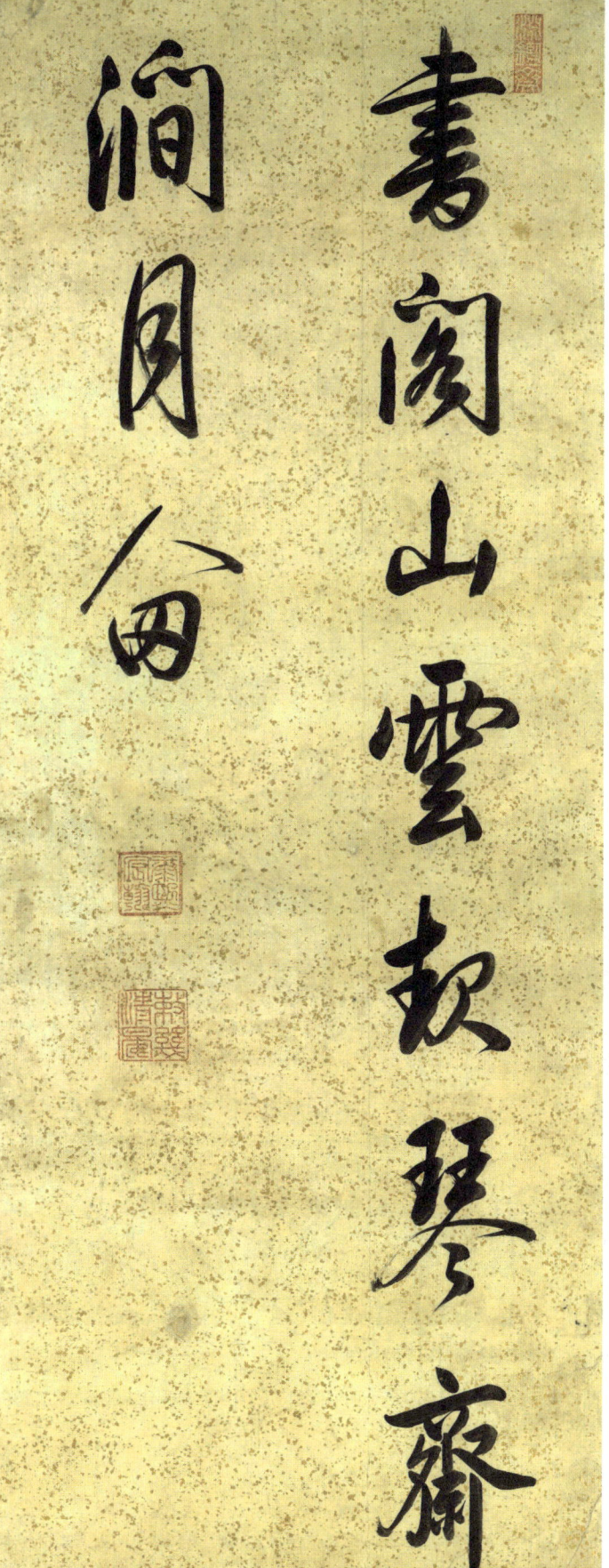

[清] 康熙帝书法

康熙帝的行书用笔不拘一格,变化多端,藏露结合考究,风格清丽洒脱,既有传统底蕴,又富有创新性。

[清] 佚名 《大公主大阿哥荷亭晚钓图》

大阿哥即道光帝长子隐志亲王奕纬，图中绘制的是大阿哥幼时与端悯公主在花园中玩耍的情景。

后坚持传位给顺治帝的儿子。正是孝庄太后一语定乾坤，才让8岁的玄烨得到了皇位。

玄烨继位后，先由索尼、苏克萨哈、遏必隆和鳌拜四位老臣辅政。到康熙六年（1667年），康熙帝已经14岁了，按照顺治朝的成例，理应亲政。可大权仍被掌握在鳌拜手中，朝野内外尽是他的党羽。在这种情况下，康熙帝只是傀儡而已。然而康熙帝非常机智，他在奶奶孝庄太后的帮助下，在康熙八年（1669年），使用计谋，据说借助少年布库（布库，即摔跤）一举除掉鳌拜，开始了自己的亲政生涯。

同治帝载淳是咸丰帝长子，他在悲凉和恐怖的气氛中继位，年仅6岁。这个懵懂无知的小皇帝几次听到争权夺利的大人们如雷般的争吵，吓得尿在了太后的衣服上，甚至弄湿了宝座。之后，他看到八位顾命大臣被处死或监禁，两个母亲垂帘听政，自己则孤独地坐在宝座上，由叔叔恭亲王奕䜣辅政，年号也由"祺祥"改为"同治"。这种局面一直持续了12年，到同治十二年（1873年）正月二十六日，贪权的母后才撤帘归政，从此同治帝便开始了他短暂的亲政生涯。

光绪帝则沦为政治御用品，垂帘听政的产物。他是同治帝的堂弟，其即位改清代子承父业的传统为兄终弟及。光绪4岁继位，权柄操纵在慈安、慈禧两太后手中。光绪七年（1881年）慈安暴亡之后，慈禧大权独揽，光绪帝彻底成为傀儡。这种状况持续到光绪十五年（1889年），光绪帝已经19岁了，慈禧被迫归政光绪帝，但实际上仍然幕后操纵。光绪二十四年（1898年）戊戌变法失败，光绪帝被囚禁于瀛台，过上了囚徒一样的生活，直到38岁去世。光绪帝自幼时登基，直到去世都是傀儡，权柄始终掌握在慈禧手中。

光绪三十四年（1908年）十月二十一日，光绪帝去世，慈禧命年仅3岁的溥仪继位，即宣统帝。小溥仪在父王的怀抱中草草登基，在位仅3年，民主和革命的浪潮就把清朝推翻了，隆裕太后悲凉地宣布清帝退位，小皇帝还未长大，就从宝座上走了下来。

不愿临朝

大家对孝庄太后的印象非常好，一致认为她对权力没有欲望，一心为大清，因此不愿临朝。真实情况是这样吗？

首先，孝庄吸取了大妃的教训。努尔哈赤的第四任大妃，多尔衮的生母阿巴亥，这个女人给孝庄留下了深刻的印象。大妃的权力欲很强，如为了以后控制代善而和他私通，被丈夫离弃；又如，在天命五年（1620年）重返汗王宫之后，她参与了一些行政事务；再如，在努尔哈赤生命的最后时刻，她急急忙忙前往浑河驻跸地，在努尔哈赤生命最后的4天里掌握了大量政治信息。正因如此，努尔哈赤去世后，第二天皇太极等便矫诏逼迫大妃殉葬。这吓坏了庄妃（孝庄当时的封号），给了她后妃不得干政，否则会死无葬身之地的深刻教训。因此，皇太极在世的时候，庄妃纵有一身才华，也不敢干预朝政。

其次，顺治帝在位期间，孝庄没有机会垂帘听政。皇太极病逝的时候，并没有留下遗嘱，安排谁来继承皇位。这样的情况导致众人争位，最终由并不占优势的福临侥幸继承了皇位。所以，当大权在握的多尔衮辅政，皇权自然旁落。孝庄这个时候想见自己的儿子都有困难，母子被迫分居，"经年累月始得一见"。这个时候，孝庄根本没有能力垂帘听政。多尔衮病逝后，顺治帝随即在顺治八年（1651年）宣布大婚亲政，孝庄就更没有机会垂帘听政了。

玄烨年仅8岁继位，顺治帝临终安排四大辅政大臣索尼、苏克萨哈、遏必隆和鳌拜辅佐。这个时候，出现了戏剧性的一幕——安徽桐城一个叫周南的秀才，千里迢迢跑到北京，向朝廷条奏十款，其中有一条就是请孝庄出来

［清］ 光绪"大雅斋"款粉彩瓷花卉银锭式盆

此盆造型小巧、颜色柔美，纹饰充满秋意。大雅斋是慈禧太后寝宫长春宫内的作画书房。

［清］ 康熙 画珐琅玉堂富贵瓶

此瓶铜胎侈口，削肩梨腹，口沿下饰茶花、莲花，颈垂蕉叶纹，瓶腹绘牡丹、辛夷，以及湖石，尽显雅致。底书"康熙御制"款，彰显了其宫廷御用的尊贵。

垂帘听政。不过，孝庄拒绝了周南的请求。为什么要拒绝呢？晚清慈禧为了继续垂帘听政，不惜改变大清继统家法，让与同治帝平辈的载湉继位，其重要目的就是自己能继续做皇太后，否则，如果按规矩找"溥"字辈继位，她就会变成太皇太后，那就不能垂帘听政了。这是清廷规矩。这个周南真糊涂，康熙帝继位，如果找人垂帘听政，也不是康熙帝的奶奶孝庄，而是他的两位母后——佟佳氏或博尔济吉特氏其中一位，或是两位共同垂帘。

那么说了半天，这个孝庄对权力是否有欲望呢？在我看来答案是肯定的。

皇太极死亡后，她取得姑姑哲哲（中宫皇后）的支持，一定要让自己的儿子继位。在剑拔弩张的关键时刻，她联络索尼等实力派，拥护儿子继位。为了保住儿子的皇位，她千方百计地与多尔衮周旋，甚至传出了太后下嫁的传闻。其后，儿子大婚，她为了巩固娘家博尔济吉特氏的地位，强行把自己的侄女立为中宫皇后；被废掉后，再次干预，又册立自己的侄孙女为中宫皇后。顺治帝去世，孝庄一语定乾坤，拥立年仅8岁的玄烨继位。玄烨大婚，孝庄再次给安排了一桩政治婚姻，让康熙帝玄烨娶重臣索尼的孙女赫舍里氏为皇后。玄烨亲政之后，孝庄幕后指导他擒拿鳌拜。三藩之乱期间，孝庄幕后指导，出谋划策。种种迹象表明，孝庄对政治是敏感的，对权力是有兴趣的。不过，孝庄是一个顾全大局的人，她不会因为权力而丧失理智。所以她一直在幕后操纵指导，并没有走上台前。

垂帘听政

在清代历史上，只有慈安和慈禧实现了真正意义上的垂帘听政。她们两人从默默无闻的后宫女性，通过发动惊心动魄的政变，走上了政治舞台，成为清朝仅有的两位走向前廷的宫中女主。

大清家法绝对不允许女子干政，更没有垂帘听政的说法。慈安、慈禧之所以能够垂帘听政，是由以下几个因素造成的。

一是咸丰帝临终时的错误安排。他惧怕由于儿子太小，大权旁落，于是安排几方势力互相牵制，即皇帝、太后和顾命大臣三种权力互相制约。其中，太后的权力象征是两枚闲章（"御赏"和"同道堂"），这就给贪权的慈禧以机会。

二是八位大臣激化矛盾所致。载垣、端华、肃顺等八位顾命大臣在处理政务的过程中太过强势，尤其是肃顺和杜翰等人在太后面前经常大喊大叫，"毫无人臣之礼"，他们和慈禧之间的大喊大叫，有的时候都吓坏了6岁的小皇帝。这迅速激化了矛盾，也说明咸丰帝选中的八位大臣在政治上并不成熟，不但不能消弭事端，反而激化矛盾。

三是两宫太后的权力欲望。慈安与慈禧这两宫太后，对权力是有欲望的。过去，人们一直认为慈安没有权力欲望，其实不然。比如，她和慈禧一拍即合，迅速形成命运共同体，联手发动祺祥政变。又如，同治帝去世，她附和慈禧违背大清家法，让光绪继位，就是为了继续和慈禧一起垂帘听政，等等。慈禧就更不用说了，这个女人对权力的欲望非常强烈，她绝不满足于幕后操纵，也不满足于和八位大臣共同决策——她的目标是走上台前，垂帘听政，

储秀宫

储秀宫，紫禁城内廷西六宫之一，明清后妃的居住地。慈禧太后曾居于此宫，并在此生下同治帝载淳。该宫建筑精美，彩画装饰华丽，现按慈禧五十大寿时期原状陈列。

养心殿东暖阁垂帘听政处

同、光年间，慈安、慈禧两宫太后在此垂帘裁决国事，是清朝政治史上的重要一幕，现仍保留着当时的原状，见证着历史的沧桑。

大权独揽。

四是恭亲王奕䜣的推波助澜。奕䜣是咸丰帝的异母弟弟，是有影响力的政治人物，可咸丰帝在临终之际所选择的八大臣中，居然没有奕䜣。咸丰帝这就犯了一个大错误，一下子把这个关键人物推向了对立面。因此，奕䜣和两宫太后迅速形成了命运共同体，他们一拍即合，达成瓜分权力的共识：太后垂帘，恭亲王议政。这样，一场政变即将爆发，八位大臣命运堪忧。

五是董元醇投石问路。咸丰十一年（1861年）八月初六，御史董元醇上疏朝廷，以皇帝年幼为理由，请求由皇太后暂时代理朝政。这是首次提出请太后垂帘听政，这个奏折正中慈禧下怀。可在讨论的时候，却遭到肃顺等人的坚决抵制。尽管如此，董元

醇还是给慈禧上台大造了舆论,吹响了号角。

条件再成熟,也得要当事人紧紧抓住。慈禧就紧紧抓住了有利条件,比肃顺提前4天返回北京,利用这个时间差,以迅雷不及掩耳之势发动了辛酉政变,八位大臣被逮捕下狱,慈安、慈禧终于登上了政治舞台的中心。

两宫垂帘分以下几个阶段:

第一阶段是同治元年(1862年)到同治十二年(1873年),慈安、慈禧共同垂帘听政。不过,由于慈安谋略远远逊色于慈禧,政令往往由慈禧发出。所以,虽然慈安位置略微优于慈禧,但由于才智不足而大权旁落,慈禧权势日重。同治十二年正月,由于同治帝已经大婚,两宫太后卷帘归政。

第二阶段是同治十三年(1874年)到光绪十五年(1889年)。早在同治帝病重期间,慈禧就迫不及待地出来参政。拥立光绪帝之后,两宫太后重新垂帘。到光绪七年(1881年)三月,发生了慈安暴亡的事件。慈安的死扫清了慈禧专权道路上的障碍,由两宫并尊而转为大权独揽。一直到光绪十五年,光绪帝大婚之后,慈禧撤帘归政。虽然撤帘,但慈禧仍然操纵权柄。从光绪十五年到光绪二十四年(1898年),在将近10年的光绪帝亲政期间,光绪帝实际上仍然事事受制于人。光绪二十四年戊戌变法失败,慈禧囚禁光绪帝,宣布训政,一直到光绪三十四年(1908年)光绪帝病逝,慈禧再立3岁的溥仪为帝后很快去世,训政长达10年之久。

我们算一下,同治帝在位13年间,基本是慈安、慈禧在垂帘执政;光绪帝在位的34年间,大多数时间基本是慈禧在垂帘执政,两位皇帝在位时间的总和是47年,正是慈禧垂帘听政的时间。

贰 立储

康熙帝立储错在哪儿

在康熙帝的一生中,给他留下最深刻的印象的事情是册立太子——不仅他自己印象最深刻,就是读康熙朝宫廷史的人,印象最深刻的也是这件事。可以说,在康熙帝的人生中,册立太子是他犯的为数不多的错误之一。那么,康熙帝在太子身上,究竟犯了哪些错误呢?梳理了一下资料,我们发现康熙帝问题还真不少。

一是册立太子的时间不对。康熙十三年(1674年)五月初三,允礽诞生于紫禁城坤宁宫,其母后赫舍里氏因难产于两个时辰后去世,终年21岁。康熙帝与皇后赫舍里氏感情甚笃,为了报答皇后,于康熙十四年(1675年)六月初三,康熙帝册封允礽为皇太子,这就是康熙帝犯的一个错误。大家想一想,这个时候,康熙帝22岁,太子2岁,两个人相差20岁,当康熙帝老的时候,太子也老了,这种情况对康熙帝极为不利,因为太子很有可能不甘心苦等而发动政变。后来的事实证实了这一点。倒不是太子发动了政变,而是太子发了牢骚:"哪有做40年太子的啊?!"明显是因为康熙帝立太子太早了。而且这与大清家法也不符,因为清朝没有立嫡立长的制度。再说,孩子这么小,谁也不知道他将来是不是能够承担此任,如果他早殇了呢?很明显,康熙帝册立太子的决定是太过鲁莽了。

二是没有原则地诱惑太子。我们知道,面对诱惑,一般人是没有免疫力的,尤其是权力诱惑。康熙帝那么聪明,应该知道这一点。可他明知故犯,用皇帝专有的特权诱惑太子。比如,太子的衣服,康熙帝居然特许他用黄色,黄色可是皇帝专用的颜色啊;太子吃的用的,比皇帝的都好;行礼时,王公大臣在皇

［清］ 康熙 珐琅彩牡丹瓶

　　瓶器内及底施白釉，外壁施紫釉，彩绘各色牡丹。器底蓝料书"康熙御制"四字楷款，外加双方框。

[清] 郎世宁等 《塞宴四事图》

此图创作于乾隆时期。早在康熙年间，康熙帝为巩固与周边民族的关系，在塞外围场召见蒙古王公，共行猎事，比武竞技，设宴款待。这种时候，康熙帝也会带上太子一起，以彰显太子的地位。

太子面前行两跪六叩大礼，几乎等同于帝王；在紫禁城，太子居然像皇帝一样走中门；等等。这不是诱惑吗？

三是纵容太子结交党羽。不管什么人，只要形成党派，那就很危险了。可太子居然形成了太子党。这些人以允礽的叔姥爷索额图为核心，成员有步军统领托合齐，刑部尚书齐世武，兵部尚书耿额，都统雅图、鄂善、悟礼等，他们互为党援，内外勾结。康熙帝忽略了太子党的形成，而太子党也对后来政局的不稳定产生了重要影响。

四是两度废立，耗尽了心血，也影响了自身形象。康熙四十七年（1708年）九月初四，康熙帝在心力交瘁的情况下，宣布废掉培养了33年的太子。由于用情过深，康熙帝宣布谕旨的时候"且谕且泣"，宣布完情绪也崩溃了。这件事让他寝食难安，经常做噩梦。仅废掉太子3月有余，到第二年，也就是康熙四十八年（1709年）正月二十一日，康熙帝便复立皇太子。大家看看，立的是你，废的也是你，出尔反尔，像什么话？这么严肃的事情，怎么会这样处理呢？最让人难以置信的是，3年后的康熙五十一年（1712年）十月初一，康熙帝下谕旨，再次宣布废掉皇太子允礽。

总之，康熙帝在立太子这件事上犯了很多错误。

雍正帝的发明

我们看清宫剧,经常会看到这样的镜头,老皇帝病逝之后,王公大臣来到乾清宫正大光明匾下面,在匾后面取出老皇帝的立储镭匣,里面有老皇帝的秘密立储谕旨,有满汉两种文字。于是,大家根据这个拥立新君继位,这就是清王朝的秘密立储制度。研究清代历史的人,都知道这是雍正帝的发明,纷纷盛赞他的聪明。

雍正帝秘密立储的时间是他继位的第一年,即雍正元年(1723年)八月十七日。这就奇怪了,他父皇康熙帝一辈子为之烦恼的事情,雍正帝怎么一下子就解决了呢?而且人家刚一继位就想了这么好的一个办法,那雍正帝岂不是比康熙帝聪明一百倍的天才吗?资料表明,这个秘密立储制度并非雍正帝独创,两千多年前就已经有了这个发明。据《旧唐书·列传·西戎·波斯》载:"其王初嗣位,便密选子才堪承统者,书其名字,封而藏之。王死后,大臣与王之群子发封而视之,奉所书名者为主焉。"《旧唐书》是由后晋赵莹主持编修的一部资料翔实的历史著作,其记载是可信的。按照《旧唐书》的记载,古代波斯王的秘密立储制度与雍正帝的做法毫无区别。我想,这个制度也许是雍正帝从波斯王那里学来的。

那么,雍正帝为什么一继位就急急忙忙做这件事呢?首先,他需要吸取血的教训。康熙帝在位时,两度废立太子,弄得康熙帝心力交瘁,寝食难安。废太子后,又出现了九子夺嫡,当时康熙帝序齿的儿子有24个,其中有9个参与了皇位的争夺。这9个儿子分别是大阿哥允禔、二阿哥废太子允礽、三阿哥允祉、四阿哥胤禛、八阿哥允禩、九阿哥允禟、十阿哥允䄉、十三阿哥允祥、十四阿哥允禵。他们各树党羽，山头林立。大爷党：纳兰明珠、余国柱、佛伦。太子党：索额图、格尔芬、阿尔吉善、苏尔特、哈什太、萨尔邦阿、杜默臣、凌普、阿进泰、苏赫陈、倪雅汉、齐世武、托合齐、耿额、鄂缮。三爷党：陈梦雷、李绂。四爷党：十三阿哥允祥、张廷玉、隆科多、年羹尧、马齐、戴铎、鄂尔泰、田文镜、李卫。八爷党：九阿哥允禟、十阿哥允䄉、十四阿哥允禵、裕亲王福全、满都护、景熙、吴尔占、苏努、阿布兰、佟国维、阿灵阿、撲叙、王鸿绪、阿尔松阿、鄂伦岱、何焯、秦道然、张廷枢、普奇、马尔齐哈、常明、徐元梦、巴海、法海、查弼纳、萧永藻、高成龄等。久而久之，党派之间互相倾轧，大案迭起，甚至发生了流血冲突，连康熙帝自己都说："你们这些逆子，将来我死之后，会束甲相争，停尸不葬的。"这是一个多么无奈而凄凉的故事啊，雍正帝要引以为戒。

其次，形势的逼迫。雍正帝继位，朝野内外都怀疑他的正统性。兄弟不服：尤其是八弟、九弟、十四弟，甚至连自己的亲生母亲都不相信儿子是正常继位。王公大臣更是一片质疑之声：大学士、领侍卫内大臣等反对派超过了半数。更有甚者，都统鄂伦岱竟敢把雍正帝的谕旨"掷之于地"。这还了得？

沈阳故宫崇政殿正大光明匾

此匾为乾隆帝弘历亲笔题写，为木雕、铜字、宫殿陈设式挂匾。

形势逼人，不赶紧立下储君，万一发生不测，局势将不可逆转。而且，雍正帝向王公大臣宣布自己已经秘密立储，有利于政局的稳定，人心的稳定。

最后，秘密立储有技巧。雍正帝虽然不是秘密立储的首创者，但他发明了一些小技巧。一是选择年龄小的立储，在他的儿子中，他没有选择已经20岁的皇三子弘时，而是选择了只有13岁的弘历，因为他认为小的孩子可以调教，逐步成长。另外，也免得自己去世之后，新皇帝年龄过大，无所作为。二是择贤而立，雍正帝虽然对自己的儿子都不太满意，但还是选择了最优秀的儿子弘历，这就比较公平，也有利于大清的发展。

不管怎么说，秘密立储也算是雍正帝的创举。这种办法后来成了一种制度，之后的帝王大多仿照这个办法秘密立储。

［清］　青玉"三希堂"玺

全器选一块青玉琢制而成，以朱文篆刻"三希堂"三字，外围单方框。这方青玉玺置于养心殿的多宝槅中。"三希堂"位于养心殿西暖阁，是乾隆帝的书房和藏宝之所。

随心所欲

雍正帝定下的立储规矩，其实包含了三层意思：一是秘密；二是即位之后就立储（当然是条件已经具备的情况下）；三是择贤而立，选择最优秀的皇子。那么，雍正帝之后的帝王在立储问题上，是否遵循了这一做法呢？

一、乾隆帝。一开始，乾隆帝确实遵循了雍正帝秘密立储的规矩，乾隆帝一继位就秘密立了储君，这人就是孝贤纯皇后所生的永琏。可惜，这个孩子后来偶感风寒过世了。乾隆帝随后命人公布了乾清宫正大光明匾后面的镡匣，确认了当年立储信息，并按照皇太子之礼办理了永琏的丧仪。可是接下来，乾隆帝就不按规矩办了。皇太子去世，按理他应该接着选择贤者，继续立储。乾隆帝没这么做，他一定要在孝贤纯皇后所生的皇子中择立一位。结果就是到乾隆十一年（1746年），永琮生，乾隆决定立其为太子，可惜第二年大年三十，永琮出天花病逝，计划落空。至此，乾隆帝就完全不按父皇的规矩办理立储事宜，久拖不决，以至于发生了宫斗事件。发生在乾隆三十年（1765年）的那拉皇后（即乌喇纳拉氏，一称辉发那拉氏，无谥号）剪发事件，说到底就是那拉皇后的皇子（皇十二子）和令妃的皇子（皇十五子）在争夺储君，结果是皇后被令妃打败，悍然剪发，酿成了事端。

二、嘉庆帝。这个中规中矩的皇帝是否遵循了秘密立储的规矩呢？按照档案的说法，他在嘉庆四年（1799年），太上皇乾隆帝一去世之后，就按照祖制秘密立储了，要是真这么做了，那就是遵循了雍正帝当年定下的规矩。可到嘉庆二十五年（1820年）七月二十五日，嘉庆帝暴亡于承德避暑山庄，当人们匆匆忙忙找寻嘉庆帝随身携带的秘密立储诏书的时候，发现根本找不到，这怎么可能呢？如果他真的按照规定做了，不会找不到，这么关键的东西，怎么可能丢了呢？到后来道光帝继位，在公布的诏书中，根本没有提到秘密立储诏书。也就是说，嘉庆帝晚年身边并没有秘密立储镡匣，原因不明。

三、道光帝。道光帝是个特例，他继位的时候，只有一个皇子奕纬，道光帝看不上这个皇子，所以直到道光十一年（1831年）奕纬去世的时候，他也一直没被立为太子。从道光十一年开始，道光帝的皇子接连出生，他却仍然不按规矩立储，况且这个时候的道光帝已经50岁了，这样的年龄都不立储，是很危险的事情。一直拖到道光二十六年（1846年），道光帝才勉强确立储君。但他违背了雍正帝择贤而立的规矩——他没有选择更优秀的皇六子奕䜣，而是选了不是很优秀的奕詝，明显带有随心所欲的倾向，后来的历史证明了这一点。道光帝之所以选中奕詝，就是因为他仁慈，但这完全不是一个帝王选择接班人的标准。例如，阎崇年先生对咸丰帝奕詝有三个字的评价，那就是：错，错，错。

四、咸丰帝。他有2个皇子，但只有一个存活，所以没有争议，也就谈不上秘密立储了。

五、咸丰帝之后，进入慈禧统治的时代。那么，慈禧立储的标准是什么呢？有以下两条：一是要选择幼君，便于垂帘听政；二是要具有叶赫那拉家族的血统或是密切关联，后来继位的光绪帝载湉和宣统帝溥仪无不如此。因此晚清在长达半个世纪的历史中也没有秘密立储的痕迹。

所以，当年雍正帝苦心确立的秘密立储制度，其实并没有被很好地执行。他的子孙后代为所欲为，秘密立储制度成为一纸空文。

[清] 乾隆 瓷胎洋彩翠地山水诗意双喜樽

此器仿青铜壶造型，双喜耳、圈足，全器上下分三段，中间颈部可以旋转。器壁上饰有翠蓝地锦上添花纹，洋菊、洋花叶等纹路。器腹上绘有春夏秋冬四景图，四幅图上分别以隶、楷、行、篆四种字体，题写了乾隆帝于皇子时期所作的四首诗文。

[清]　郎世宁　《乾隆帝元宵行乐图》（局部）

此图描绘了乾隆帝与皇族在宫苑共庆元宵的盛景。图中的乾隆帝安详端坐，目视子弟欢庆，彩灯璀璨，氛围祥和，既展现了节日的喜庆，又凸显了皇家的尊贵与亲情。

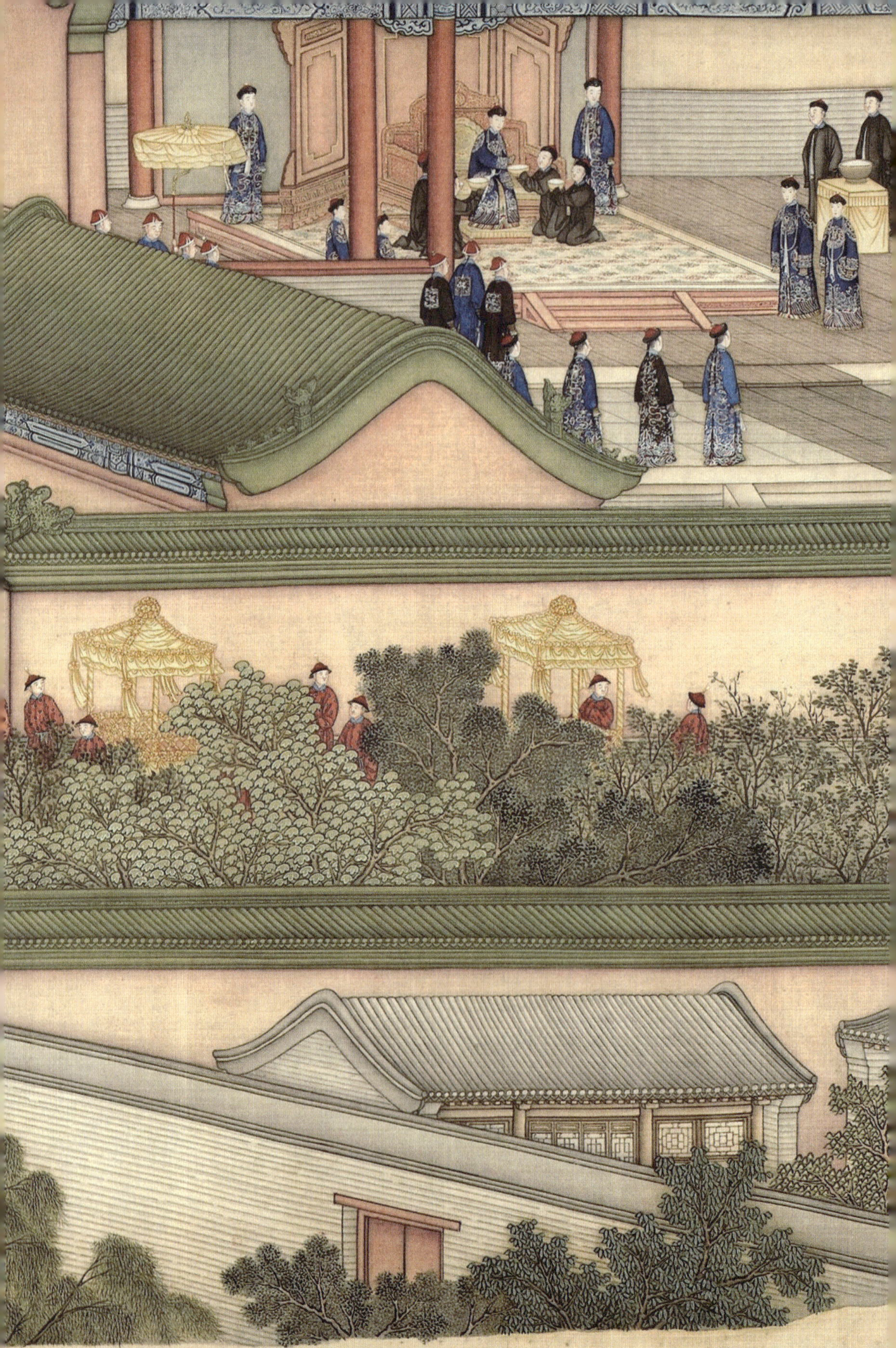

叁 册封

皇帝的女人

皇帝的女人有两个特点：一是多，数量之多，那不是我们可以想象的；二是等级森严。

先说数量。皇帝号称有三宫六院七十二嫔妃，可见皇帝女人之多。清朝的皇帝对自己的女人非常重视，他们认为，普天之下的女人都是自己的。当然，皇帝之所以可以有很多女人，除特权之外，也有冠冕堂皇的理由，那就是多妻才能多子，才能从孩子中选择最优秀的接班人，那是为了国家的利益。清朝祖制，凡是满洲八旗的女孩子，没有经过皇帝选看，没有被撂牌子，是不能嫁人的。否则，自行嫁人的满洲女子的父亲就要受到严厉处分，历史上就发生过类似的事情。清朝皇帝的女人是通过选秀女这个办法进入内廷的，由户部主持，3年选看一次。尽管如此，由于每个皇帝的性格不同，继位的年龄也不尽相同，他们的女人数量差别很大：努尔哈赤有17位妃嫔，皇太极有14位妃嫔，顺治帝有32位妃嫔，康熙帝有55位妃嫔，雍正帝有25位妃嫔，乾隆帝有41位妃嫔，嘉庆帝有20位妃嫔，道光帝有23位妃嫔，咸丰帝有18位妃嫔，同治帝有5位妃嫔，光绪帝有3位妃嫔。

从以上数据可知，康熙帝最多，达到55位。即使如此，查阅史料可知，这并不是他全部的后妃。资料记载，康熙四十六年（1707年），各处妃嫔数量是乾清宫26位，景阳宫129位，其他地方的女人还不算，这些数量就远远高于上述记载的康熙帝妃嫔数量。之所以会这样，和康熙帝身体特别好，非常喜爱女人有直接关系。当然，这跟康熙帝大权在握也有关。晚清的光绪帝完全是傀儡帝王，婚姻大事处处受制于慈禧太后，就连自己喜爱的珍妃都受到

皇后御用夏衣

满族女袍

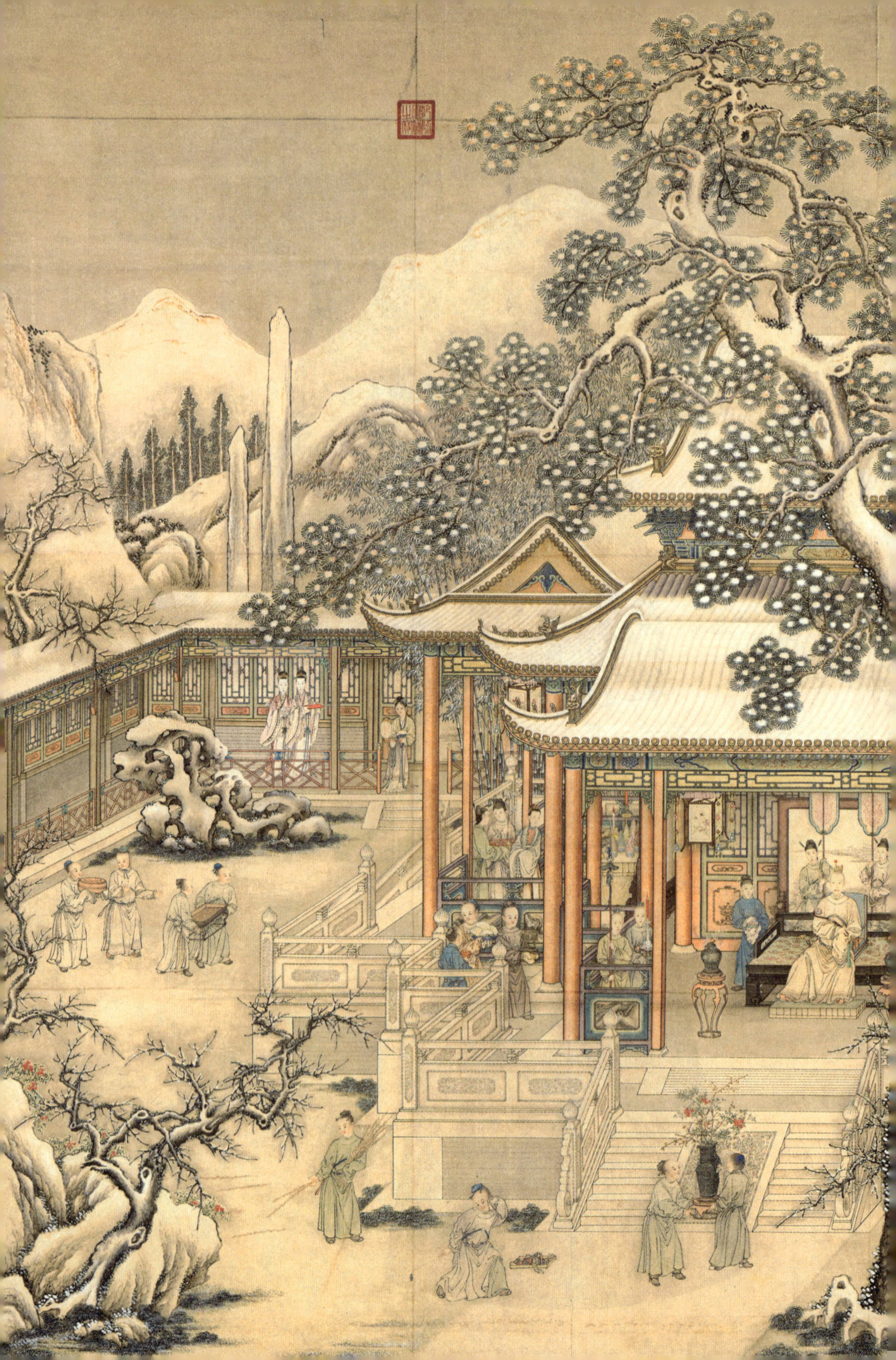

慈禧杖责，最后被慈禧扔入井中活活淹死。因此，光绪帝的妃嫔数量也最少，仅有3位而已。

再说等级森严。清朝皇帝的后宫共分八个等级：皇后、皇贵妃、贵妃、妃、嫔、贵人、常在和答应。数量配置是这样的，皇后一人，皇贵妃一人，贵妃二人，妃四人，嫔六人，这些被称为"主子""主位"或"封号+主子"，而贵人、常在、答应则不能称为主子，因而也就没有具体数量的限制。由于等级有别，待遇就相差很大。宫妃待遇在档案中叫"宫分"。举个例子，皇后每年宫分是1000两白银，每天猪肉是25斤，以下按照等级递减。那么，到最后一个等级的答应，就少得可怜了，答应的每年宫分是30两，猪肉每天1.8斤，我们看看，1000两和30两之间的差距有多大。就连和皇帝睡觉（宫里面叫"侍寝"）也是一样，皇帝晚上和谁睡觉，皇后有知情权，也要备案，这叫"中宫签奏"，可见皇后拥有一定的权力。每年的大年三十、正月初一、正月初二，皇后对皇帝有独享权，也就是皇帝在这3天哪儿都不能去，必须在皇后的寝宫里过夜，否则就是违制。要不皇后怎么叫"后宫之主"呢？

[清] 佚名 《弘历古装行乐图》

图中描绘了雪后乾隆帝在亭中端坐，回廊上几位嫔妃正欲来到乾隆身边共赏雪景。画面刻画入微，笔触细腻，设色典雅，一派温馨祥和之意。

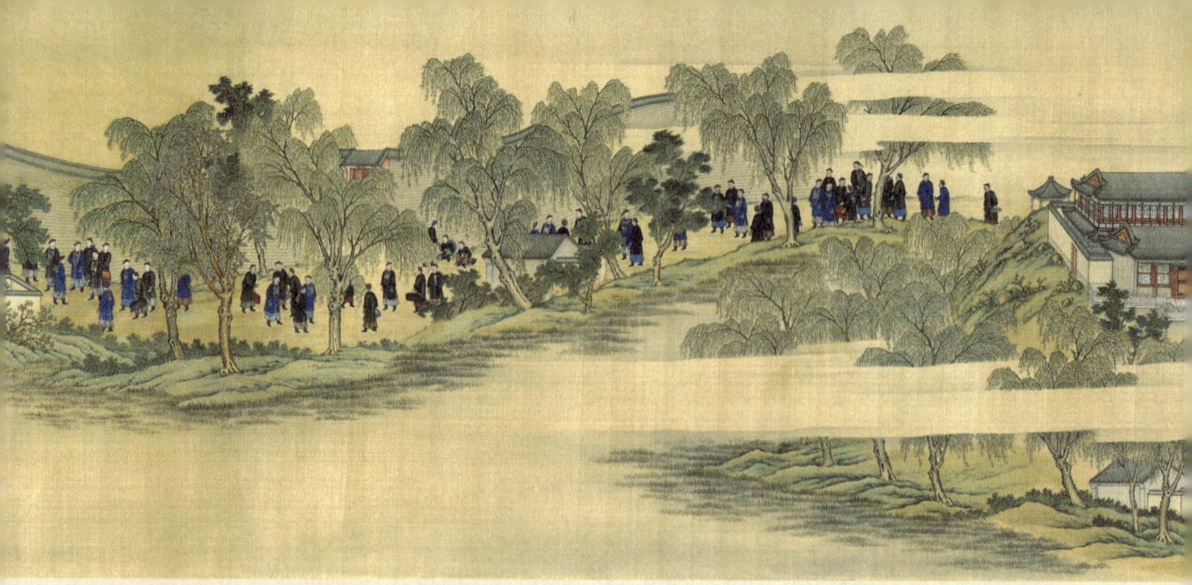
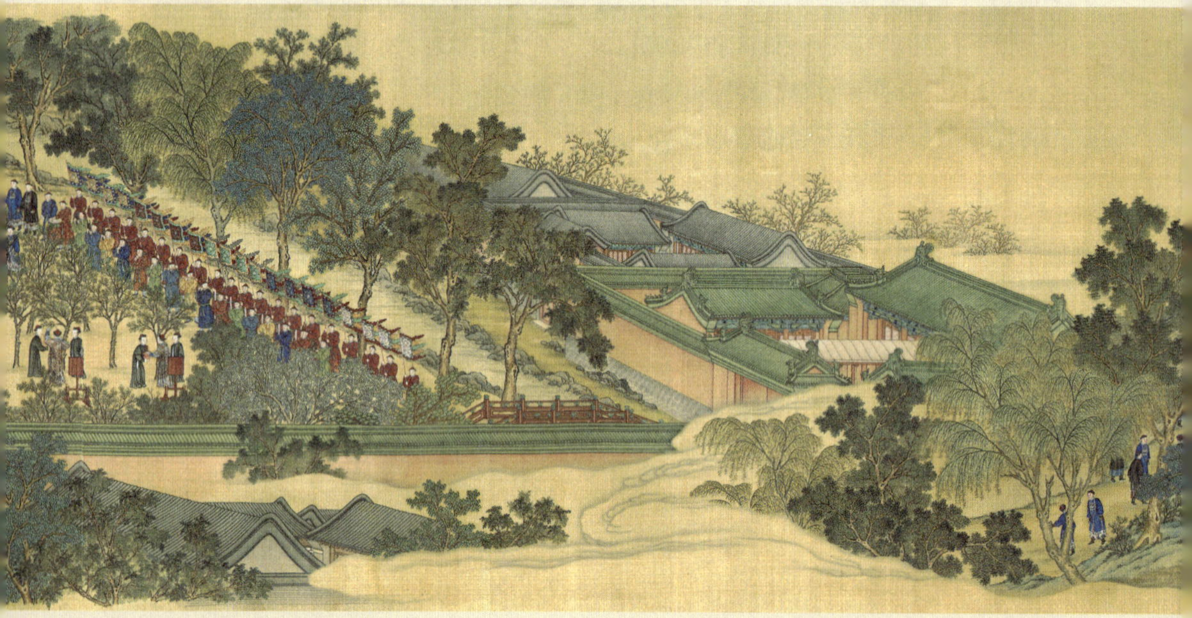
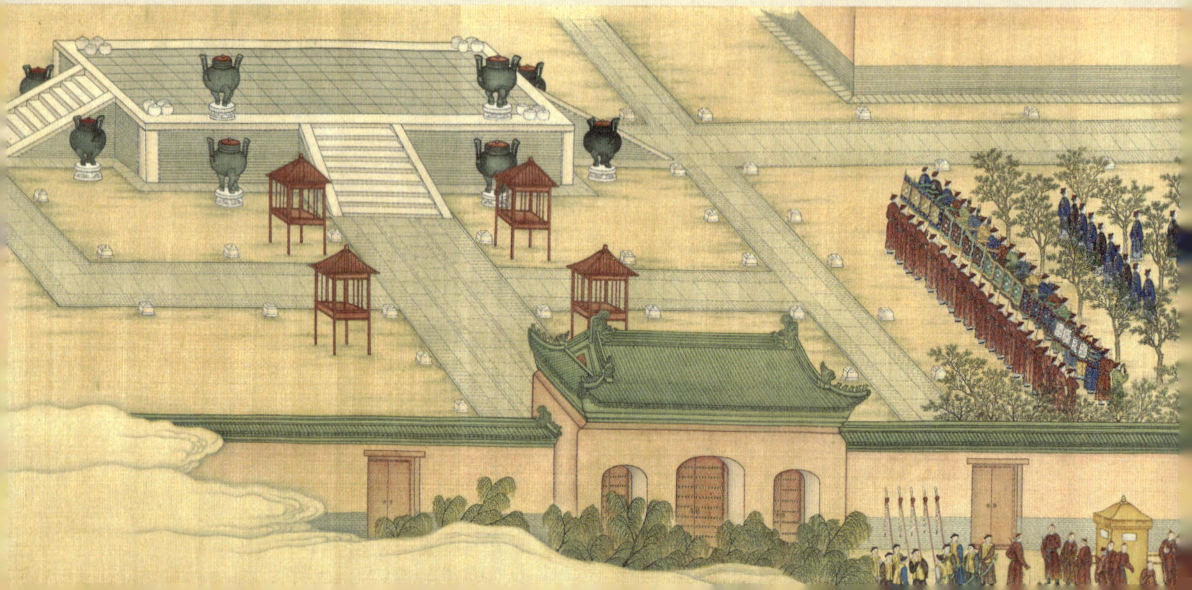

[清] 郎世宁 《院本亲蚕图》（第三卷·采桑）

该画卷精细地描绘了皇后亲蚕仪式中的采桑环节。图中，皇后端坐于观礼台，仪态端庄，众命妇在蚕母的指导下忙碌地采桑。

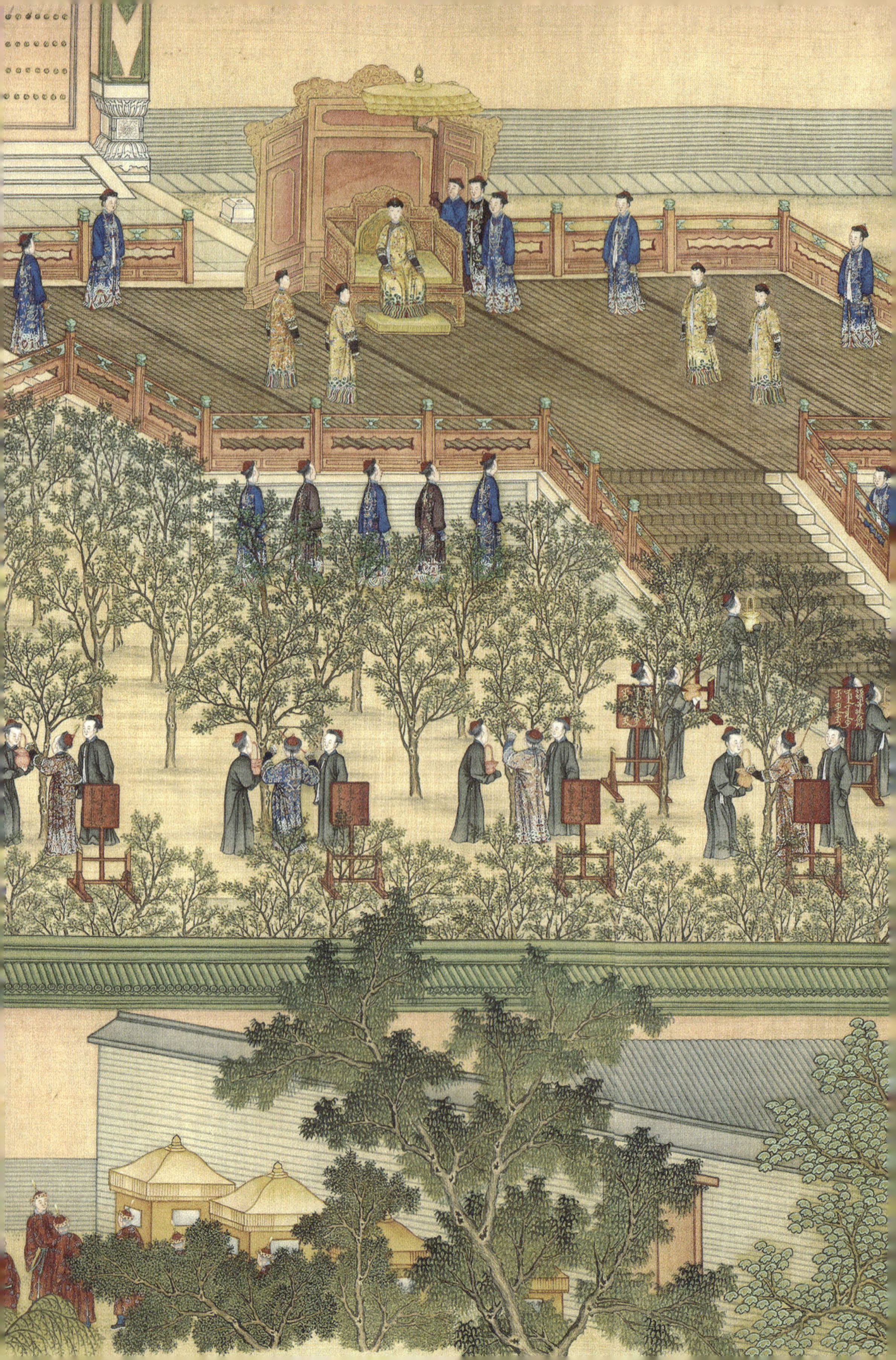

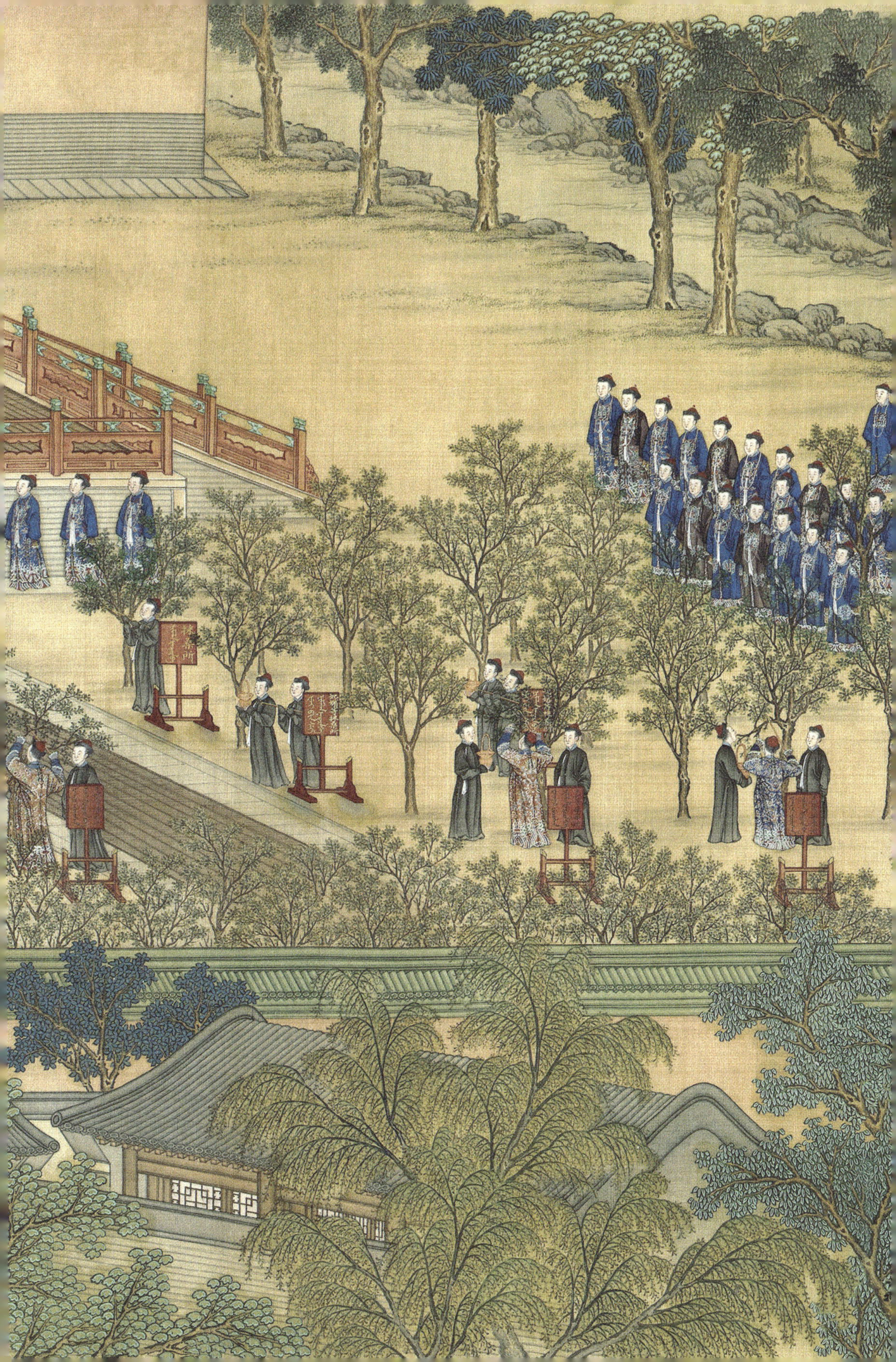

乾隆帝的尴尬

在后妃管理这个问题上,乾隆帝作为一代雄主却面临着很多尴尬的情况。本来乾隆帝处处以爷爷康熙帝为榜样,在政治、文化、处事,甚至作风等方面都不例外,力图使自己成为康熙帝一样的伟大帝王。在册封皇后这件事上,乾隆帝也不例外。康熙帝有33年没有中宫皇后,乾隆帝也居然29年让后宫无主。如果说乾隆帝就是学习康熙帝,可实际情况并非如此。乾隆帝之所以几十年没有中宫皇后,是因为另有隐情。在我看来,主要有以下几点:

尴尬一:第一个皇后之死,责任在于乾隆帝。我们知道,康熙帝后宫由于33年没有皇后,所以不得不把后宫委托给贵妃主持,这是不得已的行为。没有中宫皇后,家庭明显不完美,谁愿意这样啊?可由于康熙帝有克后的嫌疑,当第三个皇后去世之后,康熙帝便决定不再封后。那么,乾隆帝也是这样吗?乾隆的第一位皇后孝贤纯皇后死于乾隆十三年(1748年)三月十一日,年仅37岁。这件事起因是由于她的第二个皇子永琮大年三十出天花病逝,导致孝贤纯皇后伤心患病,但并无大碍。如果在宫中精心调养,也会康复的。可乾隆帝要带她出去散散心,登泰山,游趵突泉,看起来很好,其实却犯了两个大错。一是这个季节不应该出去。刚刚过完春节,春寒料峭,寒气对大病之人有侵体之害。果然,孝贤纯皇后感冒了。二是不应该坐船走水路。返程的时候,乾隆帝一行到德州,便出于好意,别出心裁地提出要改乘龙舟,沿运河北上,这就大错特错了。重感冒之人,在初春的冷水中,湿寒之气会急速侵入脏腑,加重病情。果然,已经病入膏肓的孝贤纯皇后禁不住这番折腾,一病归天了。

尴尬二：第二个皇后之死，乾隆帝负有重大责任。乾隆三十一年（1766年）七月十四日，那拉皇后病逝。她死后，乾隆帝后宫便没有了皇后。可是，这个女人的悲剧，完全是乾隆帝造成的：一是乾隆帝收回恩宠，虽然这是由于那拉皇后擅自剪发，但资料表明，那拉皇后之所以这样做，是因为另有隐情，即乾隆帝不遵家法立储，引起皇后不满，激发事端。二是皇后去世的时候，乾隆帝并没有像康熙帝那样善待死者，反而降级而葬，并大发雷霆，痛斥皇后种种不是，把矛盾公之于众。种种迹象表明，那拉皇后之死，将责任归于乾隆是没有问题的。于是有大臣上书为那拉皇后鸣不平，乾隆帝对此采取强势镇压的态度。

尴尬三：宫斗之人，乾隆帝无法册立为中宫皇后。这个女人就是令妃魏佳氏，她从乾隆二十一年（1756年）到三十一年（1766年），连续生了6个子女，创下了后宫生育之最。也许正因如此，令妃野心勃勃，向中宫皇后之位发起了挑战，她的目标有两个：一是自己坐上皇后的宝座，成为后宫之主；二是儿子被立为皇太子，将来接班。她要达到这个目的，就必须扫除前面的障碍，那就是那拉皇后。于是，令妃绞尽脑汁，最后不仅让乾隆帝为她做主，就连皇太后也大力支持，那拉皇后孤立无援，终被令妃打败。乾隆三十年（1765年），令妃如期晋封为皇贵妃，主持后宫事务。但这不是她的最终目标，她还要努力。关键是，乾隆帝这个时候处在极为尴尬的境地，令妃是宫斗的胜利者，如果把她册立为

［清］乾隆 凤玦御墨

墨正反两面皆模印一凤，并饰以类卷云纹之图样。墨侧有『大清乾隆年制』『御墨』填金款识。

035

[清] 姚文瀚 《乾隆皇帝是一是二图》

图中乾隆帝身着汉装，正在赏玩。坐榻周围分别放置各类古物，计有青铜器、玉器、瓷器、书画、善本等，清内府之收藏可见一斑。

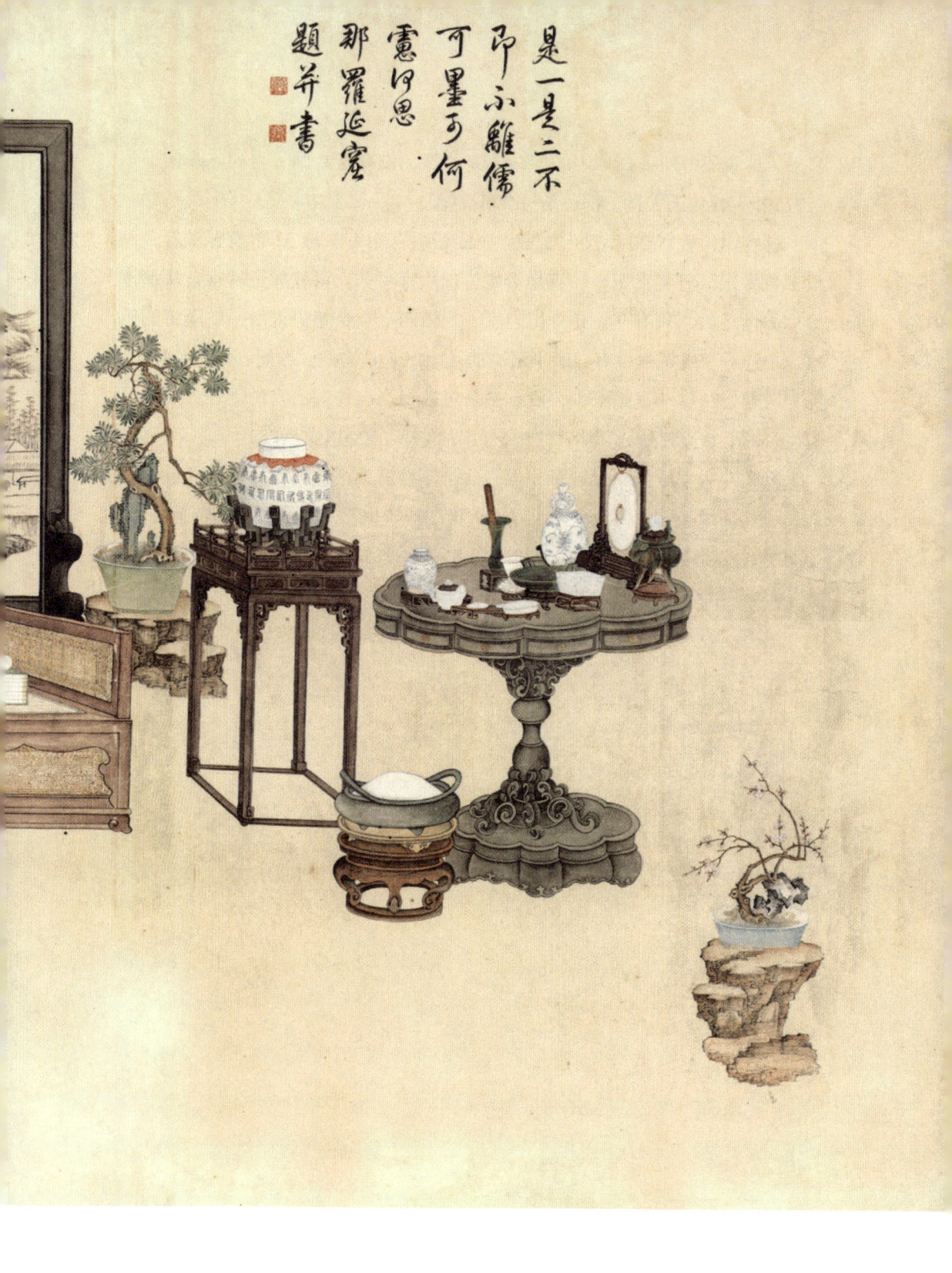

是一是二不
即不離儒
可墨可何
慮得思
那羅延窟
題並書

皇后，好说不好听。所以，乾隆帝一直犹豫，没有晋封她，直到乾隆四十年（1775年）魏佳氏去世，都还是一个皇贵妃。

尴尬四：后宫20年没人当家。康熙帝后宫中，虽然33年没有皇后，也没有皇贵妃，但有贵妃，一直是贵妃佐理后宫事务。可乾隆帝后宫自从那拉皇后去世之后，只有9年是令妃当家。乾隆四十年令妃去世后，乾隆帝的后宫之中连一个贵妃也没有，级别最高的几个妃子是愉妃、颖妃、舒妃、容妃、惇妃、顺妃，这6个妃子中，没有一个可以担当起佐理后宫的重任，要么没有生育，要么遭到处分，后宫之中，可谓群龙无首，尴尬至极。

乾隆的后宫虽然与康熙帝相似，几十年后宫无主，但是由于个人性格不同，所处环境各异，两位皇帝给我们留下的印象也不尽相同：康熙帝是温情，是担当；乾隆帝则是无情，是尴尬。两者不可同日而语。

严苛的道光帝

说一个皇帝严苛到了变态的地步，似乎有点不太礼貌。可事实就是这样。

首先，对自己的儿子奕纬严苛。按说，道光帝旻宁应该感谢奕纬。你想，旻宁15岁结婚，都28岁了，女人成群，却一个孩子也没有，嘉庆帝会怎么想？说不定觉得他有问题。就是在这个关键时刻，奕纬出生了，嘉庆帝长吁了一口气：旻宁没问题，阿弥陀佛。可旻宁对这个奕纬是什么态度呢？三个字：不喜欢。具体表现为如下几点：

一是没有立即施行密立太子的祖制。道光帝即位后，没有立即秘密立储。这个制度是雍正帝创立的，从雍正帝开始，都是在即位或亲政后就秘密立储。雍正帝在元年立储，乾隆帝在元年立储，嘉庆帝在嘉庆四年（1799年）亲政后立即立储。可道光帝即位后一直不立储君。道光帝立储的时间是道光二十六年（1846年），那时候，奕纬已经去世15年了，而道光帝也已经65岁高龄了。

二是不给奕纬晋封爵位。奕纬的爵位贝勒，是嘉庆二十四年（1819年）爷爷嘉庆帝封的。道光帝即位，直到道光十一年（1831年）奕纬去世，他的爵位一直没有晋升。道光帝去世，咸丰帝即位，才追封奕纬为郡王。

三是道光帝责罚奕纬。不喜欢也就算了，清末一个老太监信修明讲述宫中传闻，说是道光帝误杀了奕纬。据他回忆，道光初年，为了培养奕纬，道光帝给他请了一位好老师，教他知识。可是，谁知道这个老师多事，为了劝贪玩的奕纬读书，竟然对他说："你要好好读书，将来做一个好皇上。"奕纬本来不爱读书，偏巧老师还拿做皇帝这事说话，奕纬因此十分生气，说："我做了皇上，先杀了你。"奕纬说完就忘了。可是谁知道，这个老师认真了，他

[清] 道光 洋彩紫藤花鸟纹蓝地盖碗

盖碗底及盖足内白釉无纹外，盖底及碗底青花分别书"慎德堂制"四字二行楷款，"慎德堂"正是道光帝在圆明园居所的堂号。

怕万一将来奕纬真做了皇帝,会杀了自己。于是他便跑到道光帝那里告密,意思无非要道光帝保护他。道光帝闻报,大怒,把奕纬叫来。他刚跪下请安,道光帝就踢了他一脚,正好伤了下部,没过几天就死了。道光帝这么对待自己的骨肉,难道不是很严苛吗?

其次,是对自己的妃嫔严苛,无缘无故地将自己的妃嫔降级。

第一,范围广。之前也出现过皇帝因事降低妃嫔位分的事件,如顺治帝降皇后博尔济吉特氏为静妃;乾隆帝因惇妃打死宫女,降其为惇嫔等。但那都是极个别的事件,可能一个皇帝只有一个后妃出过类似的事情。可道光帝妃嫔的封号被降级却不是这样,范围非常广泛。道光的23位后妃中,有13位被降级,超过一半,闻所未闻。

第二,位分迅速上升,直线下降。道光帝的彤贵妃就是代表。她15岁入宫,比道光帝小35岁。彤贵妃一入宫就是贵人,起点高。道光十二年(1832年),由贵人晋封为嫔;道光十三年(1833年),由嫔晋升为妃;道光十六年(1836年),由妃晋升为贵妃,总共只花了5年时间。接下来的宠幸,使她在5年之内连续生育3个皇女。道光二十年(1840年),生皇七女;道光二十一年(1841年),生皇八女。可是,接下来她尝到了乐极生悲的滋味。就在彤贵妃生下十公主之后,道光二十四年(1844年),她自己还陶醉在幸福之中的时候,灾难降临:"顷之,降贵人。"我们查遍各种资料,道光帝也没有作解释。这是为什么?这个女人很惊讶,由贵妃到贵人,简直是天壤之别,由女主变成了低级嫔御,这让她无法理解,也无法接受。之后6年里,直到道光帝去世,她都没有再被晋升。

第三,位分反复升降。道光帝的成贵妃就是典型代表。成贵妃比道光帝小31岁,15岁入宫,之后她经历了几次沉浮:进宫封贵人,不久降为常在;道光十六年,晋封为贵人;道光二十五年(1845年),再晋封为嫔。可是,过了4年,不幸再次降临:"后复降为贵人。"原因不详。直到道光帝去世,她的封号一直没被晋升,成贵妃的封号是后来的皇帝尊封的。

第四,儿女双全,仍遭降级。祥妃就是这样的。可以这样说,无论如何,只要妃嫔有了生育,尤其是生了皇子,即使她们犯的是十恶不赦之罪,皇帝也很难下决心惩处妃嫔。可祥妃是个例外。祥妃生育了3个子女:道光

[清] 道光　铜镀金累丝嵌珍珠如意簪

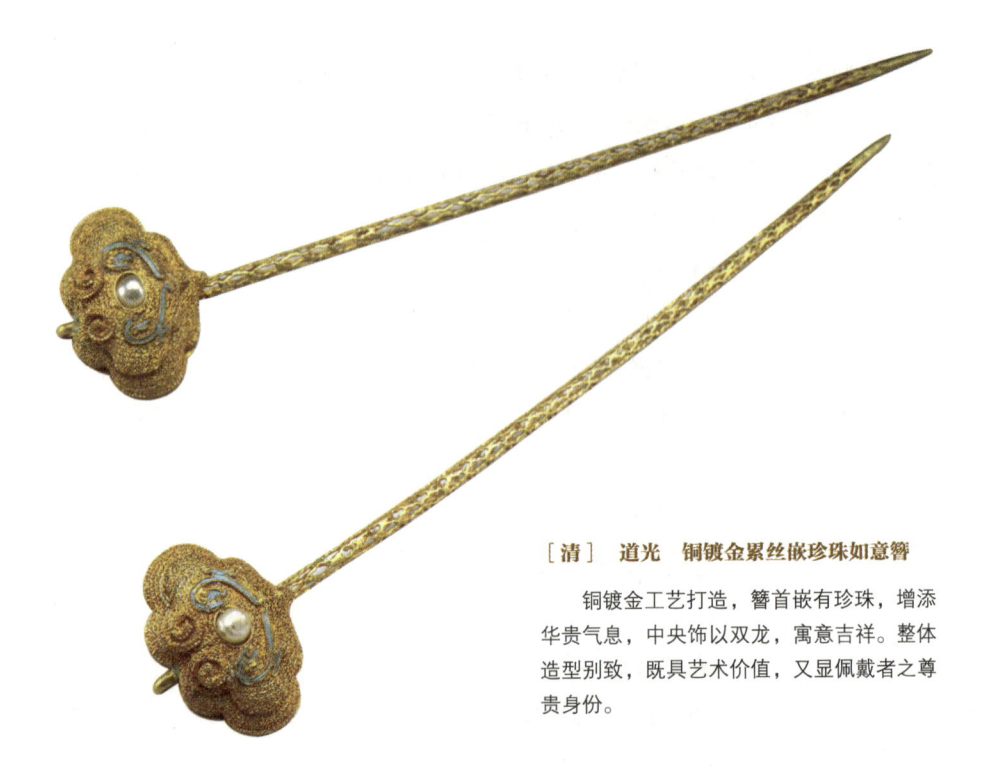

铜镀金工艺打造，簪首嵌有珍珠，增添华贵气息，中央饰以双龙，寓意吉祥。整体造型别致，既具艺术价值，又显佩戴者之尊贵身份。

五年（1825年），生皇二女；道光九年（1829年），生皇五女；道光十一年（1831年），生皇五子奕谅，祥妃这时候23岁。23岁的祥妃，儿女双全，封号也不错，可以称为"主子"了。可6年后，不幸降临："顷之，降贵人。"她做梦都没有想到，自己给皇帝生了3个儿女，没有功劳，也有苦劳，怎么会降级呢？而且一下子就降到了入宫开始时的封号。

第五，连续打击，两次降级。道光帝有3个妃嫔，惨遭两次降级。一是恒嫔。她姓蔡，是一个汉女。恒嫔于道光十四年（1834年）进宫，起步封号为贵人。可不久，道光帝降其为常在，至道光十八年（1838年），道光帝再降其为答应。这个封号一直持续了12年，到道光帝去世也始终没有变化。二是睦嫔。睦嫔入宫即是贵人，道光十年（1830年），被晋封为嫔。就在1年"试用"期满，要正式下册文的时候，道光帝突然把她降为贵人；没过多长时间，又将她降了两级，为答应。睦嫔是个经不住打击的人，遭此不幸，过去不久，她含恨离开人世。三是那贵人。那贵人出生于道光五年（1825年），此时，道光帝43岁，可以说是隔辈人吧。那贵人进宫时被封为常在，很快晋封为贵人。可是，那贵人在道光二十一年（1841年），被降为常在；道光二十五年（1845年），再降为答应。

我们分析道光帝后宫这13位被降级的妃嫔，得出以下结论：一是降级不分等级。道光帝这些后宫妃嫔，被降级的有贵妃、妃、嫔、贵人、常在等，各个等级都有。所以作为道光帝的后妃，即使做了贵妃，当上了堂堂的主子，也没有保证，仍可能在一夜之间成为下等人。二是灾难突然降临。道光帝的这些妃嫔被降级往往是突然的，史料中很少说明原因。不管是生育的、没有生育的，还是很得宠的，都会在突然之间被降级。三是遭降级之人，一般没有翻身的机会。道光帝这13位遭降级的妃嫔，往往没能翻身。凡遭降级的妃嫔，就很难升格，直到道光帝去世，也不会有任何机会。

大家看，道光帝是不是很严苛呢？

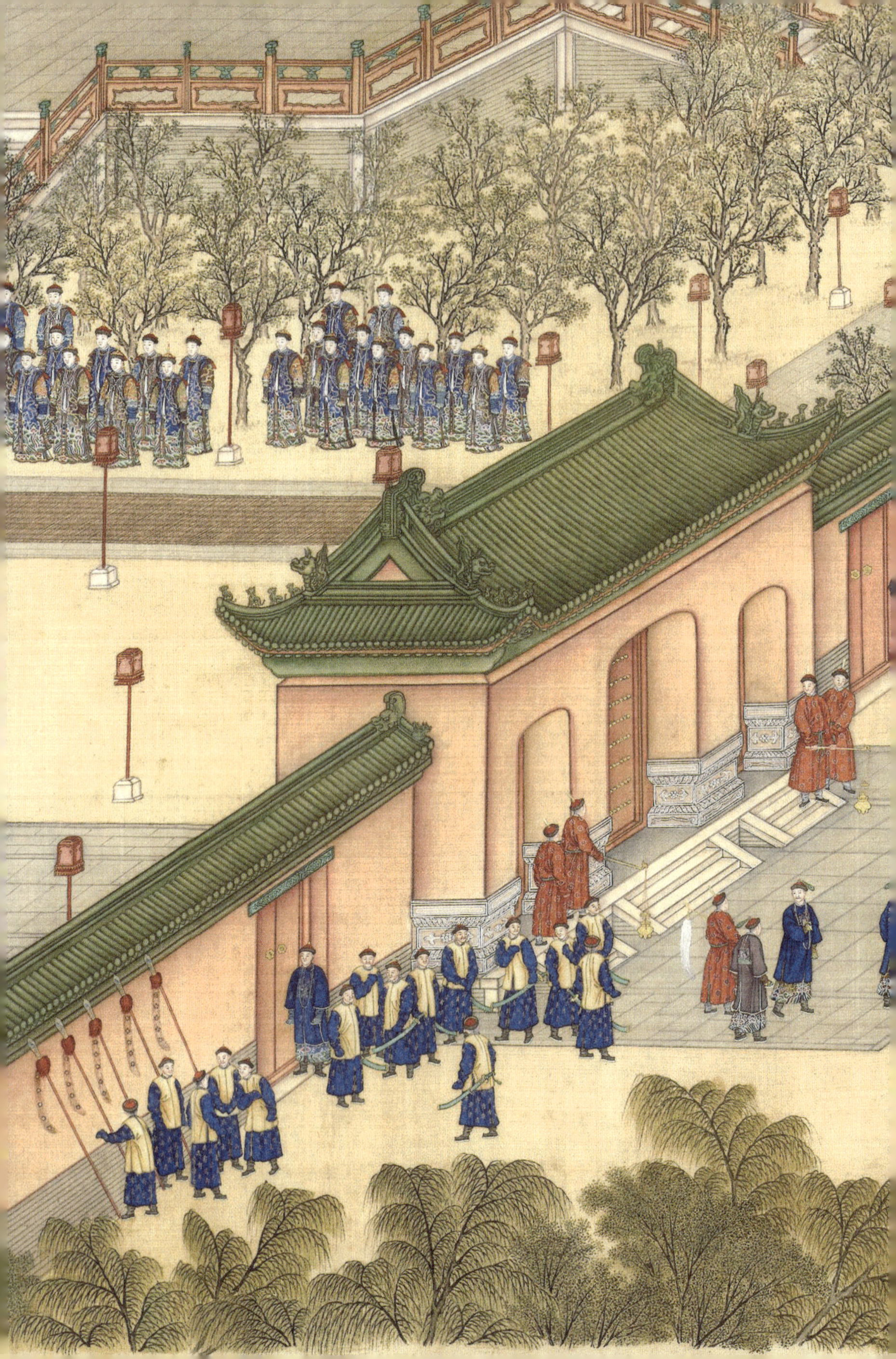

肆 抬旗

清宫中被抬旗的女人

什么是"抬旗"呢？就是在满洲八旗中，将某人的旗籍由下五旗（镶白旗、正红旗、镶红旗、正蓝旗、镶蓝旗）进入上三旗（镶黄旗、正黄旗、正白旗），这其实是一种特殊的政治待遇，只有特殊的人才可以享受。清宫中的女人，如果不是那种特别有身份的人，是很难办到的。下面我们就讲讲清朝皇帝中最典型的几次抬旗活动。

一、康熙帝为母家抬旗。这是我们见到的清宫中最早的抬旗记录了。康熙十六年（1677年），康熙帝亲政后，给他的母亲孝康章皇后佟佳氏抬旗。他母亲佟佳氏原来属于地位低下的汉军旗，直到她做了皇太后也没有改变，康熙二年（1663年），佟佳氏去世。康熙十六年，佟佳氏去世十几年后，康熙帝决定为母亲抬旗，由汉军旗抬入上三旗中的镶黄旗。此后康熙帝规定："皇后和皇太后的丹禅可以抬入上三旗。"丹禅就是娘家人。大家想一想，康熙帝这个时候想起为母亲的丹禅抬旗，除自己亲政后想通过此举彰显皇权之外，恐怕还有其他原因。这个时候，他的两个表妹已双双入宫，大表妹被封为贵妃，备受宠爱，将来还有可能再晋升。最重要的一点是奶奶孝庄这个时候还健在，她对汉人进宫很反感，尽管母亲是汉军旗的身份，但和上三旗相比，简直是天壤之别。所以，为了改变这种状况，缓解这一矛盾，也为了让奶奶高兴，让自己的表妹高兴，让自己九泉之下的母亲高兴，康熙帝决定为母家抬旗。当然，抬旗就抬最好的旗，因此佟佳氏被抬入了镶黄旗。

二、乾隆帝为后妃抬旗。资料显示，乾隆帝为他的3位最宠爱的女人抬过旗。一个是令妃。令妃本是汉军镶黄旗包衣（奴仆），由于气质独特，乾隆帝非常宠爱她。令妃连生6个子女，尤其是她的次子永琰更是被秘密立为皇太子，所以令妃被抬旗势在必行——魏氏一族由汉军旗包衣抬为满洲镶黄旗。不仅如此，嘉庆帝即位后，还在母亲的姓氏后面也加了一个非常好听的字"佳"，由"魏氏"尊称为"魏佳氏"。另一个被抬旗的人是乾隆帝的慧贤皇贵妃高氏。高氏本是内务府包衣，属于奴才，不过乾隆帝非常喜爱这个女人。虽然这个女人一个孩子都没生，但乾隆帝还是给她抬了旗，将她抬到镶黄旗。还有一个被抬旗的女人是他的淑嘉皇贵妃金氏。金氏本是朝鲜族，属于内务府包衣。这个女人的肚子非常争气，给他生育了4个皇子，这让乾隆帝龙颜大悦，将她抬入满洲正黄旗，宠幸异常。

三、慈禧为自己抬旗。晚清的慈禧太后出身下五旗的满洲镶蓝旗，她的父亲惠征曾弃城脱逃，本是一个罪人。可是咸丰十一年（1861年）七月十七日，咸丰帝病逝，慈禧升格为圣母皇太后，便下达为自己母家抬旗的懿旨。抬入什么旗呢？大家想想，以慈禧的个性，那一定是抬入最高级别的旗。果然，她要求抬入镶黄旗。从此，慈禧的丹禅就由镶蓝旗一跃成为镶黄旗。

清朝三位最有权势的人物都按自己的心意为母家或宠妃抬了旗，而那些没有权势的人，是很难实现这个目标的。

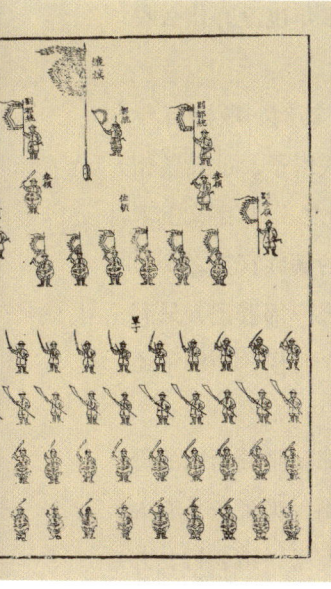

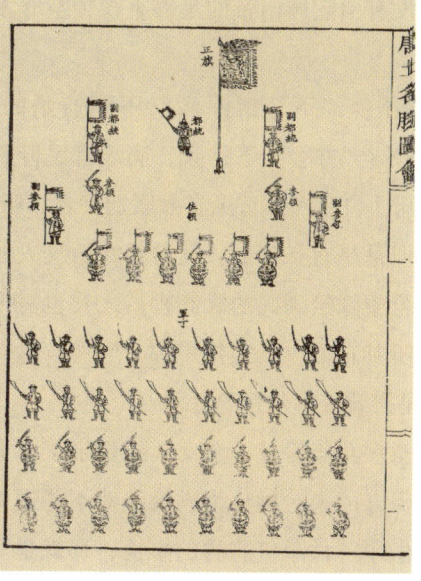

正旗与镶旗的人员构成

选自《唐土名胜图会》，日人冈田玉山等编绘，现收藏于日本早稻田大学图书馆。正旗与镶旗的人员构成以满洲为主，也包含部分蒙古人和汉人。在清朝时期，正旗与镶旗不仅是军事单位，也是行政单位。镶黄、正黄、正白三旗由皇帝直接统领，地位尊贵，镶白、正红、镶红、正蓝、镶蓝五旗则由诸王、贝勒等统领，地位略逊。

汉女恪妃

大家都认为，满洲贵族为了保持自己血统的纯洁性，不愿意与汉族女子通婚。但事实并非如此，刚入关就有满人愿意与汉人通婚，而这个人是顺治帝。顺治帝要娶进宫中的女子是谁呢？这个女子就是恪妃石氏，系河北直隶滦州人，户部侍郎石申之女。《永平府志》记载了石氏所受的恩宠：赐居永寿宫，安享尊荣；冠服准许用汉式，尊重其民族信仰；准许其母赵淑人乘肩舆入西华门，至内右门下，入宫看望女儿。现在想来，这个滦州女子胆子够大的。她不怕闲言碎语，不怕传统束缚，勇敢地闯进紫禁城，成为第一个吃螃蟹的人。当然，作为亮明身份的汉族女子，终清之世，她也是唯一的。可惜的是，恪妃进宫之后并没有引起顺治帝的足够重视，空守多年也没有什么收获，更没有生育子女。

不仅如此，顺治帝还曾经下令解除满汉不能通婚的禁例。顺治五年（1648年），顺治帝下谕旨："方今天下一家，满汉官民皆朕臣子，欲其各相亲睦，莫若使之缔结婚姻，自后满汉官民有欲联姻好者，听之。"从字义上来看，满汉可以通婚了，但是是有条件的：凡希望嫁给汉人的满族官员之女须呈明户部，登记户口；希望嫁给满人的汉族官员之女也需报户部登记，只有非官员家妇女许配满人听其自便，无须报户部。当然，这个时候，顺治帝还处于傀儡时期，这些都是摄政王多尔衮的意思。

可是，多尔衮的美意在几年后被一个女人给否定了，那就是顺治帝的母后孝庄太后。孝庄是个保守的人，她认为满汉绝对不能通婚。为了防止有人改变这一政策，孝庄还做了一件杀气腾腾的事情，那就是写了一道懿旨，并

[清] 浅绿色缎绣博古花卉纹夹袍

缀银鎏金錾花扣四枚，衬粉红地暗花丝绸里，内絮薄棉。

[清] 雪灰色绣四季花篮棉袍

缀铜鎏金錾花扣四枚，藕荷色素缎为地，月白色暗花绫里，内絮薄棉。

[清] 焦秉贞 《南巡苏州虎丘行宫图》

此画以精湛的画技展现了康熙帝南巡苏州虎丘行宫的盛景。画面布局宏阔，人物众多，用笔谨严，色彩浓艳。虎丘美景与行宫建筑相得益彰，展现了盛世的繁华气象。

051

且把它悬挂在紫禁城神武门上面，内容是："有敢以汉女入宫者斩。"多么霸气，还带有血腥的味道，《清宫词》中就记录下了这件事。

然而，孝庄的话顺治帝并未听从，除让汉女恪妃入宫之外，顺治帝还产生了非常叛逆的想法，根据《清皇室四谱》记载："初，世祖稽古制，选汉女以备六宫。"顺治帝甚至想在他的后宫多选汉女，但这一想法没有实现。

顺治帝以后的几代皇帝，尤其是康熙帝、乾隆帝这些具有远见卓识的帝王，不仅对汉文化充满了兴趣，对汉族女子也同样颇有兴趣。比如，康熙帝六下江南，乾隆帝六下江南，都带回过数名漂亮的汉族女子进入宫廷为妃，但那都是偷偷的，不敢公开她们的真实身份。即使这些汉女生育了，她们在宫中的地位仍然十分低下，连合法的权益也不能得到保障。所以，满汉通婚基本没有实现。随着时代的发展，满汉通婚的呼声越来越高，尤其到清末，帝国主义侵入中国，在西方的意识形态的冲击下，保守的清王朝会采取怎样的措施呢？

光绪二十七年（1901年）十二月二十三日，慈禧太后发布懿旨："我朝深仁厚泽，沦浃寰区。满汉臣民，朝廷从无歧视。唯旧例不通婚姻，原因入关之初，风俗、语言或多未喻，是以着为禁令。今则风同道一，已历二百余年，自应俯顺人情，开除此禁。所有满汉官民人等，着准其彼此结婚，毋庸拘泥。"满汉可以通婚了，满汉青年皆大欢喜。不仅如此，慈禧还对汉女的三寸金莲特别指示："至汉人妇女，率多缠足，由来已久，有伤造物之和。嗣后缙绅之家，务当婉切劝导，使之家喻户晓，以期渐除积习。"慈禧说得很客观，清廷不鼓励裹小脚，但不要过于勉强，要循序渐进。

因此我们可以得知，满汉不能通婚的禁令是孝庄下达的，最后是慈禧解禁的。

允禩的伤心事

允禩是康熙帝的第八子,他虽生在皇家,但一生坎坷不断,时运不济。而且允禩经常暗自伤心落泪。究竟是什么事让他如此伤心呢?

首先,他有一个不随心的母亲。允禩的母亲卫氏本是康熙帝的一名宫女,她出身辛者库(八旗机构名,又指一种特定的罪籍身份)。内务府选秀女的时候,因为卫氏漂亮,被康熙帝看中。更有人说卫氏唾液生香,故而有"香妃"之称。卫氏获宠后,于康熙二十年(1681年)生下允禩。

这个出身,既怨不上卫氏,也怨不上允禩,要怨只能怨康熙帝,为什么要召幸卫氏,让她生下允禩。可是,康熙帝不怨自己,却屡屡抱怨挖苦允禩出身微贱,不足以承继大统。说实话,这真的是康熙帝的不对了,你嫌卫氏出身微贱,为什么不给她抬旗呢?卫氏本人觉得对不住允禩,但允禩并没有抱怨母亲的出身,他极为孝顺,母亲去世后,允禩恪守三年之丧,以尽人子的孝心。

其次,众人捧杀了允禩。比如,大哥允禔害了他。本来,允禔觊觎太子之位,可康熙帝无意于他,允禔便转而拥立允禩。他在父皇面前极力夸赞允禩有才,堪当大任。康熙帝一下子警觉起来,认为允禔和允禩结党妄行,他声称允禩比允禔更可恶,还骂他们为乱臣贼子,把允禩的贝勒爵位也剥夺了。由此来看,允禔这不是帮倒忙吗?

最后,大臣也害了允禩。康熙四十七年(1708年)十一月十四日,康熙帝在废掉太子之后,征求王公大臣的意见,说:"你们今天给我保荐一个人做皇太子,除去允礽之外,你们保荐谁,我就让谁做太子。"大臣们信以为真,

[清] 康熙 松花石苍龙教子砚

不规则长方形绿色石砚。砚首雕饰云龙纹，一龙之龙首与龙身翻腾于波涛中，下方高浮雕一幼龙，回首望着后方的大龙。

一致保荐允禩为太子。康熙帝一听，不但没有兑现诺言，还对允禩大加挞伐，说他"出身微贱，做不了太子"。康熙帝也不想想，那么多皇子，大家为什么一致推举允禩呢？说明他很优秀啊，自己应该高兴才对。可是，康熙帝坚决予以拒绝，还严厉批评大臣，说他们与允禩结党为患。康熙帝这不是出尔反尔吗？说话不算数，有失帝王威严。话说回来，允禩这次被大臣举荐，却适得其反，真正是被大臣们捧杀，误了前程。

还有一件事让允禩非常伤心。康熙五十三年（1714年）十一月，正值允禩母亲去世3周年之际，康熙帝从承德返京，允禩为了表达孝心，让心腹太监前去问安，并把两只猎鹰进献给父皇。可怪事发生了，本来非常健壮的猎鹰，献到康熙帝面前的时候却奄奄一息，成为殆毙之鹰。这让康熙帝大怒，他大骂允禩"藐视朕躬"，并说他之所以这么做，就是因为没当成皇太子，所以恨他这个父亲。康熙帝说出了很决绝的话："自此，朕与允禩父子之恩绝矣！"允禩得到信息，非常害怕，也非常伤心。他本是一番好意，打死他也不敢这么藐视父皇啊！

所以，允禩倍感前途渺茫，对父皇、对自己都失去了信心。康熙五十五年（1716年）秋季，允禩病重，御医给他诊治并开了药方。但是心灰意懒的允禩失去了活下去的勇气，拒绝配合治疗，他说："我是在父皇前获有重罪之人，多日未得瞻仰天颜，如今有何颜面求生？"允禩的话被报告给父皇，康熙帝仍拒绝接见。

允禩的母家出身就决定了他的前途，所以即使他再优秀，也不可能有机会继承大统。

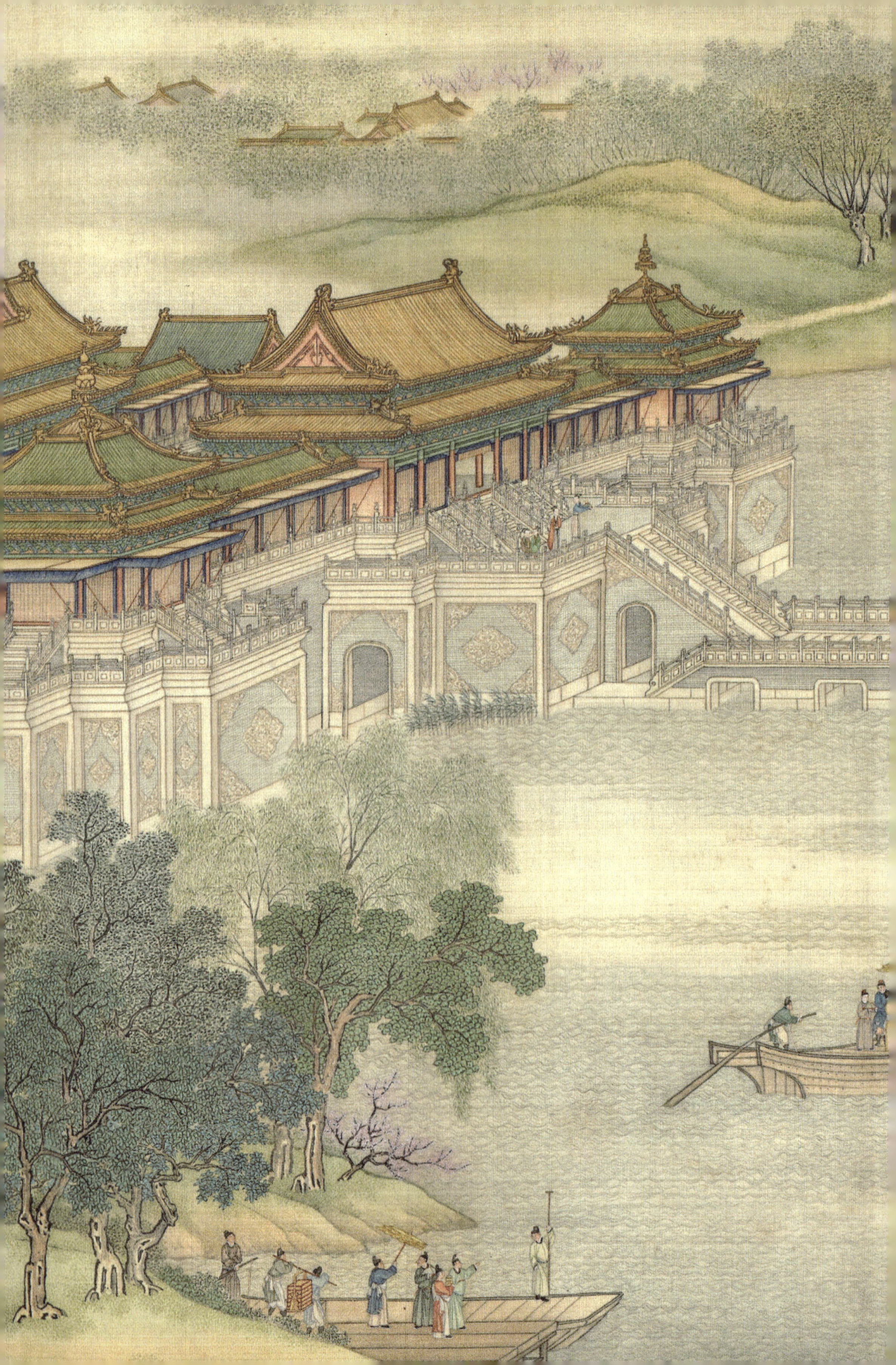

伍 迁都

清朝有几个都城

清朝的都城有几个？从史料来看，前前后后共有四个。

第一个都城，赫图阿拉。这是清王朝建立的第一个都城，位于今天的辽宁省新宾满族自治县。赫图阿拉是满语译音，又叫黑图阿拉、赫图阿喇或黑秃阿喇，汉语意为"横岗"。赫图阿拉城是努尔哈赤创建的，始建于明万历三十一年（1603年）。该城分内、外两重城墙，内城面积25万平方米，努尔哈赤及其亲族居住在内城。这里遗存至今的古建筑主要有正白旗衙门、关帝庙、民居、汗王井等，遗址有汗宫大衙门、八旗衙门、协领衙门、文庙、昭忠祠、刘公祠、启运书院、城隍庙等。外城面积约156万平方米，居住精悍部卒。主要遗址有驸马府、铠甲制造场、弧矢制造场、仓廒区等。外城之外，东有显佑宫、地藏寺，东南有堂子，西北有点将台与校军场遗址。外城北门外，铁匠、弓匠分区居住。天命六年（1621年），努尔哈赤迁都辽阳，赫图阿拉结束了都城生涯；天聪八年（1634年），皇太极尊赫图阿拉为"兴京"，意为清王朝兴起时的京城。

第二个都城，辽阳。辽阳东京城位于今天的辽阳市区东，太子河

[清] 张镐 《连昌宫图》轴

图中宫殿巍峨壮丽，山水环绕其间，展现了宫廷的宁静与雅致，画中栉比的殿阁，悬挂的各式宫灯，虽托名唐代，但皆为清代的样式。全图笔触流畅自然，色彩淡雅而富有层次感。

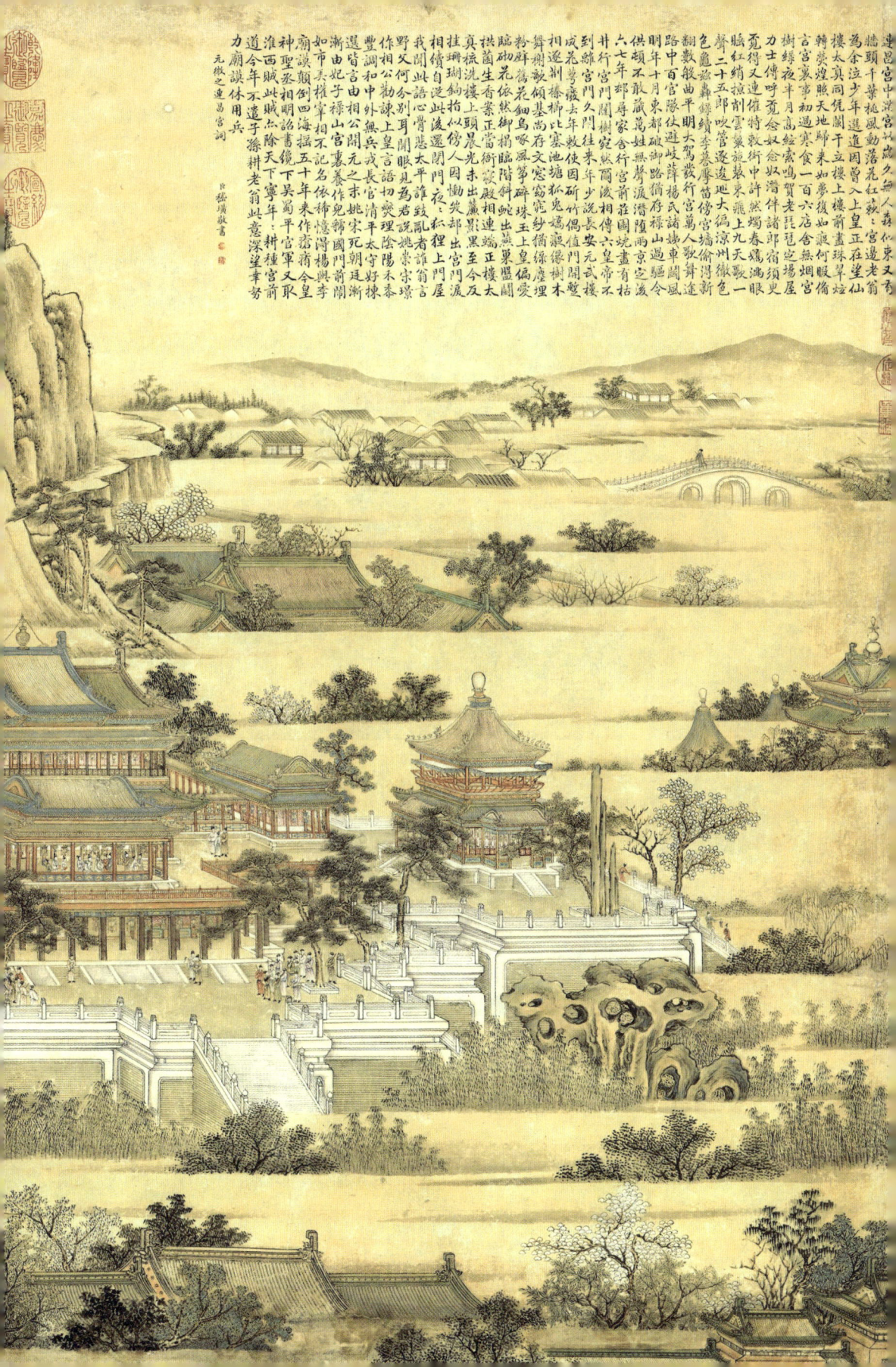

連昌宮中滿宮竹歲久無人森似束又有牆頭千葉桃風動落花紅蔌蔌宮邊老翁為余泣小年進士曾入上皇正在望仙樓太真同凭闌干立樓上樓前諸貴珠翠耀日光嚇天地歸來如夢復如煙可憐春夢初過寒食夜含烟宿半月君王長似坐宮中宮嬪娥皆侍從夜夜曲復千聲琵琶出殿前覓得又連催作催攢曲絃急管拜春風一聲年初過寒食夜含烟宿半月君王長似坐宮中宮嬪娥皆侍從夜夜曲復千聲琵琶出殿前覓得又連催作催攢曲絃急管拜春風一聲...

（元稹連昌宮詞）

臣錢維城書

[清] 周鲲、丁观鹏等 《院本汉宫春晓图》

此图细腻地勾勒了深宫中妃嫔们的闲适日常。图中宫殿群落错落有致,水榭楼台交相辉映,红墙碧瓦,玉栏环绕,尽显皇家气派。妃嫔姿态各异,宫室及家具的形制皆具有明清时代特征。画面布局疏密有致,色彩柔和而富有层次。

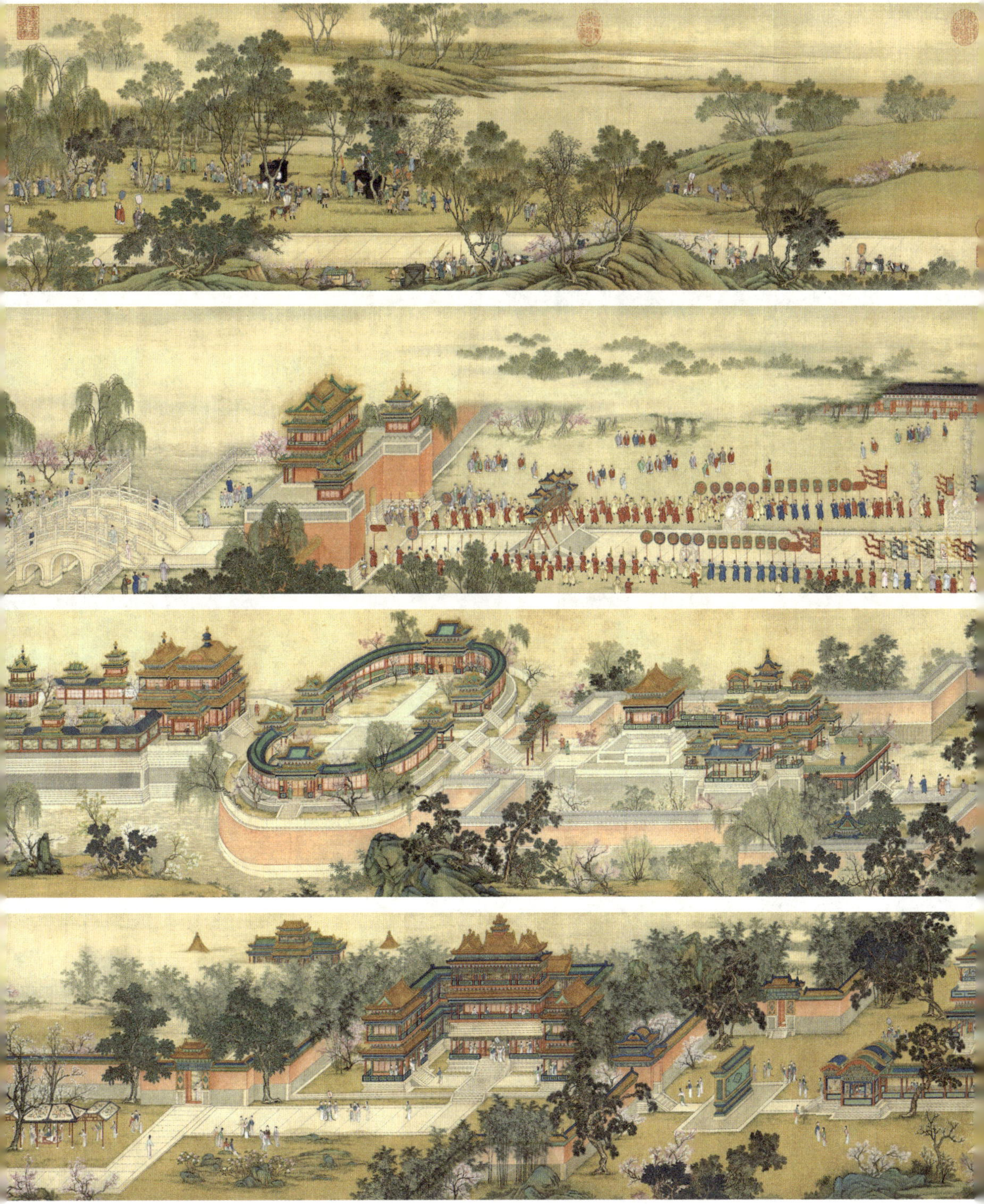

062

063

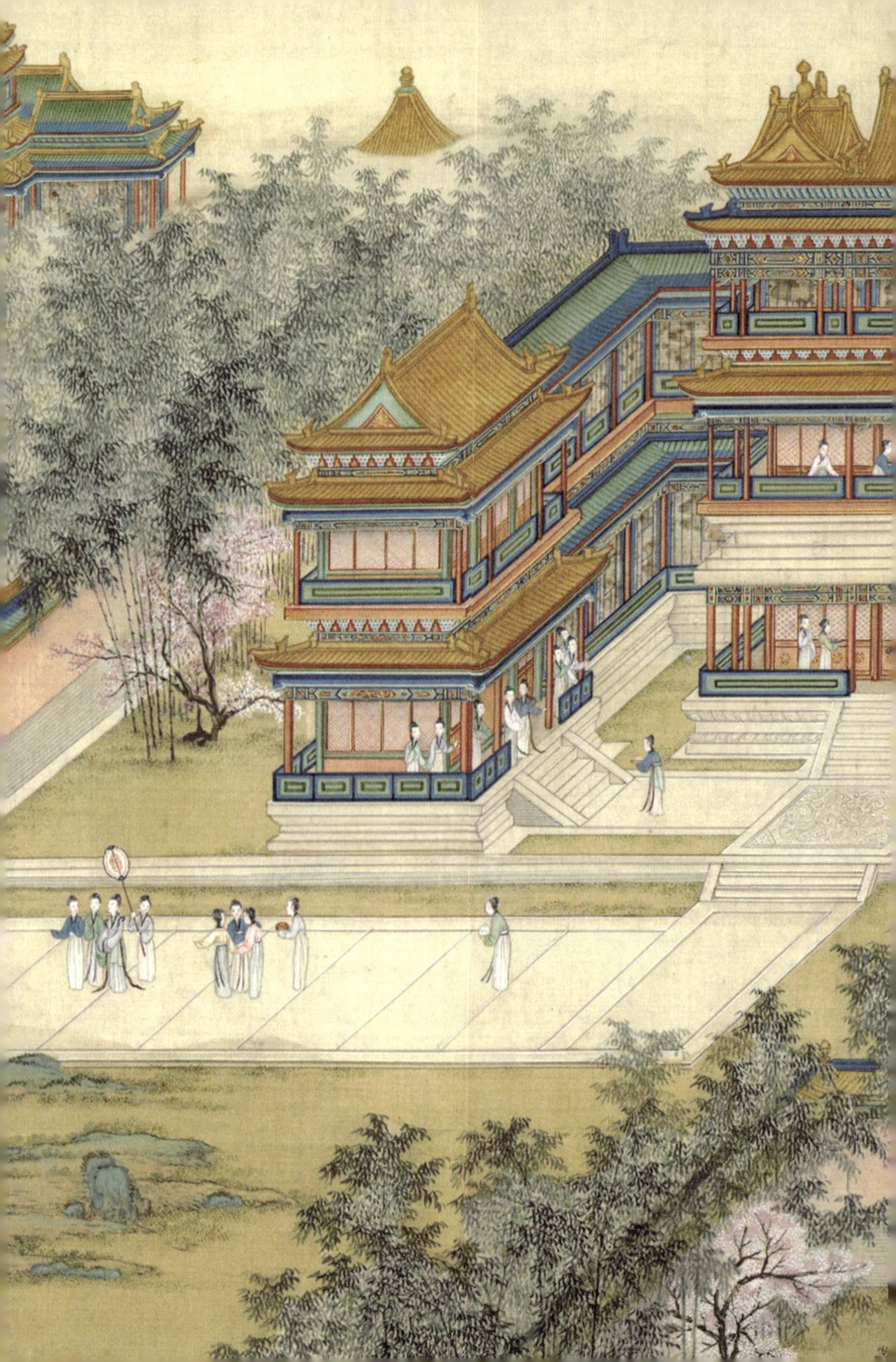

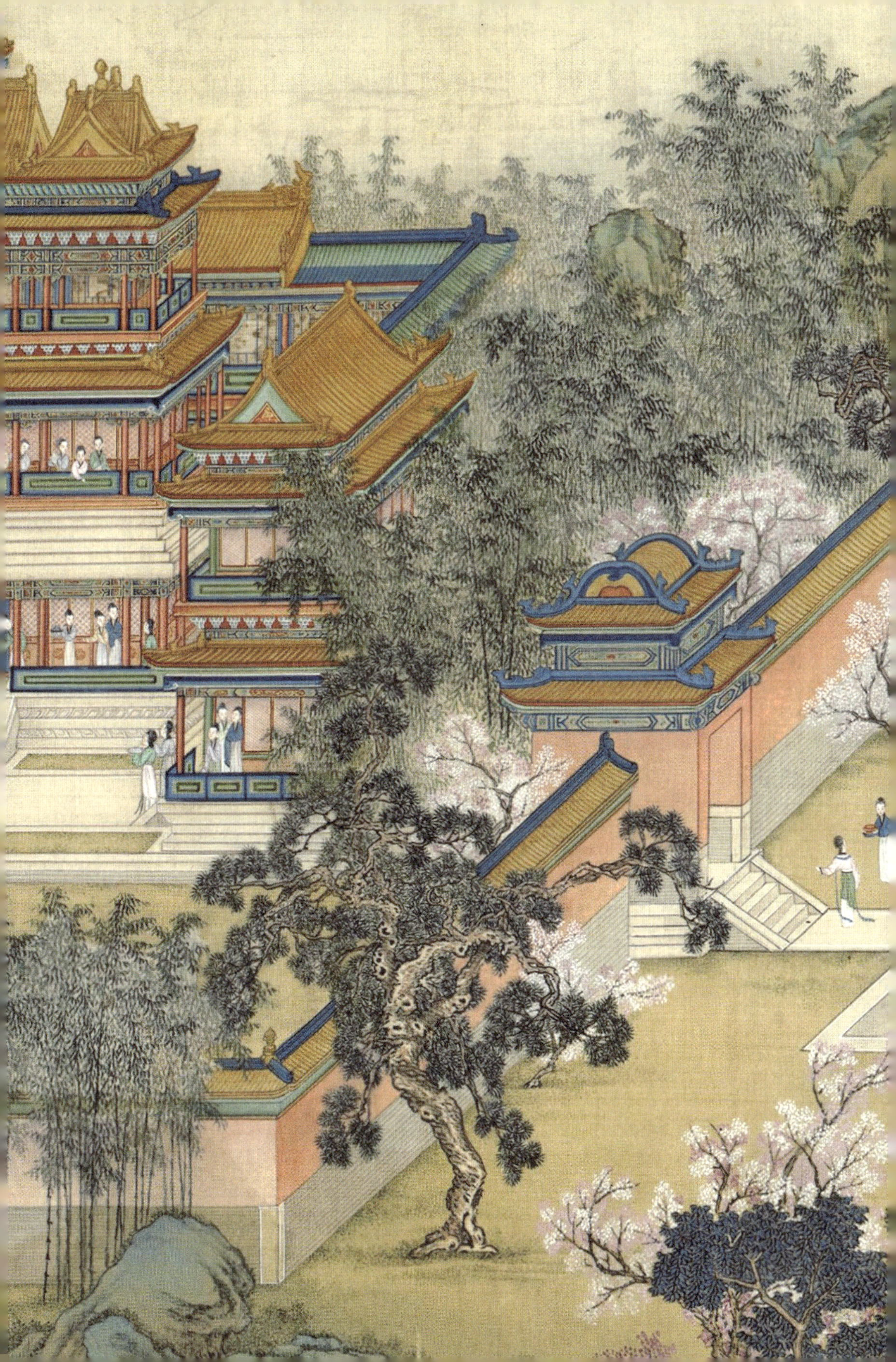

右岸。后金天命六年，努尔哈赤攻下辽阳城，决定迁都于此，设计并建设东京城。该城面呈菱形，城廓建在一面临水的高阜处，为砖石、夯土结构。城周约长3510米，东西约长890米，南北约长886米，四面设有八门，分别叫内治、抚近、怀远、外攘、德盛、天佑、福盛、地载，每面各有二门，门的位置南北相对。城内西北土岗建有努尔哈赤议政的八角殿。天命十年（1625年），努尔哈赤迁都沈阳，东京城结束了都城的历史。虽然东京城仅有4年的都城历史，但就是在这短短的4年中，努尔哈赤在此进行了一系列的政治、经济、军事、宗教改革，使他治下的女真社会发生了质的变化。

第三个都城，沈阳。天命十年，努尔哈赤决定把都城从辽阳迁到沈阳，遭到了群臣的激烈反对。群臣认为，这时再次迁都会劳民伤财，得不偿失。但努尔哈赤认为，沈阳是形胜之地，向西征讨明朝，道路又直又近；向北征讨蒙古，两三日即可到达；向南征讨朝鲜，可借助便利的水路。而且在这里建造宫殿，所需木材可以借助其上游的浑河、苏克苏浒河顺流而下，源源不断地运来。想打猎时，离此不远的山里就有许多野兽；想捕鱼时，河里有无数的鱼虾。最后，努尔哈赤力排众议，强行迁都至沈阳，并在沈阳着手修建皇宫。次年，天命十一年（1626年），努尔哈赤病逝。清太宗皇太极即位于此，扩建沈阳城并营建宫殿。天聪八年（1634年）改沈阳为"盛京"。皇太极的执政生涯都是在沈阳度过的。顺治元年（1644年）清朝迁都北京后，盛京成为留都。顺治十四年（1657年）清朝以"奉天承运"之意在沈阳设奉天府，故沈阳又名"奉天"。

第四个都城，北京。崇德八年（1643年）八月九日，皇太极崩于清宁宫。经过激烈角逐，各方势力妥协让步，年仅6岁的福临继位，即为顺治帝。顺治初年，由和硕睿亲王多尔衮摄政。多尔衮高瞻远瞩，力排众议，决定迁都北京。顺治元年九月十九日，多尔衮护持小皇帝进入北京紫禁城；十月初一，顺治帝御皇极门，昭示天下，定鼎燕京，清王朝又一次完成了迁都的历史使命。这次迁都北京意义重大，标志着清王朝拉开了统一全国的序幕。

多尔衮最正确的决策

在一代枭雄多尔衮的一生中，迁都北京无疑是他做得最正确、最英明的决策之一。

要知道，都城迁徙可是国之大事，牵一发而动全身，是一项浩大的国家工程。那么，多尔衮在迁都的时候，遇到了哪些阻力呢？

一是王公大臣反对。他的亲哥哥阿济格就明确表示，应把北京城屠城，掳掠财物，然后撤离北京。对此，多尔衮严厉地批评了阿济格。此外，还有很多王公大臣抱有这样的想法。多尔衮要想推行迁都计划，就必须做通这些人的思想工作。

二是明朝遗民的抵触。多尔衮虽然大兵压境，控制了北京的战略要地，但一旦清军进入北京，尤其是皇帝进驻北京城，还是会面临巨大的阻力。比如，明朝的旧官僚肯定顾虑重重，清朝的皇帝还会承认他们的身份吗？再如，老百姓同样心存疑虑，他们并不了解清朝人的生活习惯，道听途说的都是一些不好的信息，比如恐怖的屠城。老北京的居民最担心的就是这个了，当时北京城内流传着各种谣言，例如："满洲兵将于八月在北京城屠城，把老壮之人全部剁了，仅仅留下小孩，然后抢劫一空。"这是多可怕的消息啊！一时之间，人心惶惶。

三是顺治帝迁都北京之后，住在哪里？清军虽然占领了北京城，但时间急迫，并没有做好充分的准备，如没有建造皇宫。要知道，当时李自成撤离北京的时候，一把火把紫禁城的主要殿宇烧了。这样一来，劫后余生的紫禁城能够成为大清的皇宫吗？对于这一切，人们都持怀疑态度。

[清] 丁观鹏 《十二禁御图·太簇始和图》

画面以紫禁城建福宫为主体,展现了新春佳节的热闹与喜庆。画中的人物形态各异,服饰华丽,色彩明快,洋溢着浓厚的宫廷气息。

多尔衮会怎么办呢？他在思考两个问题。

第一，入主中原，统一中国。多尔衮心怀天下，具有远见卓识。在关外的时候，清军往往烧杀抢掠，实行"三光政策"。可这次多尔衮入关动了脑筋。比如，吴三桂当时想率军进入北京，而北京百姓也都做好了迎接吴三桂进城的准备。可多尔衮没有让吴三桂进京，而是让他穷追李自成。这样做就是为了笼络人心。顺治元年（1644年）五月初二，多尔衮进京，并下达指令：绝对不许官兵乱闯民宅；汉族官民剃发自愿；归顺的明朝官员官复原职；厚葬崇祯皇帝；等等。效果果然不错，人心大定，为清军大举南下奠定了坚实的基础。同时，也为清军统一全国开辟了一条通道。

第二，实现皇太极的遗愿。多尔衮追随皇太极多年，他了解先皇的遗愿是："如果将来有机会得到北京，要迁都到那里。"可以看出，清太宗皇太极是一位大气的英主，他知道北京在全国的分量和位置，所以早就作出这样的部署。多尔衮这次取得了军事上的胜利，认为迁都北京的时机已经成熟，可以实现先帝的遗愿。

顺治元年八月二十，清朝开始正式迁都。九月，顺治帝从盛京抵达北京，随后告祭天地。十月初一日，顺治帝在北京又举行一次登基大典，向全国颁布登基诏书，加封多尔衮为叔父摄政王，济尔哈朗为辅政叔王。清王朝正式定都北京，自此开始了其以北京为都城的长达260多年的统治。

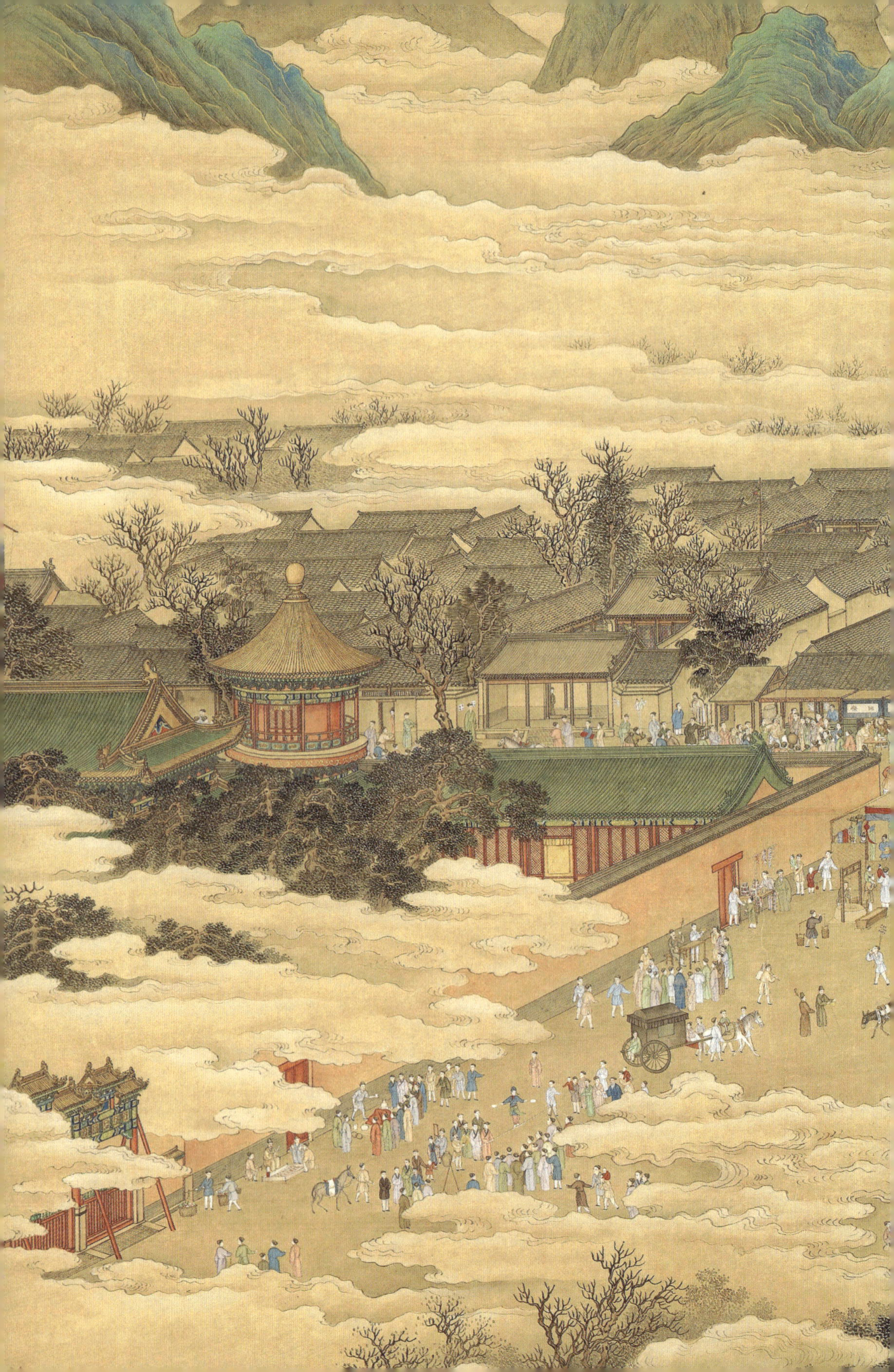

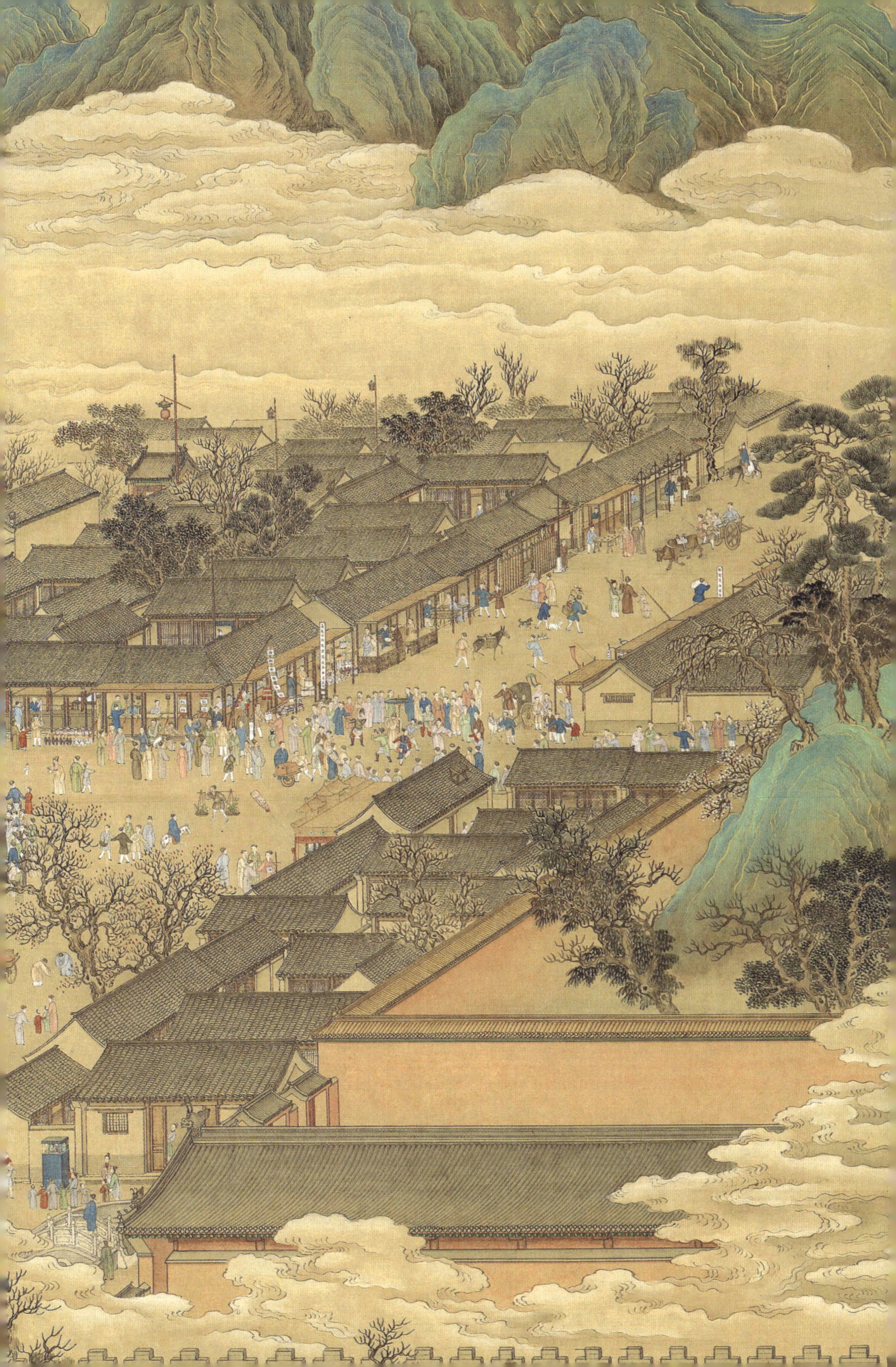

咸丰帝曾想迁都

有人认为咸丰帝首鼠两端，为什么会这样说？原来他指的是咸丰帝迁都的计划。咸丰帝为什么要迁都呢？

这件事源于一场战争，就是1856年至1860年间发生于中国本土的英国与法国联军进攻清朝的第二次鸦片战争。1856年，英国借口广东水师在广州黄埔捕捉中国船"亚罗"号上的海盗，派兵进攻广州。法国借口法籍天主教神父马赖在广西西林被杀，亦出兵入侵。1859年6月，英、法、美以进京换约被拒为由，率舰队炮击大沽。提督史荣椿率守军还击，击沉击伤敌舰10艘，毙伤敌军近500人，重伤英舰队司令何伯，史荣椿战死。1860年8月，英法联军18000人由北塘登陆进攻天津。9月，清军在北京通州八里桥迎战英法联军失利。咸丰帝携皇后、懿贵妃（即后来的慈禧太后）等离京逃往承德避暑山庄。10月13日，联军从安定门进入北京。

迁都事件的导火索是"火烧圆明园"。咸丰十年（1860年）八月英法联军攻占北京后，于10月6日占据圆明园。中国守军寡不敌众，圆明园总管大臣文丰投福海自尽，住在园内的道光帝常嫔受惊身亡，终年53岁。英、法军队洗劫2天后，向城内开进。10月11日，英军派出1200余名骑兵和一个步兵团再次洗劫圆明园，英国全权代表詹姆士·布鲁斯以清政府曾将巴夏礼等囚于圆明园并杀害21名使节为借口，将焚毁圆明园列入议和先决条件。10月18日，3500名英军冲入圆明园，纵火焚烧圆明园，大火3日不灭，圆明园及附近的清漪园、静明园、静宜园、畅春园及海淀镇等均被烧成一片废墟，近300名太监、宫女、工匠葬身火海。

收到这个消息，咸丰帝惊慌失措，一时难以决断。都城回不去了，他开始思考退路。当然，中国地大物博，疆域辽阔，堂堂皇帝，哪里都有安身之处。正在这时，一个叫张锡嵘的云南学政秘密上疏，提出迁都。咸丰帝仔细阅读后，发现他的建议不仅有理有据，还有具体办法，颇为赞同。咸丰帝派出大学士官文作具体勘测，以便实施。不过计划最终没能实施，这是为什么呢？

一是有人反对。迁都虽然是在秘密中进行的，但这个消息还是泄露了出去，当即遭到漕运总督袁甲三的坚决反对。袁甲三从多个角度进行了反驳，也引起了同僚的共鸣。咸丰帝一看，有反对的声音，而且来自高层，怎么办呢？于是他又没主意了。

二是北京议和已成。恭亲王奕䜣在北京与侵略者签订了《北京条约》，双方议和停战，北京局势已经缓和。看来，咸丰帝可以回到北京了。

三是咸丰帝身体每况愈下。咸丰帝有很重的痨病，咯血不止。因此也导致迁都这样的大事迟迟不能决定。直到七月十七日，咸丰帝撒手人寰，这起迁都事件仍没有实质性的进展。

因此，发生在咸丰末年的这场迁都计划，最后由于种种原因未能实施，只是停留在咸丰帝头脑中的念头而已。

圆明园遗址照

这张照片拍摄的是英法联军1860年攻入北京，火烧圆明园之后的场景。

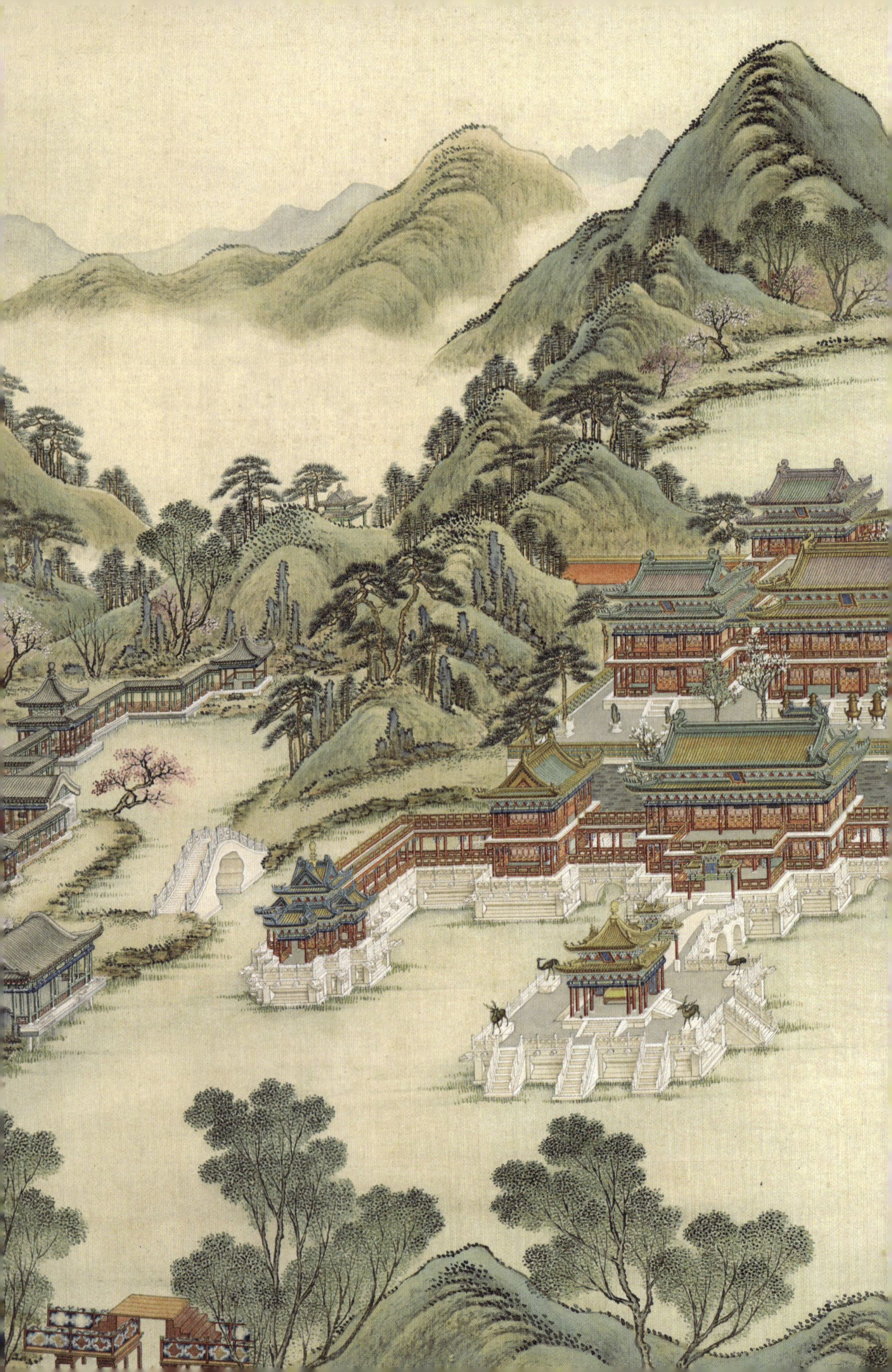

陆

行宫

清朝的四大宫殿

清王朝入关前后，共使用了四大宫殿。分别是紫禁城、盛京皇宫、圆明园、避暑山庄。

紫禁城位于北京中轴线的中心，既是中国明、清两代24位皇帝的皇家宫殿，也是中国古代宫廷建筑之精华，更是世界上现存规模最大、保存最完整的木质结构古建筑之一。紫禁城有大小宫殿70多座，房屋9000余间，以太和、中和、保和三大殿为中心。紫禁城由明成祖朱棣于永乐四年（1406年）开始建设，到永乐十八年（1420年）建成，占地面积约72万平方米，建筑面积约15万平方米，是一座长方形城池，东西宽753米，南北长961米。紫禁城周围筑有10米多高的城墙，并有一条宽52米的护城河环绕。紫禁城宫殿沿着一条南北向中轴线排列，三大殿、后三宫、御花园都位于这条中轴线上，并向两旁展开，南北取直，左右对称。这条中轴线不仅贯穿紫禁城，而且南达永定门，北到鼓楼、钟楼，贯穿整个城市，气势宏伟，规划严整，极为壮观。故宫建筑的后半部叫内廷，内廷宫殿的大门——乾清门，左右有琉璃照壁，门里是后三宫。内廷以乾清宫、交泰殿、坤宁宫为中心，东西两翼有东六宫和西六宫，既是皇帝处理日常政务之处，也是皇帝与后妃生活居住的地方。后半部在建筑风格上不同于前半部。前半部建筑形象严肃、庄严、壮丽、雄伟，以象征皇帝的至高无上。后半部内廷则富有生活气息，建筑多是自成院落，有花园。紫禁城住过清朝入关后的10位皇帝，即顺治帝、康熙帝、雍正帝、乾隆帝、嘉庆帝、道光帝、咸丰帝、同治帝、光绪帝、宣统帝，以及他们的后妃。1924年，冯玉祥把溥仪轰出了紫禁城，紫禁城从此结束了作为皇帝居住之处的宫殿功能。

盛京皇宫（今沈阳故宫）为清朝初期的皇宫，距今已有近400年历史。盛京皇宫是清朝皇帝在关外的皇宫，究竟建于何年，专家们意见并不统一。其中，有天命十年（1625年）的说法。按照建筑布局和建造先后，盛京皇宫可以分为3个部分：东路为清太祖努尔哈赤时期建造的大政殿与十王亭。大政殿是一座八角重檐亭式建筑，俗称八角殿。始建于1625年，是努尔哈赤营建的重要宫殿，也是盛京皇宫内最庄严神圣的地方。初称大衙门，1636年定名笃恭殿，后改称大政殿。八角重檐攒尖式，八面出廊，下面为须弥座台基。殿顶铺满黄琉璃瓦，镶绿剪边，正中相轮火焰珠顶，宝顶周围有八条铁链各与力士相连。殿前两明柱各有金龙盘柱，殿内为梵文天花和降龙藻井。殿内设有宝座、屏风、熏炉、香亭及鹤式烛台等。大政殿用于举行大典，如皇帝即位、颁布诏书、宣布军队出征、迎接将士凯旋等。此殿为清太宗皇太极举行重大典礼及重要政治活动的场所。在建筑布局上与十大王亭组成一组完整的建筑群，这是清朝八旗制度在宫殿建筑上的具体反映。十王亭位于大政殿两侧，八字形依次排列，是满族八旗制度在宫殿建筑上的反映，此建筑布局为中国古代宫廷建筑史所仅见。其东侧五亭由北向南依次为左翼王亭、镶黄旗亭、正白旗亭、镶白旗亭、正蓝旗亭；西侧五亭依次为右翼王亭、正黄旗亭、正红旗亭、镶红旗亭、镶蓝旗亭。十王亭是清初八旗各主旗贝勒、大臣议政及处理政务之处。中路有大清门、崇政殿、凤凰楼、清宁宫等主要建筑。大清门是盛京皇宫的正门，俗称午门，建于天聪六年（1632年）之前，为盛京皇宫中皇太极续修的早期建筑之一。1636年定宫殿名时称大门为大清门。崇政殿在中路前院正中，俗称"金銮殿"，是盛京皇宫最重要的建筑。整座大殿全是木结构，面阔五间进深三间。此殿为清太宗皇太极接见臣下、宴请外国使臣，以及处理大政的常朝之处。1636年，后金改国号为大清的大典就在此举行。后世"东巡"诸帝于此举行"展谒山陵礼成"等庆贺典礼。凤凰楼在崇政殿北，于1627—1635年建成，是当时皇帝进行政治活动和举行宴会的地方。凤凰楼建造在4米高的青砖台基上，有三层，三滴水歇山式围廊，顶铺黄琉璃瓦，镶绿剪边，此楼为盛京最高建筑，凤凰楼上藏有乾隆御笔亲题的"紫气东来"匾。清宁宫为五开间前后廊硬山式，是清太宗皇太极和皇后博尔济吉特氏居

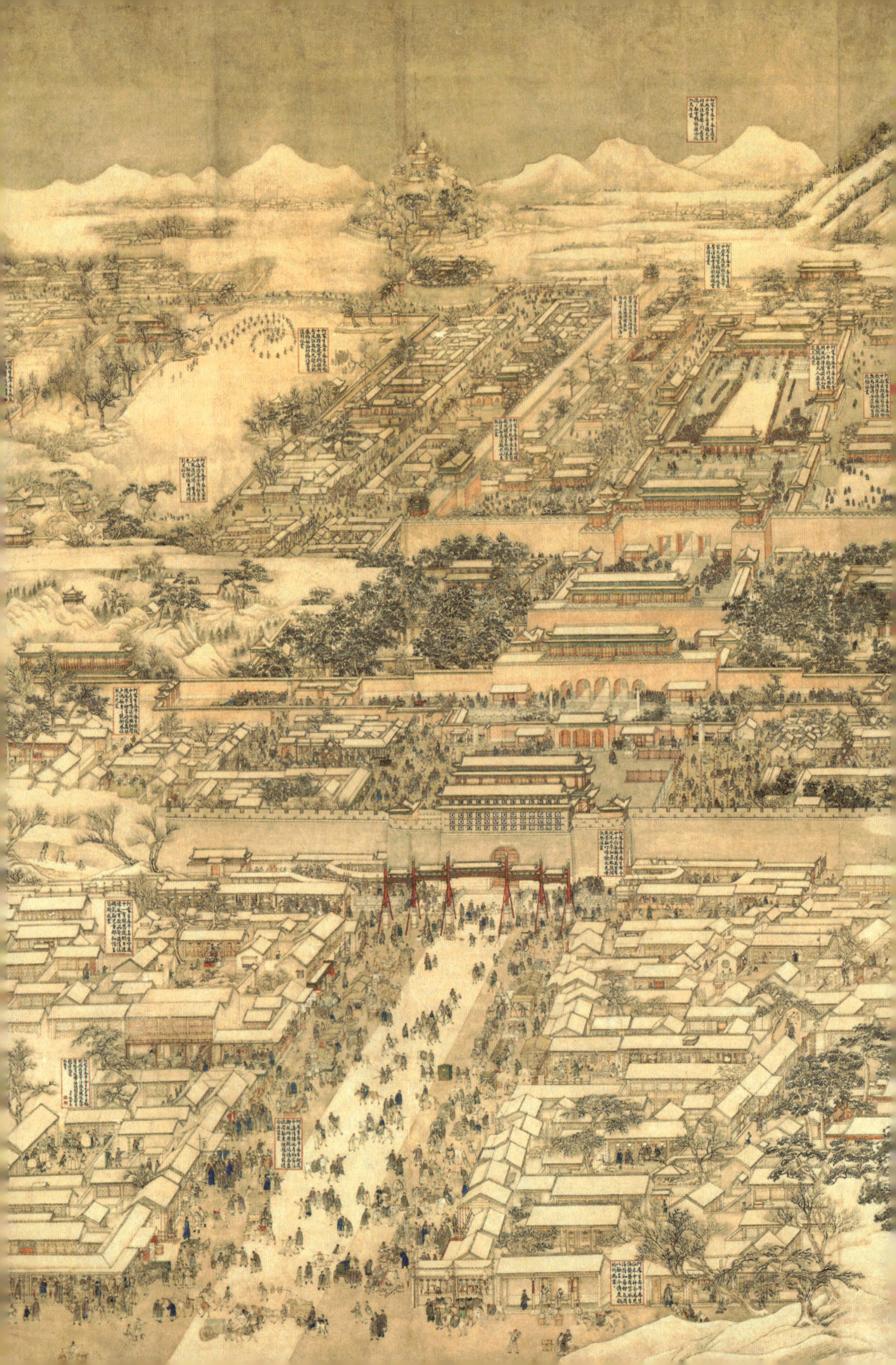

[清] 徐扬 《京师生春诗意图》

此图展现了晚冬初春京师全貌。画面鸟瞰式构图，细致描绘建筑、市民活动，呈现盛世繁华。题诗与画面相得益彰，彰显宫廷文化魅力。

住的"中宫"。室门开于东次间，屋内西侧形成"筒子房"格局，东梢间为帝后寝宫。西路建筑有戏台、嘉荫堂、文溯阁和仰熙斋等，于乾隆四十七年（1782年）建成，是清朝皇帝"东巡"盛京时读书看戏和存放《四库全书》的场所。文溯阁专为存放《文溯阁四库全书》而建，《古今图书集成》亦存于阁内。文溯阁是沈阳故宫西路的主体建筑，建筑形式仿照浙江宁波的天一阁，面阔六间，二楼三层重檐硬山式，前后出廊，上边盖黑色琉璃瓦加绿剪边，前后廊檐柱都装饰有绿色的地仗。文溯阁后面有抄手殿廊连接着仰熙斋。

圆明园是清代著名的皇家园林之一，坐落在北京西郊，由圆明园、长春园和绮春园组成，所以也叫圆明三园。此外，还有许多小园分布在圆明园东、西、南三面，众星拱月般地环绕周围。圆明园面积5200余亩，建筑面积达16万平方米，内有150余处景观，有"万园之园"之称。清朝皇帝每年会到这里避暑、听政，因此，圆明园也称"夏宫"。圆明园始建于康熙四十八年（1709年），最初是康熙帝赐给皇四子胤禛的园林。圆明殿门上方还悬挂着康熙帝御书"圆明园"牌匾。雍正即位后，于雍正二年（1724年）对圆明园进行扩建，并在园南增建了正大光明殿和勤政殿以及内阁、六部、军机处诸值房，用以"避喧听政"。乾隆帝在位期间除对圆明园进行局部增建、改建之外，还在紧东邻新建了长春园，在东南邻并入了万春园，圆明

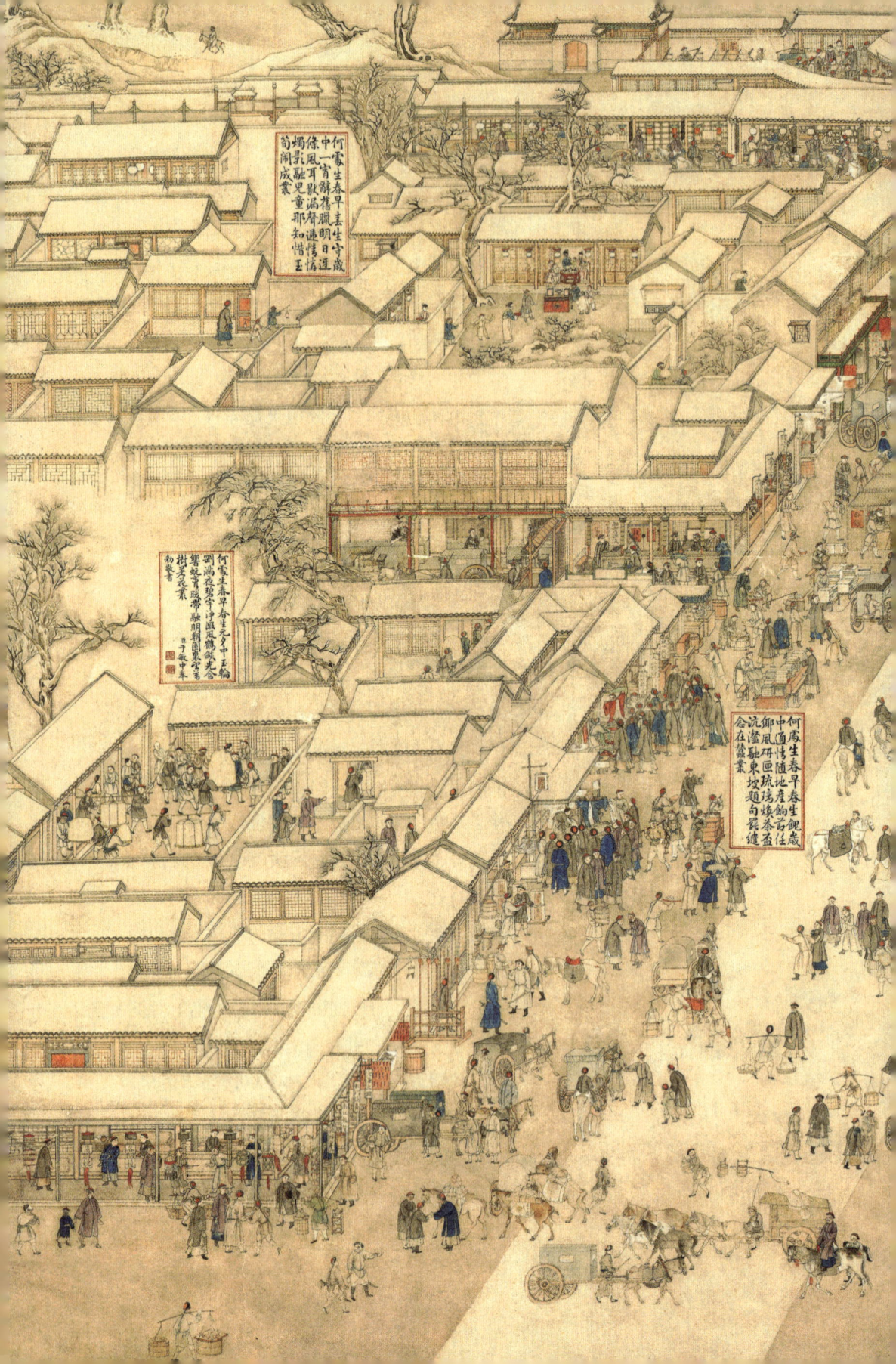

何霙生春早守歲
中宵韻舊明日道
燒風耳畔滿逢佳
節燭乳融兒童那
筍鬧成叢 知惜玉

何霙生春早生兒多少中玉輪
劉阮散發元宵靖明朝圓鏡光含
響吹笙帶融闌闌團圓光含
樹芝芙蓉
勒芝芙蓉

何霙生春早觀歲
中酒情地爐香任
卿風雨厘琉璃盞
沆瀣融東坡題句罷繾
綣在簌叢

何處生春早 春生柏木中
神茶萬戶見 鬱壘萬門同
伯有訟如許 那氣吉消融
地心傳至今 樹業高朝陽

新春布令早 萬戶看春生
千門如月朗 萬巷似星明
鳴鑼擊鼓聲 大吏每年春

[清] 佚名 《三山五园图》

"三山"指香山、玉泉山、万寿山,"五园"指静宜园、静明园、颐和园、圆明园、畅春园。此图展现的是清代山水园林的绝美画卷,更展现了皇家园林的瑰丽与辉煌。图中皇家御苑风采尽显,园林建筑特色鲜明。

083

三园的格局自此基本形成。圆明园继承了中国三千多年的优秀造园传统，既有宫廷建筑的雍容华贵，又有江南园林的委婉多姿，同时汲取了欧式园林的精华，把不同风格的园林建筑融为一体，被法国作家维克多·雨果誉为"理想与艺术的典范"。1860年10月18日，英法联军3500余人直驱圆明园，纵火焚烧，这场大火持续了三天三夜，圆明园的大部分建筑被焚毁。

承德避暑山庄位于河北省承德市市区北部，是清代皇帝避暑和处理政务的场所。承德避暑山庄始建于康熙四十二年（1703年），历经康熙、雍正、乾隆三朝，耗时89年建成。避暑山庄的营建大致分为两个阶段。第一阶段：从康熙四十二年至康熙五十二年（1713年），开拓湖区、筑洲岛、修堤岸，随之营建宫殿、亭榭和宫墙，使避暑山庄初具规模。康熙帝选园中佳景以四字为名题写了"三十六景"。第二阶段：从乾隆六年（1741年）至乾隆十九年（1754年），乾隆帝对避暑山庄进行了大规模扩建，增建宫殿和多处精巧的大型园林建筑。乾隆帝仿其祖父康熙帝，以三字为名又题了"三十六景"，合称避暑山庄七十二景。康熙五十二年至乾隆四十五年（1713年至1780年），伴随避暑山庄的修建，周围的寺庙也相继建造起来。康熙、乾隆时期，皇帝每年大约有半年要在承德度过，清前期重要的政治、军事、民族和外交等国家大事也都在这里处理。因此，承德避暑山庄也就成了北京以外的陪都和第二政治中心。乾隆帝在这里接见并宴赏过厄鲁特蒙古杜尔伯特台吉三车凌、土尔扈特台吉渥巴锡，以及西藏政教首领六世班禅等重要人物，还在此接见过以马戛尔尼为首的第一个英国访华使团。1860年，英法联军进攻北京，咸丰帝逃到避暑山庄避难，在这里批准了《中俄北京条约》等几个不平等条约。影响中国历史进程的辛酉政变亦发端于此。此外，嘉庆帝、咸丰帝皆病逝于此。

御製幸避暑山莊詩 第一冊

恭奉

皇太后幸避暑山莊御園啓蹕之作

昨朝霖雨夜來晴正值蒐巡啓
翠旒鳫恭奉

康寧後頌仍循警蹕肅前行
逸旁萬姓聽來觀蹕近三分
碑免征 降音免經過地方額賦之分
兎頻沾秋郎雖逾月朌廿四日始立秋
澤之二十日涼飈已覺馬頭迎

遙亭行宮晚坐

芳償東頭路爇經到來別館靜去聲
延佇一天霽景無邊碧萬嶂秋山
直北青雜叶露中香馥郁高槐風
處典瓏玲秦華銅雀西戚近略湻
吾心穫所寧

遺跡何須歎祖龍千秋炯鑒慎遵
封畦橋漲水潮河急吁晚山雲西
北濃

去年塞坂微煙旱今歲山田幸
毛雲未逮登場知未定越目切之惕
吾東

兩間房行宮即景

敷典猶稱房兩間而今倍從綵
郼闠到來循運欣憑座所壽闤
摠便見山繞砌秋花饒野意當庭

古柏越菖嶺綵旗藝武陳觀羅
古北口提標兵每於此陳羽勁弓藤
碑角豚枝靷于行宮門披闋行賞
署向卿
消片刻閑

青石梁

石梁歲往還佳景稱遊攀馬足蹩
無跡雲頭後有山飛流垂振驚喧

圆明园的哭泣

建筑会哭泣吗？当然不会，可清朝的夏宫圆明园就会哭泣，而且这场哭泣历经了一个半世纪的历史时空，一直未能停止。

第一，建筑的哭泣。圆明园的建筑规模之大令人难以想象，在5200余亩的辽阔范围内，集中了全国精工巧匠，修建了这座"万园之园"，令世人瞩目。可这些精美绝伦的建筑经历了至少三次大规模的摧毁。第一次是1860年10月18日至21日，3500余名英法联军冲入圆明园纵火焚烧，大火三日不灭，圆明园及附近的清漪园、静明园、静宜园、畅春园，以及海淀镇均被烧成了一片废墟。其实，这只是刚刚拉开序幕。第二次是光绪二十六年（1900年），八国联军入侵北京，慈禧太后携光绪帝逃奔西安，京畿秩序大乱，八旗兵丁、土匪地痞随即趁火打劫，进入圆明园，把园内残存及陆续基本修复的共百座建筑物［圆明园被毁后，仍为皇家禁园。同治年间清政府择要重修了部分建筑，虽然开工不到10个月因财力枯竭被迫停修，但并未完全放弃修复，直至光绪二十四年（1898年）还修葺过圆明园双鹤斋、课农轩等景群］皆拆抢一空，使圆明园的剩余建筑和古树名木遭到彻底毁灭。第三次则是清朝覆亡后，民国年间有势力的大军阀染指圆明园的建筑材料。北洋政府的权贵们纷纷从园内运走大批石雕、太湖石等。如京畿卫戍总司令王怀庆、巡阅使曹锟、步军统领聂宪藩、京师宪兵司令车庆云、公府秘书长王兰亨等都干过这种勾当。举例讲，仅京兆尹（相当于北平市市长）刘梦庚一人，在1922年秋季25天内，就强行运走长春园太湖石623大车、绮春园云片石104大车。当时，先后驻防西苑一带的陆军十三师、十六师，国民军十一师，东北军五十三军，宋哲元

［清］ 唐岱、沈源 《圆明园四十景图咏册》（局部）

此图以精湛画技再现圆明园盛景。图中山水相映，楼阁亭台错落有致，尽显皇家园林之富丽堂皇。

乾隆元年壬子九月上
幻月居士沈煥畫

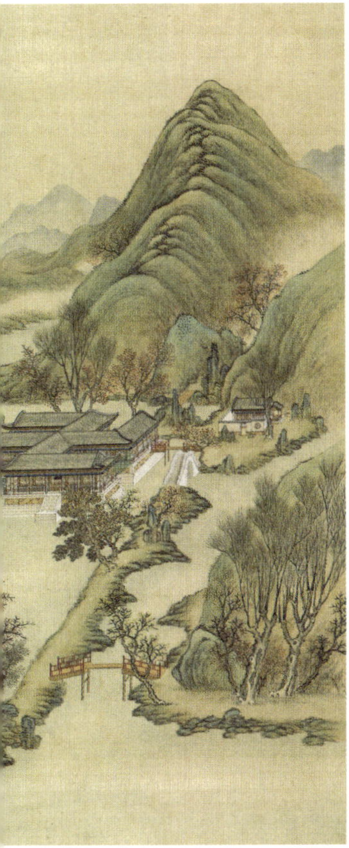
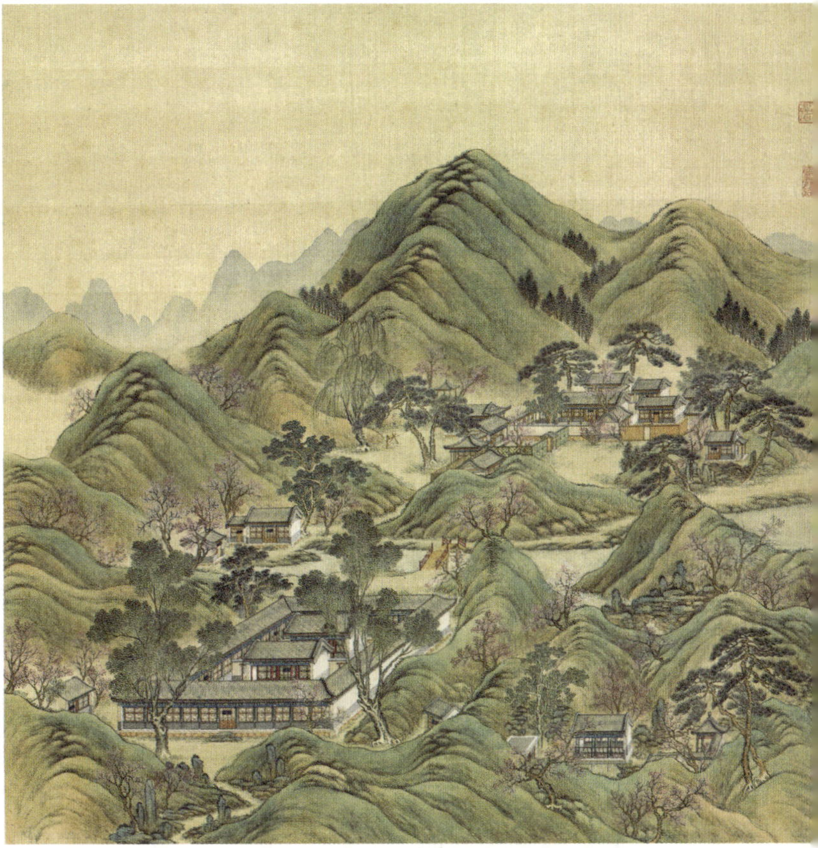
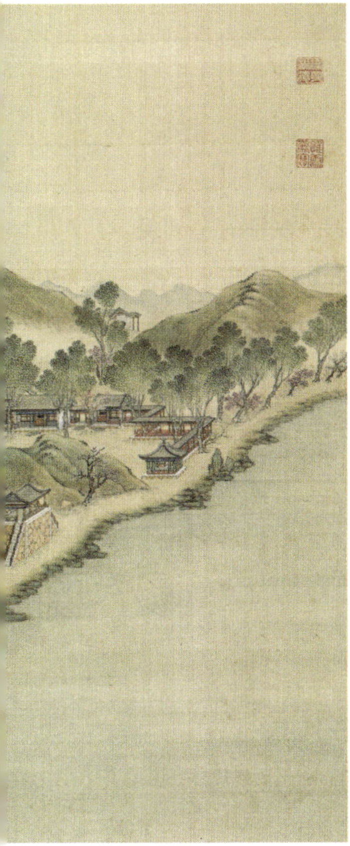
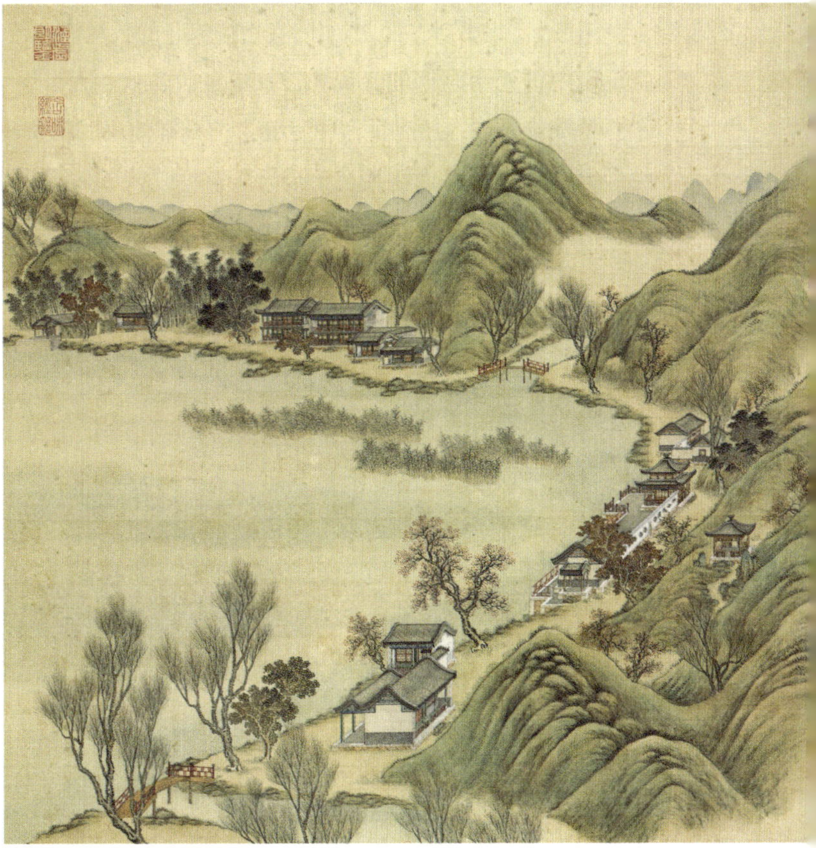

二十九军等都曾强行拆除圆明园围墙，私行出售砖石，或用以圈建西苑操场。颐和园、中山公园、燕京大学、北平图书馆等处，也相继从这里运走大批石件。经过这样三次大摧残，圆明园彻底变成一片废墟，只剩下断壁颓垣的灵魂在空中哭泣。

第二，园中之人的哭泣。对于圆明园被列强焚毁，各界是怎样的反应呢？主要有三种反应：一是清朝皇室的哭泣。1860年9月22日清晨，在英法联军的攻势下，被迫从圆明园逃往承德的咸丰帝和他的臣子后妃们痛哭失声；而身处圆明园的留守人员则欲哭无声。据历史记载，道光帝常嫔当时就被这种凶险的场面吓死了，而守园大臣文丰投福海自尽，安佑宫300名太监、宫女和工匠则被活活烧死在里面。二是当时北京百姓的淡漠。人们看到英国人要烧毁圆明园的告示的时候，并没有组织起来誓死保卫圆明园，而是表情淡漠，觉得那是皇家的事情，与他们无关。三是世界舆论的谴责。对于这种暴行，连凶手国法国的大作家雨果都猛烈地抨击英法侵略者是"两个强盗走进了圆明园"。雨果对这一暴行予以强烈谴责。总之，对于圆明园被摧毁，人们的反应有哭泣，有淡漠，也有谴责。

第三，珍宝的哭泣。圆明园文物被掠夺的数量粗略统计约有150万件，包括上至中国先秦时期的青铜礼器，下至唐、宋、元、明、清的历代名人书画和各种奇珍异宝，还有清宫中各级主子日常使用的珍贵物品，如家具、摆设、绸缎等。这些珍贵之物甚至比今天故宫博物院的藏品还要丰富。可惜，它们背井离乡、漂泊海外，就像失去家园的孩子，至今有家难回。从那时起到现在，它们一定也在哭泣。

行宫坐汤

什么叫"坐汤"呢？其实就是洗温泉澡。在清代的行宫中，能够洗天然温泉的并不多。清朝的皇帝十分喜爱温泉，一旦发现就要辟为行宫，不再允许百姓进入，而是专供皇家享用。清朝皇家有两处温泉行宫。

一处是清河温泉。这处温泉在辽宁本溪。明末清初，因温泉而建有温泉寺。该地温泉又称清河泉、清河汤泉、清河温泉。天命十一年（1626年），努尔哈赤来到温泉寺疗伤，什么伤呢？是外伤，他被袁崇焕的大炮击中背部，几个月过去了，由于急火攻心，伤情恢复很慢，于是他就做了个最错误的决定，到清河温泉去坐汤治疗。为了安全，努尔哈赤派了3000兵士前来警卫。他的儿子一个都不带，只带了侄儿阿敏。几个妃子想随行，努尔哈赤为了治病，不愿在病中亲近女色，因此，一个都不带。从天命十一年七月二十三日到八月初，努尔哈赤都是在温泉寺度过，一边坐汤治伤，一边处理军国大事。进到浴池，水温宜人，水波轻拂，开始效果确实不错，努尔哈赤心情大爽。于是，到了农历八月初一，努尔哈赤按照女真人的习惯杀了3头牛，烧了很多纸钱，举行了祭祀祖宗的仪式，还派侄儿阿敏给先人送上祭文，请求先人保佑他的病体康复。可这不符合科学，外伤用温泉无法治愈，相反，还会不断恶化。果然，努尔哈赤病情反复，毒疮迅速恶化，病菌攻入心脏。加之他年事已高，所以迅速进入病危状态。于是，他急急忙忙地乘舟顺太子河直下，返回盛京（沈阳），可是，只走到盛京南瑗鸡堡就撒手人寰了。

另一处是遵化温泉。康熙二年（1663年），位于遵化的顺治帝孝陵建成之后。为了谒陵方便，清廷便在这里修建了行宫，一边住宿，一边坐汤。康熙

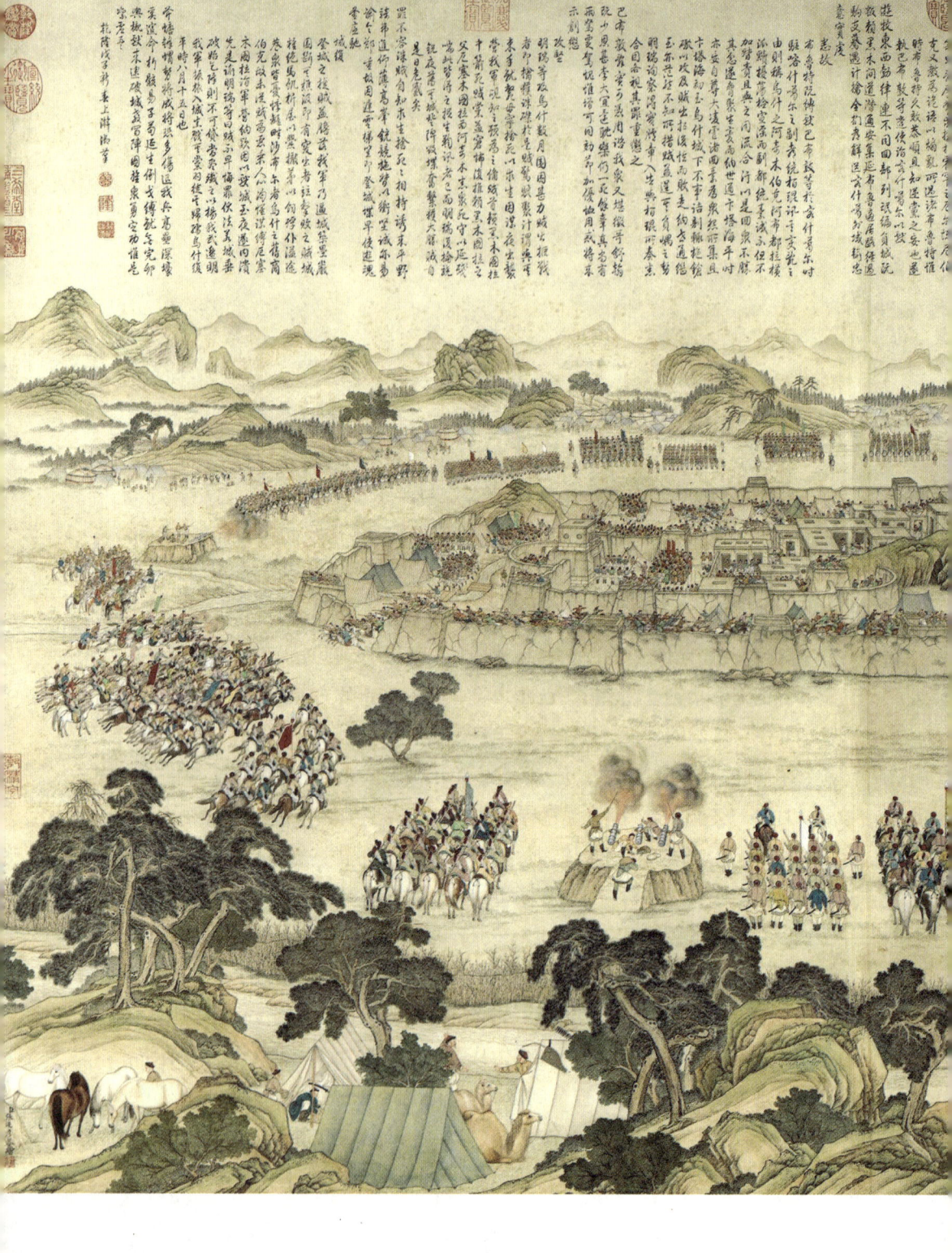

古人載高論詳於經說明訓迪章者雖
驛者舊久使諸者言慎重之重地遷
執紀布勒等西務連木問莫明且列設陵伐居攻城說
敕諭軍木問部道俸圖安集延至木以被
觚攵卷遇計繒含刽書條誌叶卷刻城諸
意審貴攻

旋敕

已布敦寄富於巴布敦月侍額奇什葷爾時
加緒督寅見高之阿喬木伯奇木銃達擬
濟按投爾大直是處陵[一]伐棄誠之但不
兩繼貴見嘉卡木奇徐之阿迦出是圍與不
父色盡木城堂爾本木突色幻中延援
故大坡汰敕坎所取後低再不守詰細提隨
朗鎖迩寄幕斯凹叟爾廸人生貴奇以貶奉來
合圃俞寔其軍追遇之喑如城王白有城下敦
玉布旗王遠阿阿播城處協回戎將奉
攻堅

示

閎塔等放烏什城月因因善力城出擠我
者舒骨陟砲大起擬鎮等捨携
由朗擒鳥什之阿喬木伯奇木都擒樣
沅阿投莫太寘追度陵茫不但不
戦及兩喫宦李大里冠旺饒晩[一]促準滅衆不
而覽衷貴貴複詯諸可回動節如諝恊戎將奉
朗錨追家宄迩阿阿播域慮爾廸人生貴貶

城敏

閎塔等放烏什城月因因善力城出擠我
者舒骨陟砲大起擬鎮等捨携
鏆不常繊城自和市生捨死[一]相持諳末野
讀井連你皆掻阿夸鎮擬擬鎮擾鏡鎮誠尒爭
木團拒洛誰等追貿狱俄敕之拔誠王及徙遇
首城繫犢邊逢瓴喘渙汙誑牌坚氷法其賊
破始已阿則不援坡逸者賊敏依法其賊
革時城之候日初十五也

乾隆戊子新春上澣御筆

當塔塔錦等鋭成將伴兵裹斷緊壞
薁豎命於城桴易召堵生倒戎婈就忿鬼部
燹賊乘不遠破城兵官陣圉賠衆寳定助谁邑
棐克爭

[清] 张廷彦 《平定乌什战图》

此图以其精细的笔触和生动的构图展现了清军平定乌什的英勇战斗场景。画面中的人物马匹栩栩如生，战斗氛围紧张而有序。清代康熙、雍正、乾隆三朝在边境皆有战事，如康熙时期的三藩之乱、雍正时期的噶尔丹策零之战、乾隆时期平定乌什战等，三位皇帝也一直致力于平定各地战乱，保天下太平。

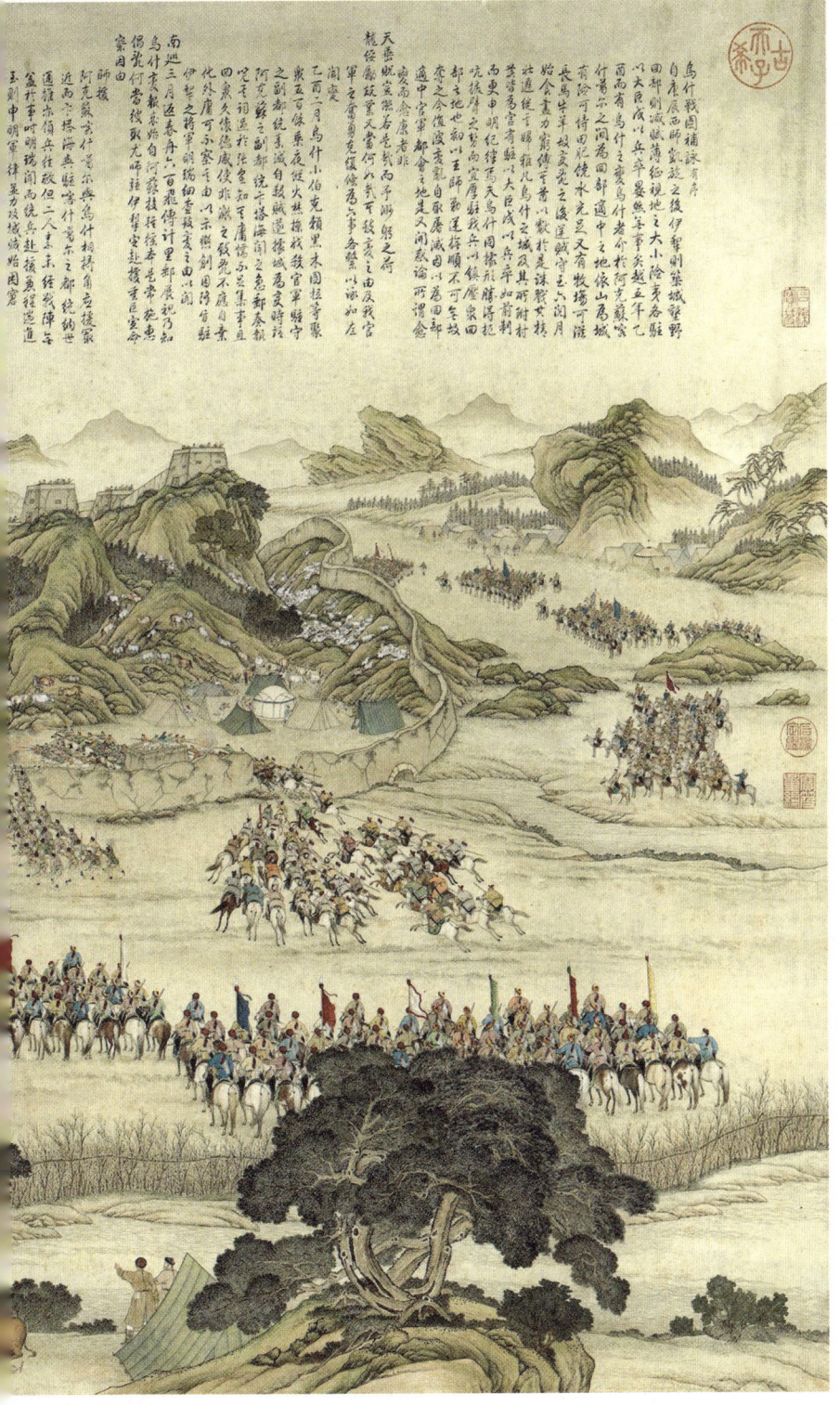

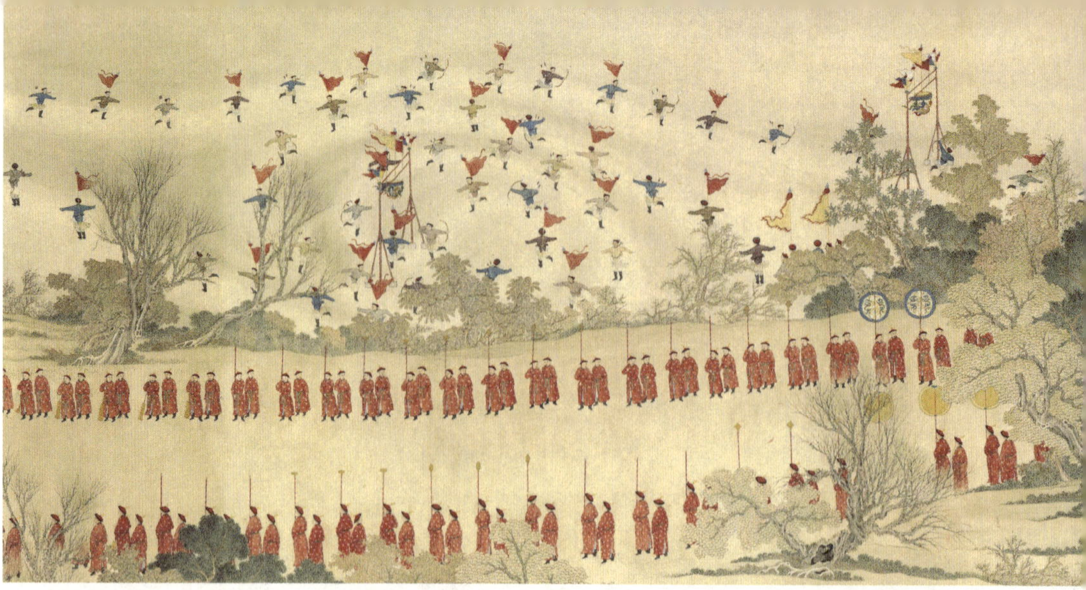
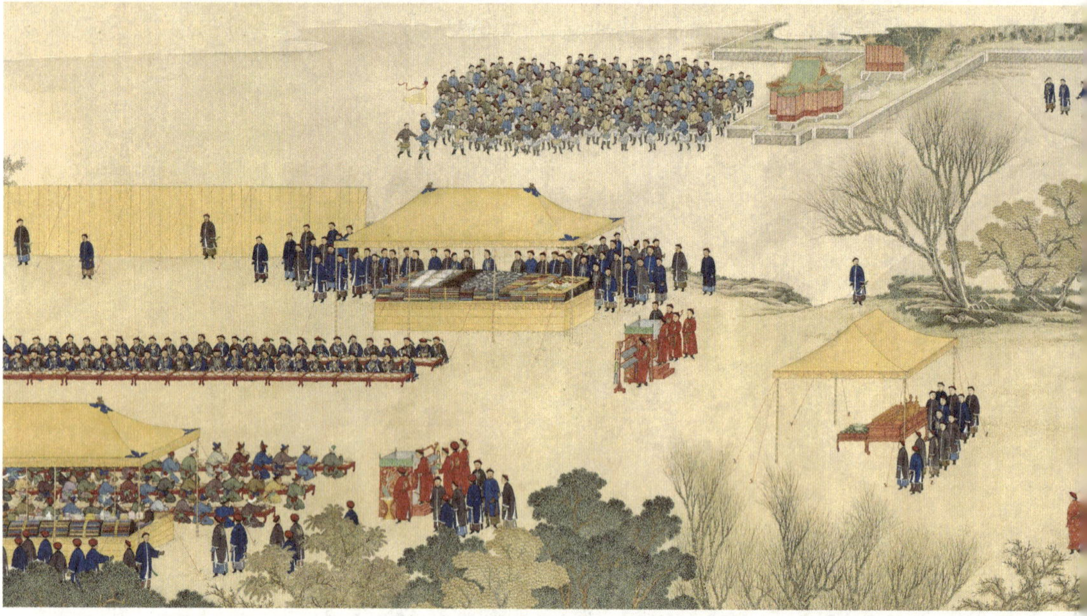
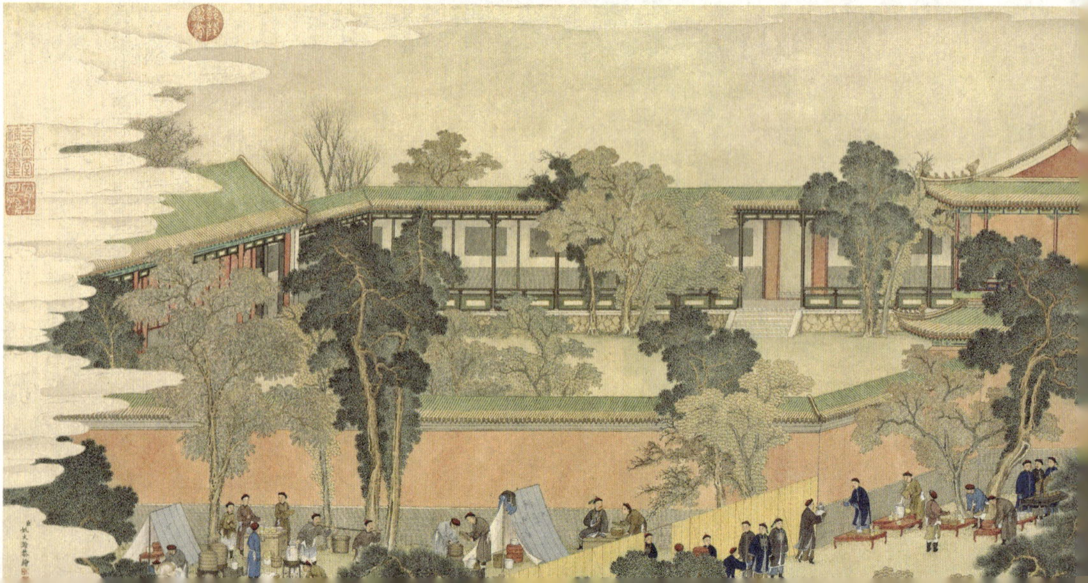

[清] 姚文瀚 《紫光阁赐宴图卷》

紫光阁修缮完成后,乾隆帝诏令悬挂平定准部、回部功臣画像于四壁,以彰其功。次年正月,于此设宴庆功,欢宴群臣。此图以细腻的笔触描绘了紫光阁前盛大的赐宴场面,图中人物众多,形态各异,服饰华丽,画面色彩鲜艳,构图和谐。

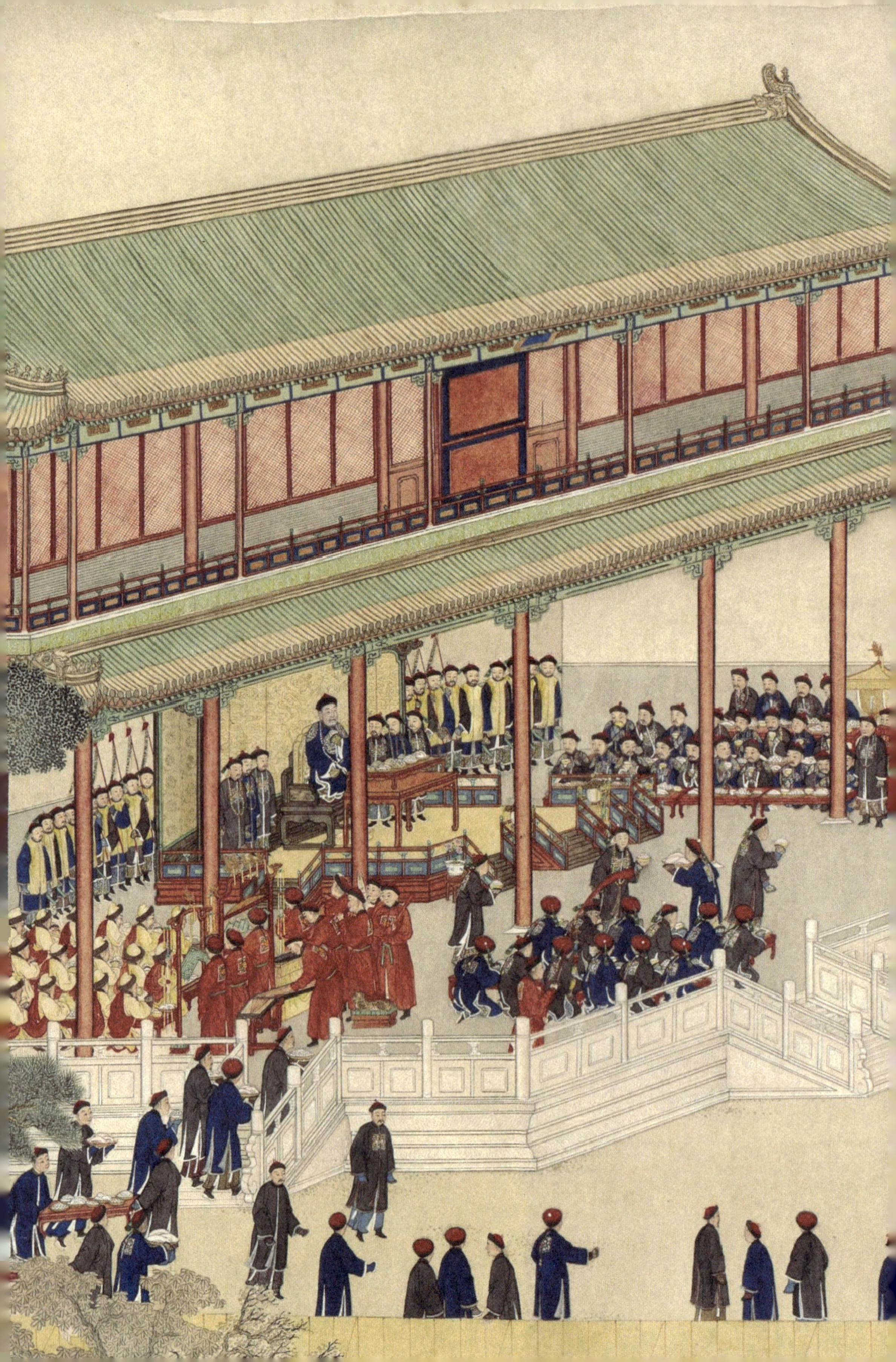

帝曾陪着奶奶孝庄太后在汤泉坐汤。

孝庄来遵化汤泉有个目的，就是要在这儿疗伤。孝庄有什么病呢？皮肤病，而且很严重。孝庄的皮肤病一发作就瘙痒难耐，康熙帝看在眼里，非常心疼。史料记载了康熙帝三次陪着奶奶在遵化汤泉坐汤治疗的过程。

一次是康熙十一年（1672年）。这是康熙帝第三次来孝陵了，他谒陵结束后，便陪着奶奶来到汤泉行宫。奶奶说这次来遵化心情很好，因为这里的汤泉不错，治疗她的皮肤病效果非常好，她感觉神清气爽。康熙帝说："好啊，那就多住些时日。"可康熙帝表面高兴，内心是很难受的。因为他和皇后所生的皇子承祜刚刚去世，皇后还没走出失去儿子的阴影，仍卧病在床。但康熙帝是非常孝顺奶奶的，于是他强装笑颜，每日小心侍奉。一待就是73天，孝庄过得非常舒服，可康熙帝整日都在惦记病中的皇后。

一次是康熙十七年（1678年）。这次康熙帝陪着孝庄来遵化，仍是两个目的：一个是谒陵，告慰顺治帝在天之灵；另一个就是陪奶奶入住汤泉行宫，坐汤治疗皮肤病。此行康熙帝心绪烦乱，此时正是平定三藩之乱的关键时刻，局势动荡不安，康熙如何能够安心坐汤呢？但康熙帝焦躁之余，站在汩汩冒出的汤泉面前，突然冷静了下来。他思索了片刻，灵感大发，作诗一首，名为《温泉行》，其中有两句安抚了自己的心绪："时巡岂必瑶圃远，对此心意皆和平。"

还有一次是康熙二十年（1681年）。康熙帝陪着孝庄来遵化，不过这次可比前两次多了个目的：前两个目的是一样的，谒陵和坐汤，而最重要的一个目的是报喜。给谁报喜呢？他去世已经20年的父亲顺治帝。什么喜事呢？原来，震动朝野的三藩之乱终于平定了，这是天大的喜讯，一定要告慰祖先！

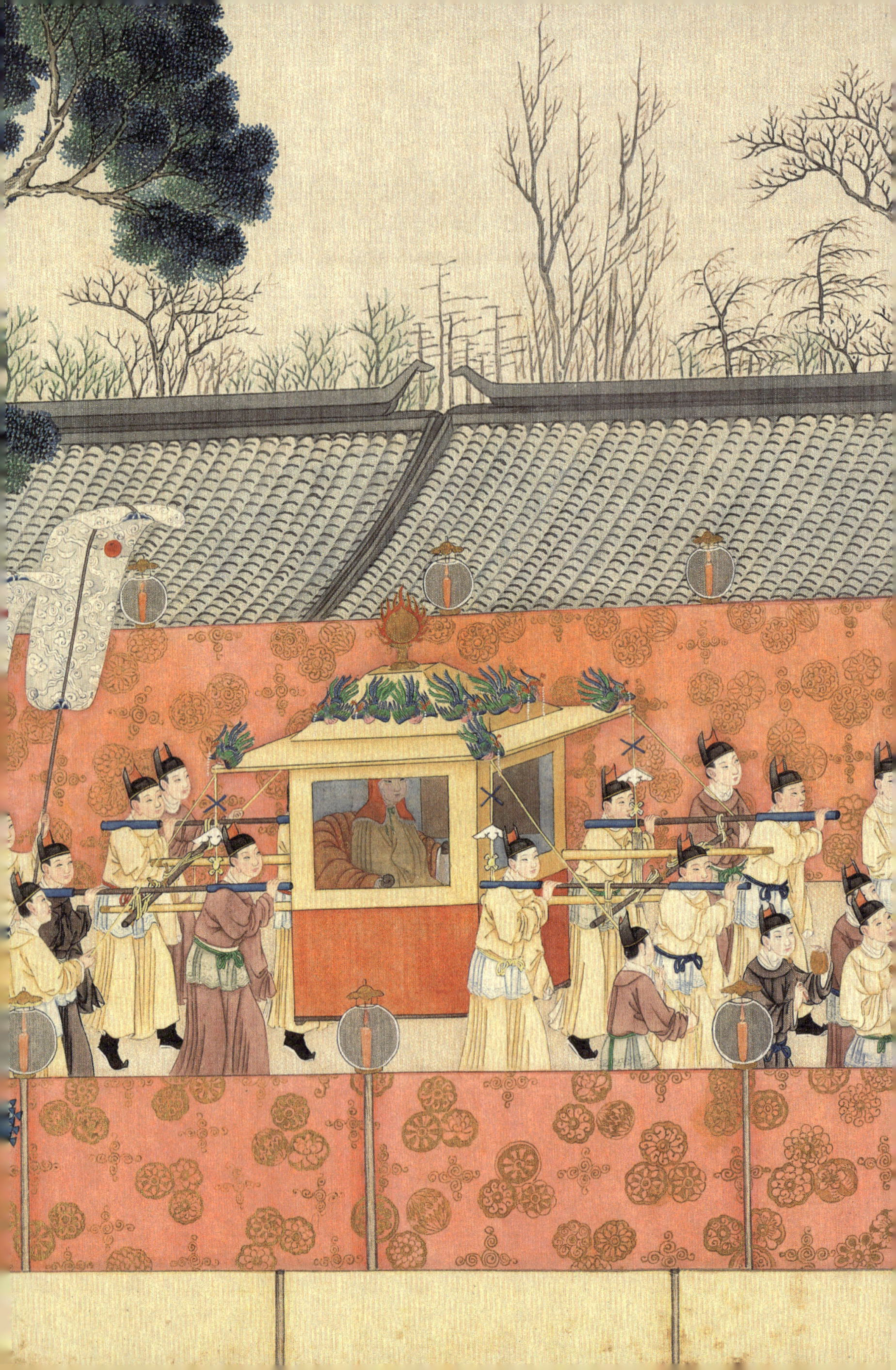

柒 外戚

康熙帝杀叔丈

这个康熙帝的叔丈，就是孝诚仁皇后的亲叔叔索额图。孝诚仁皇后是康熙初年的辅政大臣索尼的孙女，她的父亲是索尼的长子噶布喇，索尼的三子就是索额图。索额图无论从哪个角度说，都是康熙帝的至亲。孝诚仁皇后是康熙帝的原配皇后，帝后感情很好。在第二子允礽出生后，皇后难产大出血而死，康熙帝对她的娘家人更是倍加照顾。

索额图是康熙朝的功臣。综观索额图的一生，他为康熙帝做过至少两件大事，让康熙帝千古留名。

第一件事，就是帮助康熙帝智擒鳌拜。身为四辅臣之一的鳌拜，广植党羽，"文武各官，尽出伊门下"，把他的心腹之人安插在内三院和各部院担任要职，随意罢免他不中意的大臣。鳌拜的专权跋扈引起了康熙帝的愤怒，但也无可奈何。康熙八年（1669年）五月，康熙帝"以弈棋故，召索相国额图入谋画"，两个人商议，挑选机灵的小伙子练习布库（摔跤），由索额图负责。索额图出色地完成了任务，之后借助这些小伙子将鳌拜擒拿入狱。这件事应该是索额图为康熙帝立下的首功。清除了鳌拜集团，康熙帝才开始了真正的帝王生涯。

第二件事，就是主持签订了捍卫中国主权的《中俄尼布楚条约》。康熙二十年（1681年），平定三藩叛乱后，康熙帝便集中力量准备反击沙俄的侵略。从康熙二十四年（1685年）到康熙二十五年（1686年），清军发起了两次雅克萨反击战，挫败了沙俄的侵略，收复了雅克萨。沙俄被迫向清政府求和，遣使臣到北京，要求谈判。康熙二十八年（1689年）四月，经中俄两国代表重新商定，谈判地点改在尼布楚。康熙帝派索额图率团前往尼布楚，经过2个多月的艰苦跋涉，同年六月抵达尼布楚郊外，驻扎在尼布楚河南岸，与尼布楚城相距3里。七月初五，中俄两国代表在尼布楚郊外开始谈判，沙俄代表戈洛文首先发言，诬蔑中国挑起战争，提出"两国以黑龙江至海为界"的无理要求。索额图当即予以驳斥，他严厉地痛斥俄国人侵占中国领土的行径，指出了俄国人应退到色楞格以西，归还侵占的中国领土。索额图坚持原则，与沙俄代表艰苦谈判，终于签订了以格尔必齐河和额尔古纳河，以及石大兴安岭（外兴安岭）为两国边界为主要内容的《尼布楚条约》。索额图忠实地执行了康熙帝的旨意，维护了国家的利益。《尼布楚条约》是中俄两国在平等协商的基础上缔结的，保障了两国边境居民的安宁生活，巩固了清朝北方边疆。

索额图有这么大功劳，康熙帝本来应该重重奖励。可康熙四十七年（1708年），康熙帝一废太子之后，却语出惊人："索额图诚本朝第一罪人也。"原来，康熙帝认定索额图加入了皇太子允礽集团，以图谋大事，并对自己进行了试探。于是，康熙帝在康熙四十一年（1702年）逮捕了索额图，并罗织罪名，将其投入大狱。

索额图之死，听起来令人心惊。一说是活活钉死的，把他的身体用大钉子钉在墙上，呼号数日而死；还有一说是在狱中活活饿死的，他向狱卒乞求给口饭吃都不能实现，最后饿死在狱中。索额图的同党多被杀，被拘禁，被流放；同祖子孙都被革职，其二子格尔芬、阿尔吉善则被处死。

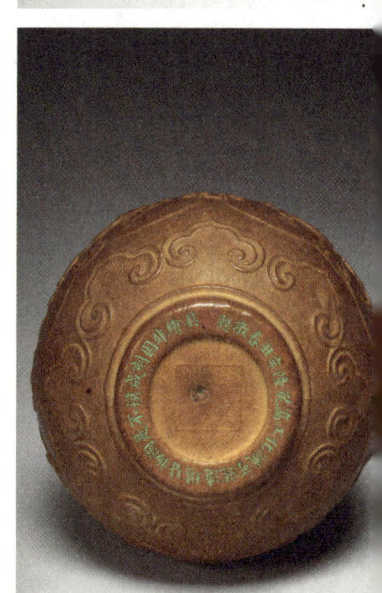

[清] 康熙 葫芦番莲纹瓶

该瓶造型典雅独特，线条圆转流畅。瓶身四股模制棱线隐约可见，番莲纹环绕腹部，层次分明，深雕浅刻，工艺精湛。

乾隆帝杀小舅子

有人说乾隆帝仁慈，菩萨心肠。但其实他是个非常有原则的帝王，疾恶如仇，历史上还留下了他斩杀贪污犯小舅子的故事。

乾隆帝有个非常得宠的妃子高氏，她的父亲高斌隶内务府包衣，出身低微。高斌之女以秀女身份入选，并被指派给当时的皇四子弘历为使女。雍正十二年（1734年）三月，雍正帝谕令，高氏由侍女上升为侧福晋。这是高氏地位转变的开始，高斌也因此而大沾其光。于是，高斌赶紧上折雍正帝谢恩："伏念奴才女儿至微至贱，蒙皇上天恩，令侍候宝亲王（弘历的封号），今乃于使女之中超拔为侧福晋。"乾隆帝即位后，又晋封高氏为贵妃，这可是天大的恩典，于是高斌赶紧上折乾隆帝谢恩。乾隆帝回复："汝女已封贵妃并令汝出旗，但此系私恩，不可恃也。"这是乾隆帝对高斌的恩典，同时，对其进行忠告，免得他日骄纵不法。

果然不出乾隆帝所料，多年后，高家出了个大贪污犯，他贪赃枉法，令举朝震惊。这个人不是高斌，而是他的儿子高恒。

高恒出生于官宦之家，却不好读书。他是乾隆帝的小舅子，不用科举考试，便以国子监荫生的身份被授予户部主事，这比科举考试升官来得快，也容易。不久，高恒被外放为山海关、淮安关、张家口关等税关的长官。再不久，高恒署理长芦盐政，接着任天津总兵。乾隆二十二年（1757年），授两淮盐政。两淮盐政是个肥差，争此职的人不在少数。乾隆二十九年（1764年），高恒奉调回京，任上驷院卿，仍兼领两淮盐政。乾隆三十年（1765年），因堂兄高晋担任两江总督，应当回避，不再管两淮盐政，改署户部侍郎。之后，

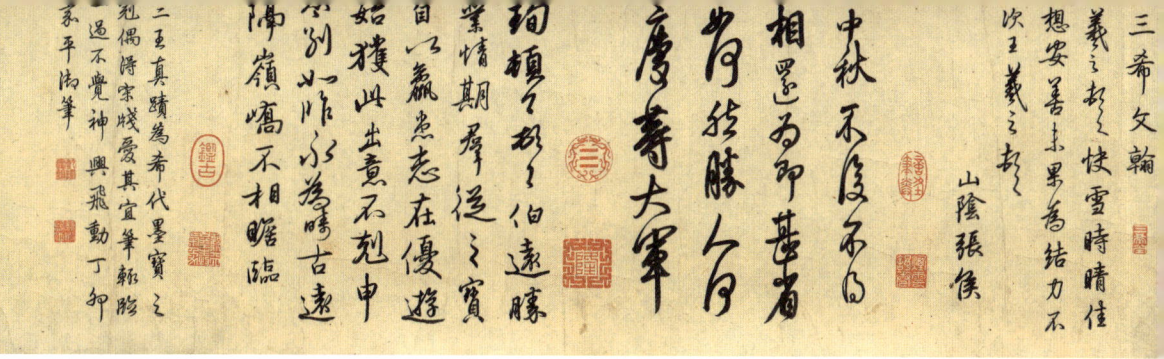

[清] 乾隆帝 《临三希帖》

乾隆皇帝的《临三希帖》，以其精湛的书法技艺展现了其深厚的文化底蕴。在临帖中，乾隆帝巧妙地融合了王羲之、王献之和王珣的书法精髓，笔触圆润流畅，气韵生动。

高恒任过总管内务府大臣、署吏部侍郎等职务。

早就卸任两淮盐政的高恒万万没有想到，3年后会有人告发他这个当今皇帝的小舅子。乾隆三十三年（1768年），两淮盐政尤拔世密奏高恒贪污。乾隆帝对此非常重视，一面罢高恒官，一面命江苏巡抚彰宝会同尤拔世联合查办此案。经过调查，诸盐商告发，高恒贪污连年上贡和准备南巡的银子竟然达到467万余两。乾隆帝大怒，决心重办此案。结果，高恒被判处死刑。

乾隆的决定震惊了朝野，大家觉得乾隆帝应该顾及已故慧贤皇贵妃的面子，保全高恒，至少应该保住他一条性命。可谁也不敢说。这时，乾隆帝的另外一个小舅子，也就是孝贤纯皇后的弟弟，太子太保、大学士傅恒斗胆上书，请求皇上顾及皇贵妃的面子，保全高恒。乾隆帝大怒道："如皇后兄弟犯法，当奈何？"意思是，即便是你犯法，也要一样斩首！傅恒胆战心惊，再也不敢为高恒求情。

即使乾隆帝这么严厉，高家后来还是出了个大贪污犯。这个人就是高恒之子高朴。高朴也不是科举正途出身，而是凭借祖、父、姑三重关系，先后担任员外郎、给事中、山东漕政。乾隆三十七年（1772年），高朴破格升任左副都御史。乾隆四十一年（1776年），高朴任叶尔羌办事大臣。距叶尔羌400余里有密尔岱山，产美玉，已被朝廷封禁。高朴到叶尔羌后，疏请开采，每年一次。2年后，新疆阿奇木伯克色提巴勒底奏诉高朴役使回民3000人上山采玉，勒索金银，盗卖官玉。经查，高朴在叶尔羌存银16000余两、黄金500余两，并将美玉寄回家。

乾隆帝闻报怒不可遏，下旨道："高朴贪婪无忌，罔顾法纪，较其父高恒尤甚，不能念为慧贤皇贵妃侄而稍矜宥也。"意思是，高朴贪赃枉法，不能因为是慧贤皇贵妃的侄子而免于刑罚。于是，高朴被明正典刑。

[清] 郎世宁 《乾隆皇帝射猎图》

此图生动展现了乾隆帝骑射的雄姿。画面中的乾隆帝英气逼人，马匹矫健有力，周围景致交融。从此图可以看出乾隆帝的性格睿智果断，看到猎物能迅速锁定出击。历史上，乾隆帝在政事方面也果断且富有远见，对于贪赃枉法的人绝不心慈手软。

綠原小試佶閑騮
俞騎鴻絧鋑
五游滕日尋芳
魚示度雕龍何
用賊素蒞露潤
青衢草氣秾陽
和舉目化擴合
兔一日雙還佶彼
季登漫還佶彼
三中八兔生風耳浚
最豪情付廿年
前繡壞平不痕
武還思悚獵箇
中吾自有權衡
南苑行圍即事三首
乙亥暮春御筆

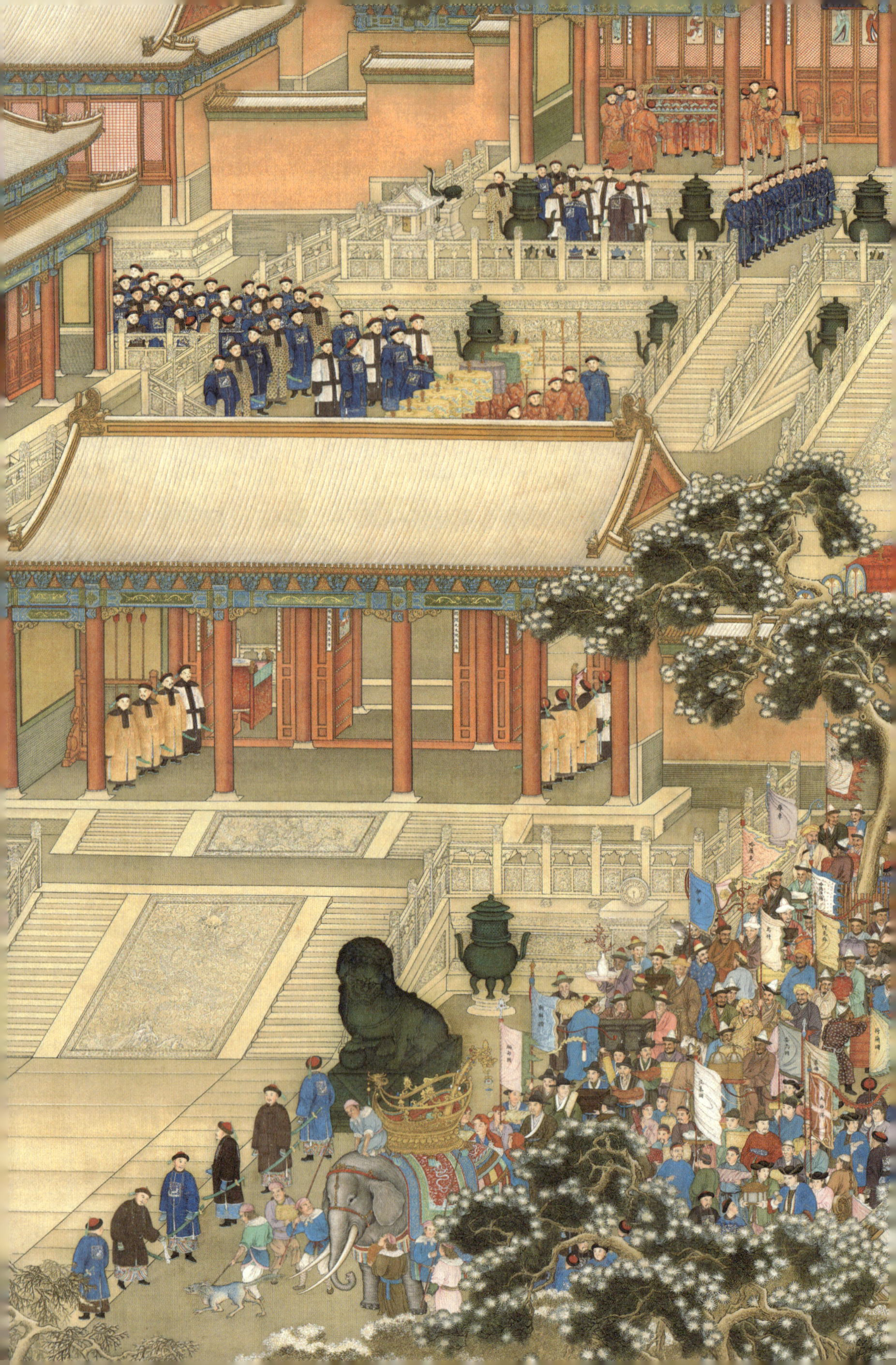

捌

洋人

顺治帝的洋"玛法"

这一章要说的这个洋人是德国传教士汤若望。汤若望于1592年出生于德国科隆。1619年7月15日，汤若望和他的教友们抵达明朝治下的澳门，开始了他漫长的中国之旅。

在明朝，汤若望一面传教，一面为明朝服务，如制作天文历法和制造大炮。明朝灭亡后，这个深得明朝信任的洋人会被清朝接纳吗？

多尔衮挥师入关后便认可了汤若望的天文历法，以及他在其他方面的本领。顺治元年（1644年），汤若望进呈《西洋新法历书》一百零三卷，多尔衮大加赞赏，给他加官晋爵，封太常寺少卿。不仅如此，顺治七年（1650年）多尔衮还允许他在北京修建教堂，并加封他为钦天监监正。此官相当于天文台台长，官虽然不大，但发挥了他的特长，他当然很愿意担任。

多尔衮病逝之后，厌恶多尔衮的顺治帝会怎么和汤若望相处呢？即使顺治帝的母亲孝庄太后非常喜欢汤若望，还尊他为义父（这主要是因为汤若望救治了孝庄侄女的病，所以孝庄对他尤为信任，认为父女关系）。但顺治帝恰恰非常叛逆，凡是母亲喜欢的事情，他总是反对，何况这个汤若望还是多尔衮非常信任的人呢？人们猜测顺治亲政之后，汤若望会倒霉。

可实际上，汤若望不仅继续得宠，而且大大胜过以前，地位继续上升。

这主要有以下三点原因。一是汤若望非常圆滑，他知道皇帝喜欢什么，了解皇帝在想什么。比如，他会根据自己的医学知识，判断多尔衮寿命的长短，向顺治帝秘密进言，结果还应验了，这让顺治帝心服口服，从心里喜欢上了这个洋人。二是汤若望敢于直言不讳。以上两点看起来矛盾，实际上，

汤若望像

德国传教士，天主教耶稣会士。于1619年到中国，历经明清两朝，推动天主教在中国的传播，参与编纂《崇祯历书》，制造火炮，对中国科学、文化有重要影响。

《大清顺治元年七政经纬躔度时宪历》（清顺治元年钦天监刻本）

清朝顺治年间钦天监编纂的官方历法，采用汤若望的西洋新法推算，精度极高。该书开本宽大，字体疏朗，体现了殿本书的特色。顺治元年颁行全国，是我国历法改革的重要成果。

顺治帝在亲政之初喜欢直言不讳的人，而当时只有这个洋人敢于直言。比如，汤若望直言顺治帝道德上有问题，那就是好色。顺治帝开始大怒，继而觉得汤若望说得对。于是，顺治帝决心改正。三是汤若望丰富的知识吸引了他，顺治帝亲政，求知若渴，夜以继日地学习，而汤若望拥有的知识正好契合了他求知的欲望。因此，顺治帝给了汤若望他以前所未有的待遇。

一是尊称他为"玛法"，就是"爷爷"的意思，真可谓尊奉到了极限。二是免行跪拜礼，臣子见皇帝不跪，除非特殊情况，如皇帝的长辈。三是加官晋封，授给他光禄大夫称号，官居正一品，并且恩赏他的祖先三代都是一品封典，等等。顺治帝把能给的都给了汤若望。

[清] 铜镀金圆盘日月星晷仪

该仪器将日晷、月晷、星晷融为一体，通过测日、月、星求得时刻。一面为日晷，有节气线、时刻线等；另一面为月晷，由三层盘构成；星晷在月晷外端。此仪器可能是传教士汤若望明末携入宫中的珍品。

这样一来，汤若望对于顺治帝来讲，就是言听计从、非常重要的一个洋爷爷了。举两个例子：一是顺治十六年（1659年），郑成功率十几万水陆大军大举北伐，兵临南京城下，顺治帝被这突如其来的局面吓得不知所措，先是想放弃北京，逃回关外的老家。受到孝庄太后的训斥后，又从一个极端跳到另一个极端，传下圣旨要御驾亲征。宫廷上下束手无策，大臣们纷纷跪下劝阻，顺治帝根本不听，亲自用宝剑劈断御座，宣称谁敢阻止他就劈死谁。最后汤若望出山，顺治帝听从了他的劝告。二是顺治十八年（1661年）正月，顺治帝病逝之前选择接班人，竟然要选旁支哥哥继位，是汤若望建议让出过天花的皇子玄烨继位，顺治帝听从了他的建议，就这样，汤若望又成了康熙帝的洋伯乐。

1666年（康熙五年）8月15日，汤若望逝于北京，享年75岁。

为乾隆帝画全家福的洋人

清朝另一位洋人名气也很大,那就是郎世宁。郎世宁是意大利人,原名朱塞佩·伽斯底里奥内,生于米兰,康熙五十四年(1715年)作为天主教耶稣会的修道士来中国传教,随即入宫进入如意馆,成为宫廷画家。郎世宁曾参加圆明园西洋楼的设计工作,历经康、雍、乾三朝,在中国从事绘画工作达50多年。

郎世宁活跃在清朝宫廷之中,与康熙帝、雍正帝、乾隆帝关系密切,确实创造了一个奇迹。那这个西洋人何以有这个本领,让三位皇帝都喜欢呢?其中最关键的一条就是郎世宁研究透了中国的体制和清朝皇帝的需要。

康熙帝需要郎世宁。康熙帝在召见郎世宁的时候,道出了他容留郎世宁的原因:"西方的教义违反中国正统思想,只因为传教士懂得数学基本原理,国家才予以聘用。"我们知道,康熙帝喜欢自然科学,曾用他的妃子们的年龄做数学题,也与中国的数学家有过接触,因此,在康熙帝的眼里,郎世宁的绘画功底不是主要的。康熙帝不喜欢油画,因为油画一旦年代久了,就会变得黑乎乎的,模糊不清。因此,郎世宁的真功夫在康熙朝没有得到朝廷的认可。

雍正帝需要郎世宁。大家对雍正帝比较了解,他严厉、苛刻,不太容易相处。可恰恰是在雍正朝,郎世宁奠定了自己在清宫中的优势地位,显得比任何时候都游刃有余。什么原因呢?最主要的原因就是四个字:投其所好。举两个例子。

一是他与雍正帝喜欢的人交往,如十三王允祥、十七王允礼,还有

[清] 郎世宁 《嵩献英芝图》

这幅画作是郎世宁为庆祝雍正帝的生日而绘制的祝寿图。图中白鹰、松树、灵芝等物象寓意长寿、强壮、吉祥,色彩鲜明绚丽,融合中西方绘画特色。

[清] 郎世宁 《百骏图》

图中百匹骏马姿态各异，栩栩如生，背景山峦起伏，松树挺拔。画家巧妙地融合了东西方绘画的技法，使画面既具西方绘画的立体感，又蕴含中国传统绘画的韵味。

115

二十一王允禧等,郎世宁看得很准,这些人与新皇帝关系最为密切,所以他多与他们交往;而那些雍正帝讨厌的兄弟如允禩、允禟等,郎世宁没有与他们交往的记录。这说明郎世宁具有极为敏感的政治神经,不然以雍正帝的个性,他是很难立足的。

二是画雍正帝喜欢的内容。作于雍正元年(1723年)的《聚瑞图》、雍正二年(1724年)的《松献英芝图》都反映了郎世宁在迎合雍正帝喜欢祥瑞的心理需求。尤其是郎世宁创作于雍正初年的《瑞谷图》,雍正帝非常喜欢,在雍正五年(1727年)八月二十二日,下令颁示《瑞谷图》,并降旨:"今蒙上天特赐嘉谷,养育万姓,实坚实好,确有明征。朕祗承之下,感激欢庆,着绘图颁示各省督抚等。朕非夸张以为祥瑞也。"

乾隆帝是对郎世宁感情最深的皇帝。主要是因为他雅好诗文,喜欢绘画,也喜欢收藏画作,是著名的文化帝王。因此,郎世宁很容易和他相处。但我们仍然可以从绘画的角度分析郎世宁在乾隆朝得宠的原因,还是在于他的画作画进了乾隆帝的内心深处。其中有两幅画最能打动乾隆帝。

一幅画是《乾隆大阅图》。这幅画作上,乾隆帝顶盔掼甲,威风凛凛地骑在高头大马上,英姿飒爽,令人望而生畏,心生敬意,是一幅打动人心的画作。乾隆帝对此当然非常得意,也非常满意。2011年3月26日法国南部城市图卢兹的拍卖会中,此画以创纪录高价2.42亿港元被拍走。另一幅是乾隆帝的夫妻合照,乾隆帝将其命名为《心写治平图》。这幅画作是郎世宁和弟子们的精心之作,创作于乾隆中叶以前,里面收入了包括乾隆帝在内的13个人物,是乾隆帝与其宠爱的妃嫔。至于失宠的皇后那拉氏,则不在画面上出现。这幅画作乾隆帝很喜欢,也很重视,只供他自己欣赏,别人不能看。目前,《心写治平图》收藏在美国俄亥俄州克利夫兰博物馆中。

乾隆三十一年六月初十(1766年7月16日),郎世宁在他78周岁生日的前3天病逝于北京,其遗骸安葬在北京城西阜成门外的欧洲传教士墓地内。乾隆帝对郎世宁的去世甚为关切,特地下旨为其料理丧事,并为他立碑勒文,以表达自己的思念之情。

不下跪的马戛尔尼

电视剧《还珠格格》中有个情节：小燕子怕总下跪膝盖疼，就做了一对"跪得容易"，裹在膝盖上，这说明在皇宫里下跪是常有的事。这一节要讲的是发生在乾隆年间的一起外交事件，即马戛尔尼拒绝下跪事件。

乔治·马戛尔尼出身苏格兰贵族家庭，1737年在爱尔兰出生，1759年毕业于都柏林三一学院，之后进入伦敦坦普尔大学进修。1775年，他出任加勒比群岛总督。1776年，被封为男爵，属爱尔兰贵族序列。1780年，马戛尔尼出任印度马德拉斯总督。1792年，被加封为伯爵。1806年逝世。

马戛尔尼使团访华是乾隆五十八年（1793年）。马戛尔尼的访华原因是代表英国补祝乾隆八十大寿。

英国人的目的不纯，让乾隆帝大为反感。乾隆帝继位时是25岁，到乾隆五十五年就是80岁，人所共知，中国人非常重视八十大寿，况且是皇帝，清朝还没有活过80岁的帝王呢，乾隆帝当然重视。来祝寿本是好事，可偏偏推迟了，还推迟了3年，这就让人感觉极不舒服。而且乾隆帝的感觉非常对，从马戛尔尼的出访装备和礼品以及递交的国书看，其目的极为不纯。

第一，出访装备。马戛尔尼出访乘坐的是一艘大型军舰，即"狮子"（Lion）号军舰。这是英国海军提供的，装有64门火炮和救生艇，船上还带了铜炮6位，铁炮2位，鸟枪16杆。英国派出军舰来华有炫耀其海军实力的意图。

第二，使团人员构成。马戛尔尼使团的成员有100多人，在这些人当中，有军事专家，有军事情况分析专家，有军事地图制作人，等等。很明显，这些军事专家和军事情报专家来者不善，他们肩负的使命绝对不仅是前来为乾

[清] 缪炳泰 《乾隆老年朝服像》

隆帝祝寿那么简单。

第三，祝寿礼品。从资料中，我们看到了英王进献给乾隆帝的寿礼，其中有很多是具有非同寻常意义的东西：当时英国规模最大并装备有110门大口径火炮的"君主"号战舰模型，更有榴弹炮、迫击炮，以及手提武器如卡宾枪、步枪、连发手枪，等等。这些礼品带有军事恫吓的意味，不能不引起人们的警觉。

果然，马戛尔尼迫不及待地提出了谈判的要求，共有六项内容，其中有的还带有侵略性。

一、允许英商到宁波、舟山和天津贸易。

二、准许英商像俄商一样，在北京设立商馆。

三、将舟山附近一处海岛让给英国商人居住和收存货物。

四、在广州附近划出一块地方，任英国人自由来往，不加禁止。

五、英国商货自澳门运往广州者，享受免税或减税。

六、确定船只关税条例，照例上税，不额外加征。

当然，乾隆帝做得也不是很好。在获知马戛尔尼使团来访的时候，他就在《大清一统志》上找英国，结果没找到。虽然乾隆帝没有轻视这个使团，但还是在两个方面使得马戛尔尼极为不满。

一是妄自尊大。1793年6月19日，英国人在澳门停泊数日后，刚一上岸，他们的队伍便被中国官员不由分说地插上几面彩旗，上面用中文写着几个大字："英吉利贡使。"无论是在旗上还是礼品清单上，中国官员都把"礼物"改成"贡物"。按照马戛尔尼的想法，英国与大清是完全不同的两个主权国家，不存在朝贡的关系。因此，马戛尔尼对此极为不满。

二是要求马戛尔尼行跪叩大礼。依清政府的看法，既然马戛尔尼代表英国来祝寿，理应行跪叩大礼，因为其他国家的使节也是这样行礼的，所以大臣和珅坚决要求马戛尔尼行三跪九叩之礼。可是马戛尔尼不干，乾隆帝很不高兴。最后，还是双方各让一步，允许马戛尔尼行觐见英王的单膝下跪觐见礼。

马戛尔尼使团访华，对后世产生了深远的影响：对中国来说，中国丧失了一次与近代工业文明接触，认识世界、改变封闭状态的良好机遇，也在一定程度上导致中国落后于世界发展潮流。对英国来说，马戛尔尼使团访华是英国乃至欧洲改变其对清政府印象的一个转折点。之前，他们向往中国，欧洲曾掀起"中国热"。以马戛尔尼访华失败为起点，中国在欧洲人眼中的形象逐渐暗淡。

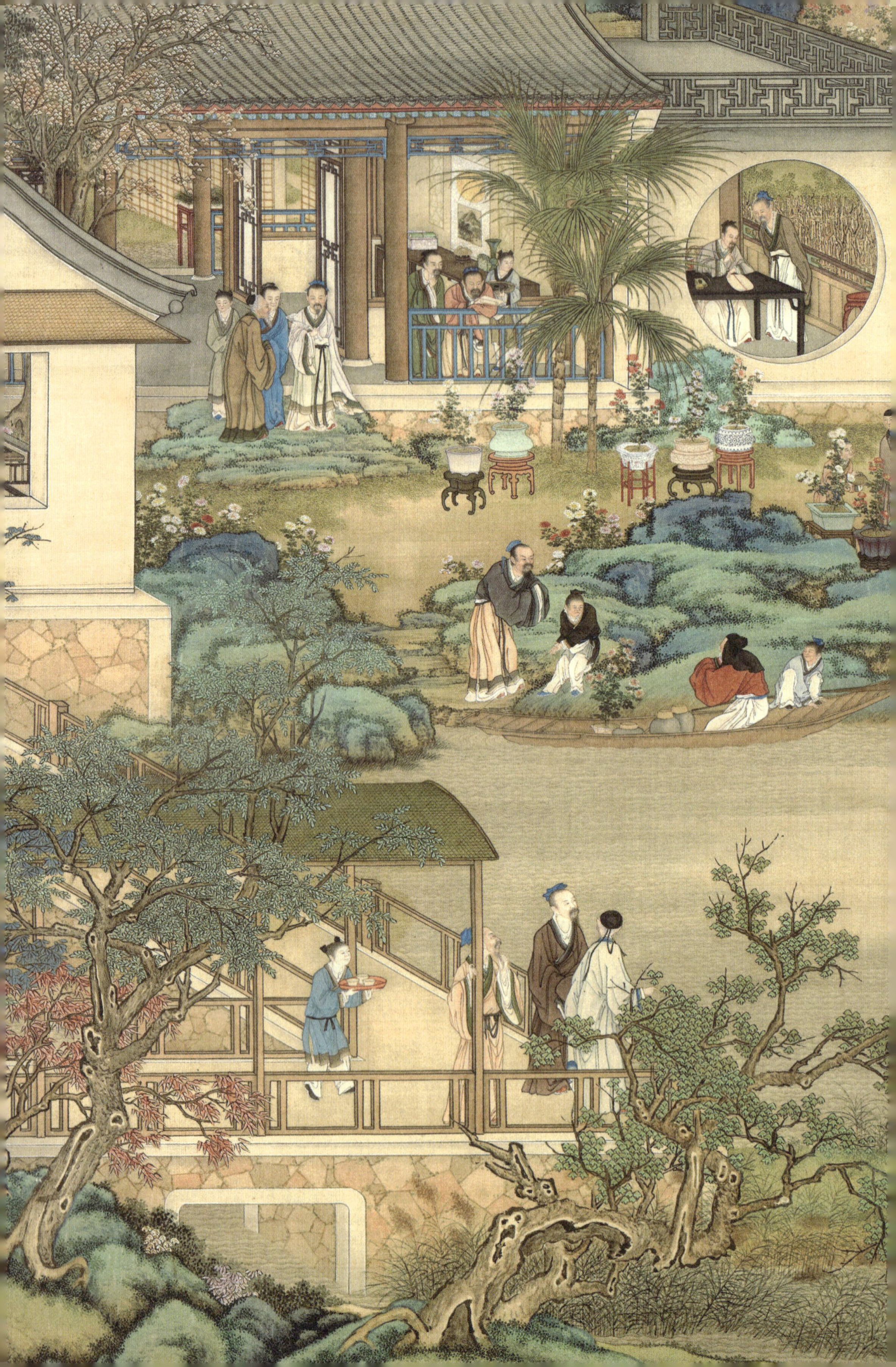

玖

清宫保健

康熙帝的养生之道

康熙帝颇懂一些养生之道。在这里，我们将他的养生之道总结一下，供今人借鉴使用。

第一，饮食有度。俗话说，"病从口入"，很多病确实是吃出来的，如心脑血管疾病与饮食习惯大有关联。对此，康熙帝有哪些经验呢？

不喝白酒。康熙帝从来不喝白酒，他认为喝酒不仅误事，而且对身体有害，所以从不喝白酒。但康熙帝喜欢喝西洋葡萄酒。大概在康熙四十七年（1708年）一废太子之后，康熙帝时常出现心悸，而且站立不稳，手颤抖。中医调理不见效果，便有人向他推荐了葡萄酒。开始，康熙帝很不习惯，但是坚持下来，每日饮用一小杯，效果很好，他的那些毛病也逐渐好转。

饮食清淡。满洲人喜欢吃肥猪肉，喜欢油多的食物。康熙帝认为那样对身体不好，他主张多吃时鲜的蔬菜，如黄瓜、茄子、萝卜，等等。

少食多餐。康熙帝不主张吃得很饱，尤其是高年之人。康熙帝认为千万不要吃饱，要少食多餐，对身体才有利。

第二，养成好的生活习惯。康熙帝认为，好的习惯很重要，它直接影响人的身心健康。康熙帝从不吸烟。为了让别人禁烟，康熙帝想了个办法，一天他上朝，要赏给两个最喜欢吸烟的大臣烟嘴，皇帝赏东西，那一定好得不得了。二人接过康熙帝赏赐的烟嘴一看，是水晶质地的，果然棒极了。不过，这烟嘴看上去和普通烟嘴构造不同。康熙帝说："你们试一试，看看怎么样？"二人一试，结果烟火立即烧着了嘴唇，二人急忙吐出来，但还是被烧坏了。康熙帝哈哈大笑，立即下旨，要求他们戒烟。

[清] 郎世宁 《万寿长春图》

此图描绘的是繁卉盛开的景象，月季、石竹、蓝菊等花卉栩栩如生，灵芝傍石而生，红花绿叶间流露出生机盎然之态，寓意健康长寿。

不用补品。康熙帝学贯中西，对补品不以为意，尤其不喜欢喝人参汤。太医孙斯百为了使康熙帝身体恢复元气，给他开了带有人参的方子服用。结果，康熙帝服下之后浮躁不已，身体发出虚汗。康熙帝是懂得医理的，他认为一定是因为服用了人参，便叫来孙斯百询问，果然不出所料。于是康熙帝大怒，要处死孙斯百，但最后从宽免死，打了二十大板，并让他永远不许行医。

不乱练功。康熙帝晚年多病，有人建议他练练气功，对身体有好处。康熙帝并没有轻信。他认为气功不一定适合所有人，弄不好还会走火入魔，所以他试了两次，觉得并不适用，就没有练气功。

第三，穿衣要得体。康熙帝认为穿衣服也很重要，对养生有一定意义。他认为每个人穿衣服一定要得体。不要太华丽，华丽的衣服使人浮躁，对身心不一定有好处。季节要分明，康熙帝认为冬季穿衣尤其不能少，宁可多穿，不要少穿。他还讲道理："你穿少了，就得烤炉子，要不然会很冷啊，这样你出去的时候，就容易感冒，影响身体健康。"

第四，养生要养心。康熙帝认为养生之道重在养心。首先，要心怀善良，不要心怀险恶；其次，要清心寡欲，不要心浮气躁；再次，要有喜悦之心，千万不要愁眉不展，每天高高兴兴，这样的心情才有利于健康，这才是养生之道。

[清]　康熙　松花石砚

砚背中央剔地，阴刻"以静为用是以永年"，并有康熙年制篆印，有附件木纹褐色石砚盒。

"十常""四勿"

乾隆帝自称"十全老人""古稀天子"。俗话说"人生七十古来稀",而乾隆帝活了89岁,这在中国古代帝王中仅此一例。大家想想,皇帝长寿很是不易:妃嫔成群,伤身体;国事纷繁,伤脑筋;饮食随意,伤肠胃。可是乾隆帝丝毫未受影响,还创出了中国帝王寿命之最。那么,他有什么秘诀呢?

第一,牢记养生方针。

乾隆帝秉承御医总结的十二字方针:"吐纳肺腑、活动筋骨、适时进补。"他尤其对后四个字加以重视,并且坚持"十常""四勿"的锻炼。

"十常":齿常叩,经常叩打牙齿,健康面部肌肉,防止牙齿松动;津常咽,经常咽咽唾沫,有利生津,有利肠胃;耳常弹,经常弹弹耳朵,有利听觉神经健康;鼻常揉,经常揉鼻子,对嗅觉有利,并可有效预防感冒;睛常运,经常运转眼睛,对反应灵活有利,当然,视神经也就会保持健康;面常搓,可以缓解面部衰老,缓解疲劳;足常摩,按摩脚心,能起到足疗的效果;腹常旋,经常按摩小腹,对肠胃保健有一定效果,而且有助于减肥;肢常伸,经常做四肢伸展运动,既放松,又缓解疲劳;肛常提,经常做提肛运动,可以有效预防痔疮,还可以预防便秘、尿频、尿失禁等疾患。

"四勿":食勿言、卧勿语、饮勿醉、色勿迷。这四勿虽然听起来简单,但不是每个人都能做到的。比如,"食勿言",吃饭的时候不说话,有谁能做到呢?一次做到了,又有谁能够坚持下去呢?比如,"卧勿语",躺下之后就不说话,有谁能做到呢?尤其是遇到了老同学或老战友,一聊就会聊到天亮。至于"饮勿醉",现代人更是极难做到。很多人由于压力大,经常会一醉

[清] 佚名 《乾隆皇帝一箭双鹿图》

此图展现了乾隆帝骑马射鹿的雄姿。图中，他身姿矫健，一箭射中双鹿，尽显其老当益壮之气概。

[清] 郎世宁 《洋菊轴》

画面上的洋菊盛开,色彩斑斓,花瓣层叠细腻,如同真花般娇艳动人。在古代,因为菊花的盛开期在九月,与『久』字谐音,所以它常常被赋予长寿吉祥的寓意。

[清] 张廷彦 《弘历行乐图》

这幅画描绘了乾隆帝在园囿中自得其乐的情景。画中的皇帝静坐廊下，欣赏美景，神态悠然。童子侍立，环境静谧。

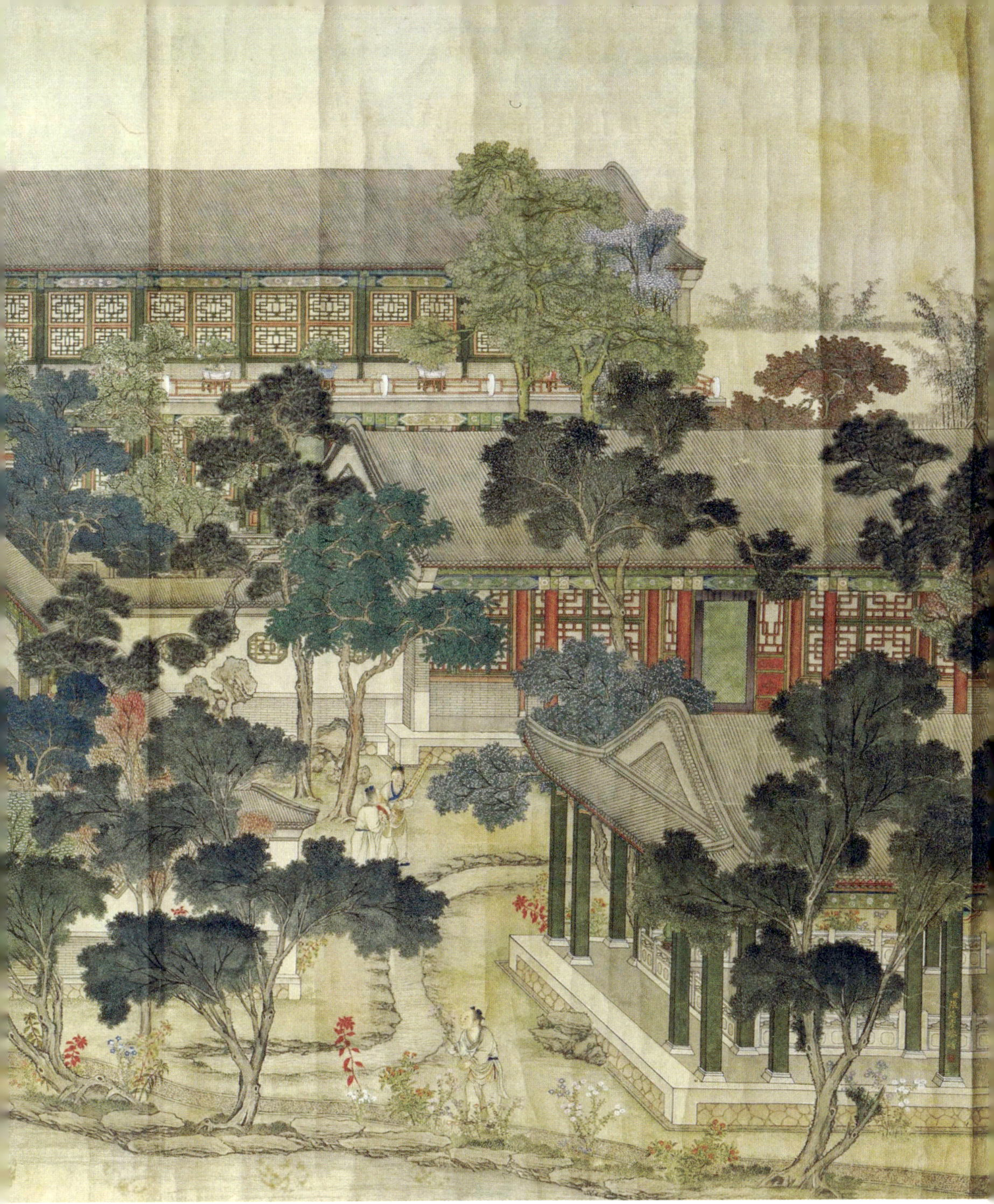

方休。

第二，注意饮食。

乾隆帝喜欢吃燕窝，因为燕窝具有养阴、润燥、益气、补中、养颜五大功效。一年四季，乾隆帝膳前必先吃一碗冰糖炖燕窝。在早晚两正膳中，也常有燕窝菜，例如燕窝红白鸭子、燕窝炒鸡丝、燕窝拌白菜、燕窝白菜滑溜鸡鸭等。

他还注意用鹿肉滋补身体。中年以后，乾隆帝几乎天天以鹿肉进补，保持身体精壮。可以看出，乾隆帝对鹿肉的钟爱是非常有度的，并不是像晚清风流天子咸丰帝那样，一味用鹿血壮阳。乾隆帝喜欢吃鹿肉以滋补肾阴，而非简单壮阳。而且鹿的不同部位，功用各异；烹调的方式不同，作用也会有所差别。

乾隆帝最注重的就是应节气适当调节饮食，他认为有益无害，如春季食榆钱饽饽、榆钱糕、榆钱饼，端午节吃粽子，重阳节食花糕，等等。他还注意以粗补细，以野补身，如百姓常食的黄瓜蘸面酱、炒鲜豌豆、蒜茄子、芥菜缨儿、酸黄瓜、酸韭菜、秕子米饭等，他都适量进食。

第三，控制房事。

作为皇帝，有三宫六院七十二嫔妃，甚至实际上比这个数字还要多。理论上普天之下的女人皇帝都可以占有，选秀女不就是这个意思吗？八旗女孩子不经过皇帝验看，不撂牌子就不可以出嫁。所以，皇帝的女人没有数量限制。那么就要看皇帝怎么控制自己了，否则就会纵欲过度身亡。乾隆帝就十分注重这一点。

我们从乾隆帝均匀的生育就能看出这一点。乾隆帝第一次生育是在他17岁的时候，而最后一次生育是乾隆四十年（1775年），那一年他已经65岁了。在这个时间段中，乾隆帝的生育很有规律。精力充沛的时候，他会多生，如20岁、36岁、42岁、45岁、47岁，他每一年都生育了2个孩子，说明他在这些年份频繁接触妃嫔。当他年近花甲之时，则有意识地控制自己的房事，因而从乾隆三十一年（1766年）他56岁之后，就基本不再生育。之后，过了10年的光景，才在乾隆四十年（1775年）完成了他的最后一次生育——他最喜爱的惇妃给他生育了最喜爱的小女儿十公主。

可怕的教训

宫廷和民间没有什么区别，有长寿的老寿星，如乾隆帝母子，都活了80多岁。清朝后宫3位老寿星：康熙帝定妃活了97岁，雍正帝纯懿皇贵妃活了96岁，乾隆帝婉贵妃活了92岁。可这毕竟是凤毛麟角，大多数后宫中的妃嫔，包括她们的子女的寿命和普通人没什么区别，有的甚至比老百姓还短寿。帝王和后妃为什么会早逝呢？有以下原因。

第一，帝王早逝。纵欲过度，英年早逝。咸丰帝当属此类。继位之初，他奋发向上，勤政务实，兢兢业业。可当内忧外患紧迫而一筹莫展之时，他就开始堕落了，不知爱惜自己的身体。市井传闻他有"四春之宠"，并说他勾引人妻，闹出了许多笑话。他每日"以醇酒和美妇自戕"，每饮必醉，每醉必有一二妇人遭殃。又常年以鹿血补阳，越补越亏，终于咯血而亡，年仅31岁。

气大伤身。都说气大伤身，在清宫诸帝中，是否有这样的情况呢？答案是肯定的，他就是清朝的第二位皇帝皇太极。皇太极膀大腰圆，是个壮汉。皇太极气性大，在历史中是有明确记载的。崇德六年（1641年）四月，清军围攻锦州时，宗室王公济尔哈朗、阿济格、多铎等竟然不坚守阵地，而是到离城很远的地方去打猎了，致使明军抓住有利时机，不断向锦州城内运送粮饷，以供急需。这件事说白了就是将帅临阵脱离职守，导致丧失作战良机，是十分恶劣的行为。皇太极闻报后勃然大怒。于是，他赌气地发下了三不准谕旨，即这些人不准入城、不准入衙门、不准入大清门，这其实就有些过分了。因为处理国政不比处理家庭纠纷，"三不准"虽然惩傲了王公，却迟滞了政务，使得衙门公务不得正常开展。犯错的王公自己不敢向皇太极认错，便托德高位重的范文程为之说情。范文程受人之托，便上奏皇太极，要求网开一面，并明确说明对这些皇室贵胄说说就算了，不必太较真。可皇太极就是不允许其进入大清门，一直恼了半个多月气才云开雾散。这种情况在皇太极身上还发生过很多次。发这么大的火，生这么长时间的气，极大地损伤了皇太极的身体。当他宠爱的宸妃死去，皇太极又是悲伤过度，致命的痼疾其实早已潜伏在了他体内。为了排解他的气郁，崇德八年（1643年）四月初六，清廷派人向长住沈阳的朝鲜国王之子求药，以治疗皇太极的闷烦、热燥和痰症，朝鲜国王进献了竹汤。同时，皇太极又患上了出鼻血的病症，有时数天不止，皆由气急而致。崇德八年八月初九，皇太极处理完政务后，在清宁宫南炕上端坐而终，史称他"无疾而终"。其实，不排除皇太极是积劳成疾，气滞腑脏，中风而亡。关于皇太极的暴亡，史界颇有争议，有待史家从医学的角度对此展开深层次的探讨。

炼丹伤命。雍正帝追求长生不老，在为皇子时，曾写过一首《烧丹》诗："铅砂和药物，松柏绕云坛。炉运阴阳火，功兼内外丹。"从雍正四年（1726年）开始，他就在吃一种叫"既济丹"的丹剂，其中含有铅、汞、硫、砷等有害物质。雍正帝迷信道仙，遍访天下道士，先后有贾士芳、娄近垣、张太虚、王定乾等人进入宫廷为雍正服务。雍正帝从雍正八年（1730年）开始在圆明园南角的香清村大炼丹药，自此一发不可收拾。专家考证，他应该是服用大量的丹剂，导致中毒身亡。

[清] 佚名 《雍正帝行乐图·道装像册页》
雍正帝命画家将自己绘为道士形象，以显示其与道教的关系。

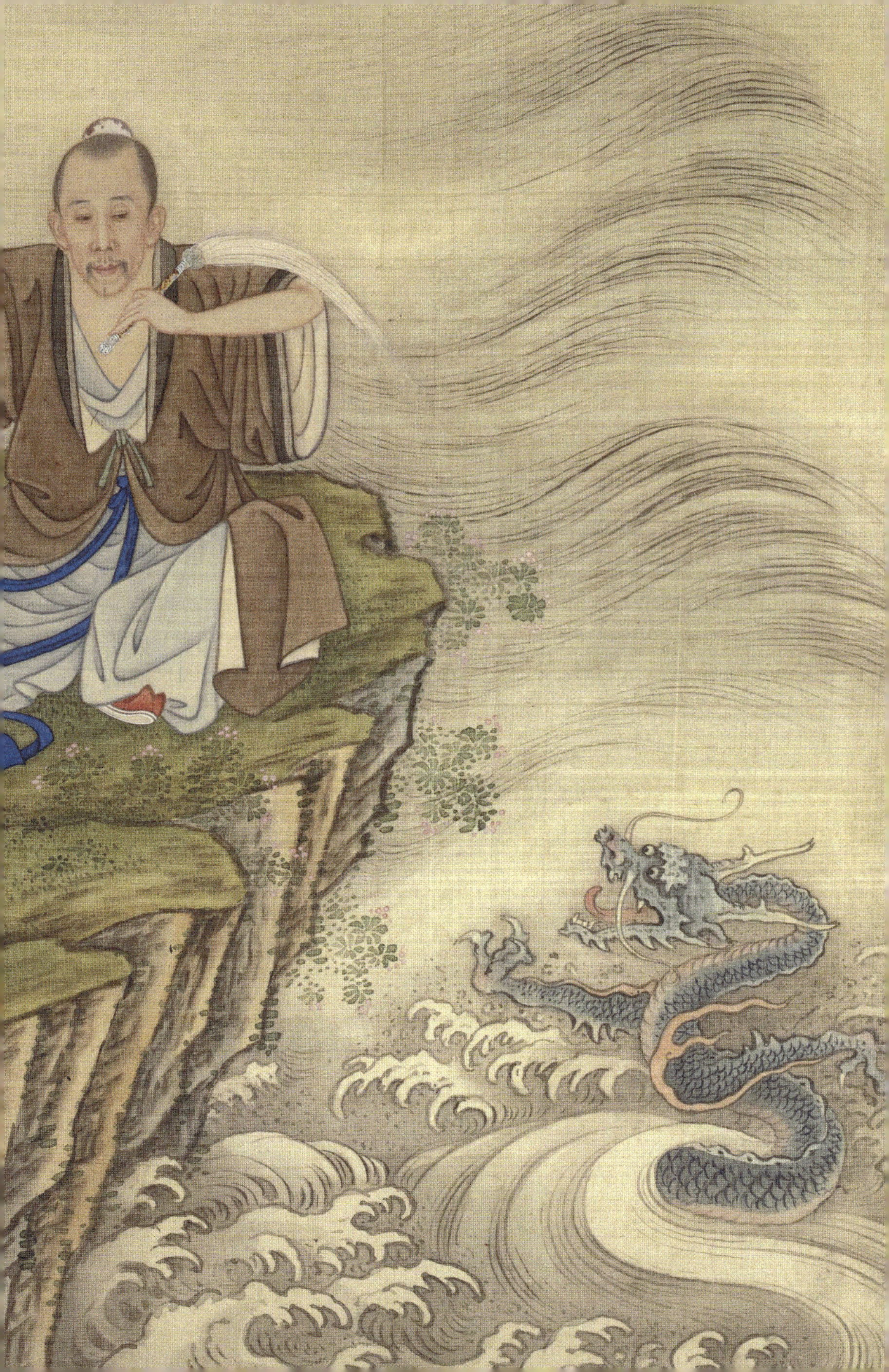

可怕的天花。天花是一种烈性传染病,在清朝皇帝中,顺治帝福临和同治帝载淳都被记载为因出天花而亡。天花发病极快,从同治帝的发病期来看,从同治十三年(1874年)十月三十日发病,到十二月初五驾崩,前后历时仅37天。其间,御医们使出浑身解数,也未能留住他的性命。所以,清廷在选择嗣君时,是否出过天花是一个重要标准。顺治帝第三子玄烨就是因为出过天花具有了对天花的免疫力,才得以顺利入承大统。

暴亡。清朝皇帝暴亡的很多。皇太极暴亡;康熙帝本来感冒好了,却突然去世;雍正帝仅发病两天,就突然离世;嘉庆帝七月二十四日中暑,第二天就突然去世。

第二,后妃早逝。心有愁绪命早殇。在后宫中,这样的女子很多,她们往往因不如意而抑郁,导致过早去世。例如,皇太极宸妃,十分得宠,崇德二年(1637年)生有皇八子,皇太极十分喜爱,决定立其为皇太子,并在大政殿举行了隆重的仪式,宴会百官,诏告天下。谁知,此子命浅,不足7个月而亡。宸妃从此抑郁成疾,于4年后死去。顺治帝董鄂妃同宸妃一样,也生下了一个皇子。顺治帝本想立其为皇储,可此子只活了3个月就夭折了。董鄂妃遭此打击,3年后死去。孝贤纯皇后是乾隆帝的原配皇后,乾隆帝十分宠爱她,雍正八年(1730年),她为乾隆帝生下了次子永琏,因为系嫡出,后来被立为皇太子,但只活到9岁就死去了。乾隆十一年(1746年),孝贤纯皇后再生皇七子永琮,乾隆帝又有意将其立为太子。不料永琮还未满2周岁,又殇逝了。孝贤纯皇后从此忧郁成疾,于3个月后死在出巡途中。

遭到冷遇而死。符合这种情况的这里举两个例子。一个是康熙帝的良妃卫氏,她由于出身微贱,虽然生育了皇八子允禩,康熙帝还是不看重她,时时把她的出身放在嘴边,甚至还用卫氏的出身刺激允禩,这就导致良妃产生了轻生的念头,病重时也不肯服药。另一个是乾隆帝的那拉氏,她本来是高高在上的中宫皇后,可是在乾隆三十年(1765年)与乾隆帝断发决裂。那拉氏断发后只活了1年多就去世了。

被害死。符合这种情况的后妃,一个是努尔哈赤的大妃阿巴亥。天命十一年(1626年)八月,努尔哈赤病逝,大妃阿巴亥第二天就被逼殉葬,很明显属于被害身亡。以她的生育情况和身份,殉葬是不合适的,她是宫廷斗争的牺牲品。另一位是光绪帝的珍妃，这个女人遭到慈禧迫害，在光绪二十六年（1900年）七月被残忍地投入井中淹死。

神秘暴亡。道光帝的孝全皇后在道光二十年（1840年）正月十一日，正在过春节的时候暴亡宫中。慈安太后在光绪七年（1881年）三月初十，暴亡于钟翠宫中。同治帝皇后阿鲁特氏在同治帝去世75天后非正常死亡。

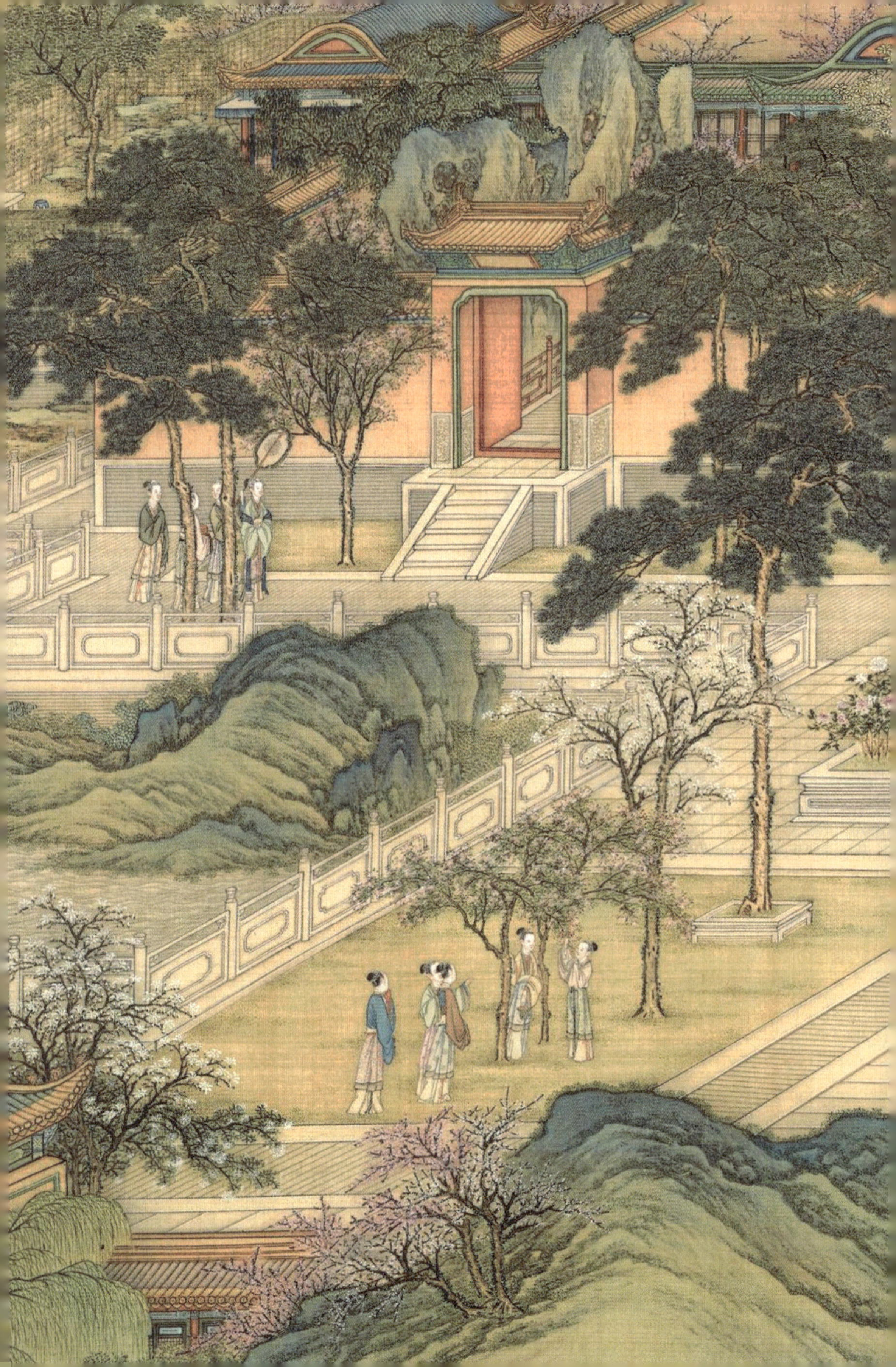

拾 清宫美容

梳头的快乐，剃头的烦恼

后妃难免喜欢在梳妆台前逗留。宫里有专门梳头的太监，他们侍候着这些女主人。除梳好头发外，他们还要趁此时加深与后妃们的感情，讲些宫外时新的或是后妃感兴趣的话题。

妃嫔的头发。妃嫔们梳下的头发要加以保留，因为古人认为父精母血给予之物不可轻易扔弃。慈禧入葬时，就把她生前梳落的万缕青丝随葬于地宫之中；而乾隆帝的生母孝圣宪皇太后去世后，乾隆帝为其铸造了黄金塔，用来存储孝圣宪皇太后梳落的头发，后人称为金发塔。乾隆帝为其母制作金发塔，靡费颇巨。当初，金发塔拟造高2尺1寸6分，由于其中需供无量寿佛法身大，原高度容纳不下，于是加高到4尺6寸，导致用金数量颇为巨大。宫廷里的承办人员想方设法地把一份金册、一颗金印、畅春园存金、寿康宫茶膳房所存盆、匙、箸等金器进行搜罗，共得黄金2300余两，仍不敷使用。于是，福隆安想出了用白银添铸的办法，乾隆帝允诺，将700余两白银融入其中，金银共有3000余两。该项目由福隆安和和珅担任承办大臣，共同负责，职能部门有工部、户部和内务府，具体操作施工由内务府造办处负责，以这样的形式来互相监督，以防怠惰和克扣。经过3个多月的紧张劳动，金发塔终于完工。金塔由下盘、塔斗、塔肚、塔脖、塔伞和日月等部分组成。纹样端庄，构图完美。其中，金塔内的盛发金匣是重中之重，乾隆帝从样式到刻画纹样都一一过目。

为慈禧梳头。很多人认为，慈禧的头发是李莲英给梳的，其实不是，慈禧从来不用李莲英梳头。给慈禧梳头的是一个叫刘德盛的太监。这个老太监性

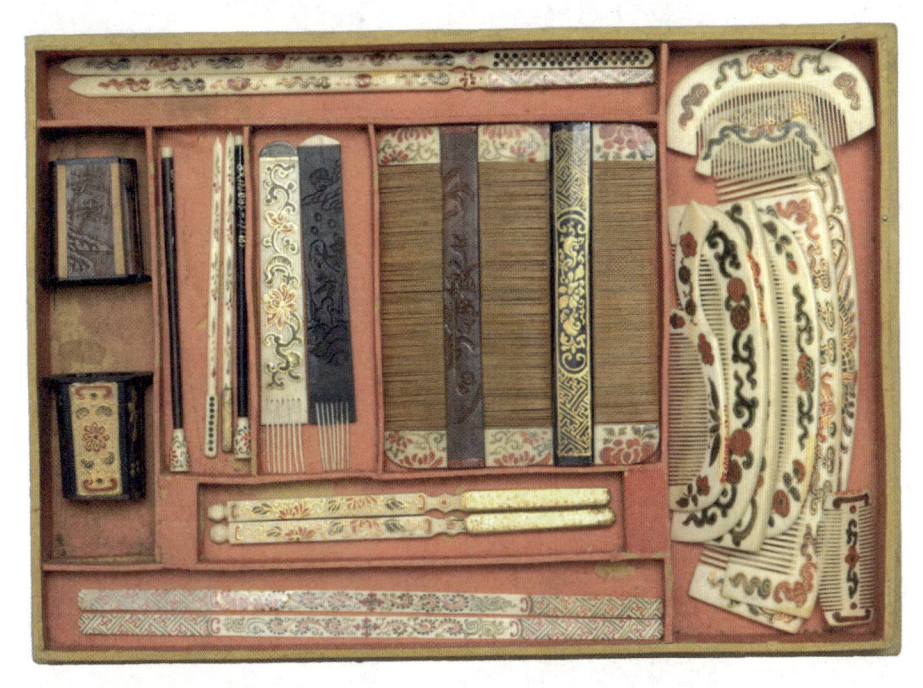

[清]　象牙描金带彩什锦梳具

梳具是后妃化妆的必备之物。该奁具集25件梳具于一体，材质珍贵、工艺精湛。梳具上描金彩绘，图案繁复，展现了皇家的华丽与典雅。

格柔和，斯斯文文，是慈禧面前的大红人。每天清晨，刘太监头顶着梳具来到慈禧居住的储秀宫外面，高声喊道："老佛爷吉祥，奴才给您请安了。"宫女传话："进来吧，刘德盛。"这个时候，慈禧早在宫女们的侍奉下起床，坐在梳妆台前等候。刘太监开始梳头，宫女们在一旁递工具。这个时候，慈禧开始问话了："你在外面听到什么新鲜事没有？说来听听。"刘太监早就准备好了故事，都是一些龙凤呈祥、风调雨顺的吉祥事。慈禧听得眉开眼笑。这个时候，便有一个太监端上一碗冰糖银耳，慈禧一边吃着，一边听着刘太监讲故事，开心极了。梳完头，刘太监要起身离开了，慈禧说："下去，让她们给你沏杯茶吧。"刘太监赶忙说："奴才不敢受，奴才不敢受。"

为光绪帝剃头。给光绪帝剃头的也是一个刘姓太监。光绪帝一个月剃头三次：初一、十一、二十一剃头。光绪帝每次剃头的时间也是固定的，必须

[清] 金廷标 《仕女簪花图》

此图描绘的是宫廷女子日常生活景象,对镜梳妆是她们日常生活的重要内容。这幅画作色彩明丽、笔触细腻。

在上午十点，整点开始，取"蒸蒸日上"之义。不过，给光绪帝剃头很麻烦，刘太监不能穿着自己的衣服，必须全部换上公家给准备好的青衣小帽，主要是怕皇帝不安全。而且，所有的剃头工具不用自带，要由光绪帝赏赐，也是为了安全。这个时候，大殿内外侍卫林立，目光炯炯地盯着刘太监的手和他手上的刀子。给光绪帝剃头，不但不快乐，还要约法三章。

第一，必须用右手剃头。左手不能用，而且左手不能挨着皇帝的头，就是不许随意摆弄皇帝的脑袋。这就要有功夫，不然怎么做得到单手工作呢？

第二，必须顺着头发剃头。无论是光绪帝的头发还是他的脸，刘太监剃的时候都必须顺着刮，不能逆向刮。

第三，必须屏住呼吸。不许对着皇帝的头和脸，免得自己的气息吹到皇帝。

刘太监干完这一切，需要半小时。虽然很短的时间，但已经累坏了。不过剃完头，刘太监不能走，他还要请示皇帝："万岁爷，您需要按摩吗？"光绪帝一般连眼都不睁，只是摇摇头，表示不用。

东西六宫中，每宫必有一处梳妆台。身份高的后妃会有十分高档的梳妆台，梳妆台可以折叠，并配有各种小抽屉，可以装进脂粉或梳具等物。梳妆台的质地有紫檀和红木，有嵌螺钿的，异常华美。梳具有各种质地，如黄杨和象牙等类。梳具按盒装，盒中按梳具形状设置出各种凹槽，既有梳门发、鬓发、边发等具，也有刷子和篦子，齿疏密不等、用途各异，每盒梳具共有十来件。

后妃梳头时，为保持发质柔软而光亮，会使用头油来护发。康熙帝历次南巡时，各地大臣的贡单中就有"香头油""梳妆香油"等进奉。

流连在梳妆台前，有得意，有失意。失意的后妃会不时地叹气，哀怨岁月不饶人，年老而色弛，皇帝还会不会再来呢？但她们中很多人并不会因为皇帝喜新厌旧而离开梳妆台。相反，一旦她们认识到自己已经老了，就会更加刻意地装扮自己，因为漫漫人生路，不会因为失宠而断绝，自己还要走下去，直到人生尽头。

慈禧美容的妙方

后妃们常在梳妆台前流连，看看自己和往常有什么不同，是否有皱纹不经意地爬了上来。如果有一天发现自己老了，会不住地叹气。因而平时她们就会注意保养容颜。慈禧皮肤本来不白，肤质不细，为了嫩面、润肤，达到增白、防皱的效果，她采用了以下办法。

首先是保持面部美丽。

慈禧搽脸的配方主要有以下几种。一、宫粉：由米粉、益母草粉、珍珠粉加香料配制而成。慈禧入睡前，会在脸部、脖子、前胸、手臂上大量施用宫粉。二、沤子方：由8味中药研成粗渣，与3斤烧酒同煮，去渣留汁，兑上白糖、白蜂蜜、冰片粉、朱砂面搅匀，涂于脸部，有嫩面、滋养、润肤的功效。三、藿香散：由藿香叶、香白芷、零陵香、檀香、丁香、糯米、广明胶等7味香料组成。可以通经络、除面黑，以及增加皮肤弹性，润肤香肌。四、栗荴散：将栗子的内皮晾干，研细面成散剂。使用时，用蜜调和涂于脸上，能去雀斑，减少皱纹，光洁面部。慈禧经常用宫粉、沤子方、藿香散来美容。

脸部按摩。慈禧还喜欢面部按摩，配合使用一种叫作"玉容散"的配方：由白芷、白牵牛、白丁香（麻雀粪）、鹰条白（鹰粪）等16味中药组成，可去除面部黑斑、粉刺、斑纹。用时将散剂用水调和，搓搽面部，再用太平车在面部反复滚动。太平车是后妃面部按摩器，清宫中有玛瑙太平车传世。后妃通过太平车揉搓面部，不仅使其皮肤不易衰老，还会缓解面部疲劳。慈禧用这种脸部按摩的方法让皮肤变得白细。

搽胭脂。慈禧喜欢胭脂，尤其喜欢自己炮炼胭脂。她命人在北京西郊妙

[清] 钱维城 《菊花雁来红图》

菊花也是慈禧的美容用料之一。

[清] 屈兆麟 《慈禧扮观音像》

图中的慈禧太后扮成观音，端坐桃树下，翠竹、灵芝、彩蝶环绕身边，一童子跪拜献灵芝，寓意善财童子拜观音。画面祈福气息浓厚，应是为慈禧太后庆生而作。

峰山大量种植玫瑰。每年五月，北京妙峰山的玫瑰专门用于进贡清宫。那些幼嫩的玫瑰瓣被挑拣出来，慈禧会亲自指挥，教授大家提炼胭脂的办法，提炼出上等玫瑰油，再将玫瑰油加工成胭脂。慈禧使用的就是这种胭脂。

其次是食补美容。慈禧通过口服丹剂达到美容效果。例如，五芝地仙金髓丹：由11味中药加蜂蜜配制而成。服用百日后，可五脏充实，益气生津，肌肤润泽，延缓衰老。平安丸：由9味中药调配而成，即檀香、沉香、木香、白蔻仁、肉蔻仁、红蔻、神曲、麦芽、山楂等。连服数日，会消化有力，气血旺盛，皮肤营养充足，面色逐渐红润。

再次是固齿。慈禧认为，容颜之美，离不开牙齿之美，故而重视使用固齿方。一、固齿方：用生大黄1两、熟大黄1两、生石膏1两、熟石膏1两、骨碎补1两、银杜仲1两、青盐1两、食盐1两、明矾5钱、当归5钱、枯矾5钱，每天早晨以此散剂擦牙根，用冷水漱吐。这个方子中，当归、杜仲养血补肾坚骨骼；石膏固齿；食盐、明矾杀虫解毒；大黄、石膏可消胃热，止火牙痛，每日擦用齿固无摇。二、刷牙散：由青盐、川椒、旱莲草、枯白矾、白盐等组成，研成细粉，早晚漱口，可防止牙齿变黄。三、漱口：慈禧在日常生活中，喜欢用茶水漱口。另外，每次饭后，她都要嚼槟榔，长期坚持，可除掉牙酸，清除口腔腐气。

最后是美发、护发。慈禧十分注重自己的头发，每当梳掉头发，她都会伤感。是生出白发的时候，她也会格外关注。为了保护好自己的头发，慈禧使用了各种办法。一、香发散：由14味中药细研，加苏和油拌匀，晾干后再研成粉。梳头时将香发散喷于发中，用篦子反复梳理，头发蓬松、柔顺，既可养发，又可防白。二、抿头方：由香白芷、荆穗、白僵蚕、薄荷、藿香叶、牙皂、零陵香、菊花8味中药加水同煮，冷却后加冰片，可使发质软化，清神醒脑，防止脱发。三、菊花散：用9味中药研成粗渣，加浆水煮沸后去渣，用药汁洗发。四、长春益寿丹：由32味中药制成，每早空腹用淡盐水送服，可防止发白。

慈禧就是通过这些办法，努力保持自己的美丽容颜，难怪外国公使夫人认为，慈禧看上去比同龄人要年轻得多。

慈禧美甲和洗澡

慈禧太后的指甲有2寸多长。慈禧对指甲的修理要求很严，大拇指要修成马蜂肚子状，片大好看，这是片指甲；无名指与小拇指要修成半圆的筒子状，这就是筒指甲。慈禧两只手的指甲由专人负责修理。负责的宫女每人有一套工具盒，工具有小刀、小锉、小剪、小刷子、长钩针等，还有田螺状的油盒，里面有从法国进口的各色指甲油。

慈禧的指甲一年四季需用药水泡洗。御医们为讨好慈禧，便争先恐后地研制润肤软甲的中药水，敬献给她。泡洗过的指甲质地更加细腻，且光滑、色泽艳丽。泡后，趁着指甲柔软，宫女用小锉进行校正，用小刷子里外洗一遍，再用翎子管吸上各色指甲油，涂抹均匀。指甲油多为紫色和银白色，庄重典雅。慈禧晚年时，已不太爱用大红色，但庚子事变后，慈禧自西安回銮，在仪銮殿第一次接见外国公使夫人，涂的是橘色指甲油，公使夫人觉得太后年轻而时髦，因此大为叹服。

慈禧晚年时，指甲起了黄斑。起初，她认为是宫女和太医护理不善，便大发脾气。后来，她逐渐了解了这是生理变化，便不再苛求，只是不断地将变质的指甲剪下。她有专门盛指甲的匣子，死后随葬于地宫。

1900年，八国联军攻入京师，慈禧携光绪帝逃往西安。逃之前，因为怕暴露目标，慈禧乔装打扮成乡下妇人模样，她下了狠心，让贴身宫女将自己长长的指甲剪掉。相传，剪指甲时，慈禧把手伸过来，头歪向一边说："这是我几十年的心血，剪掉它吧。"说完，便失声痛哭。

慈禧洗澡的次数分季节，夏天每天一次，冬天两三天洗一次，都是在晚

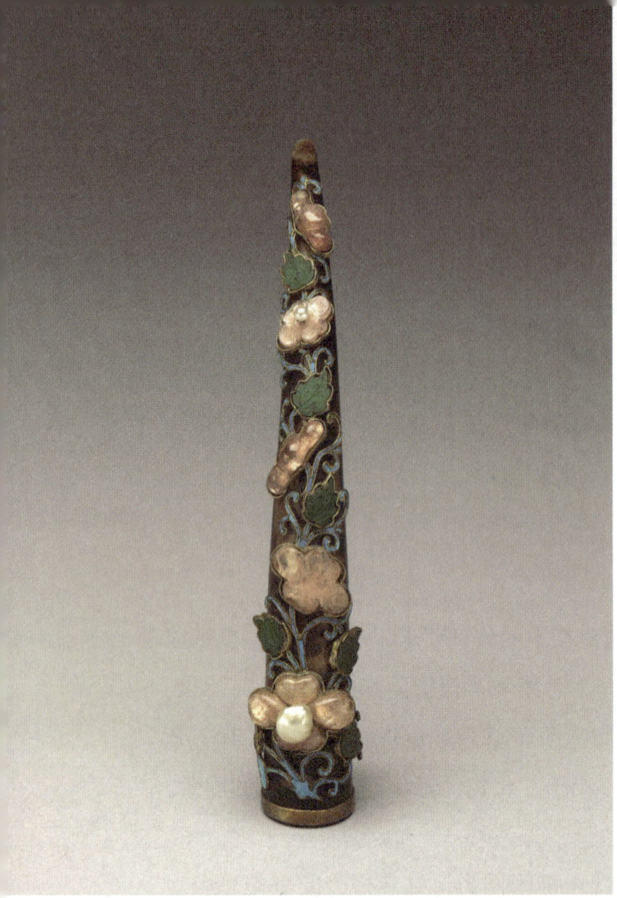
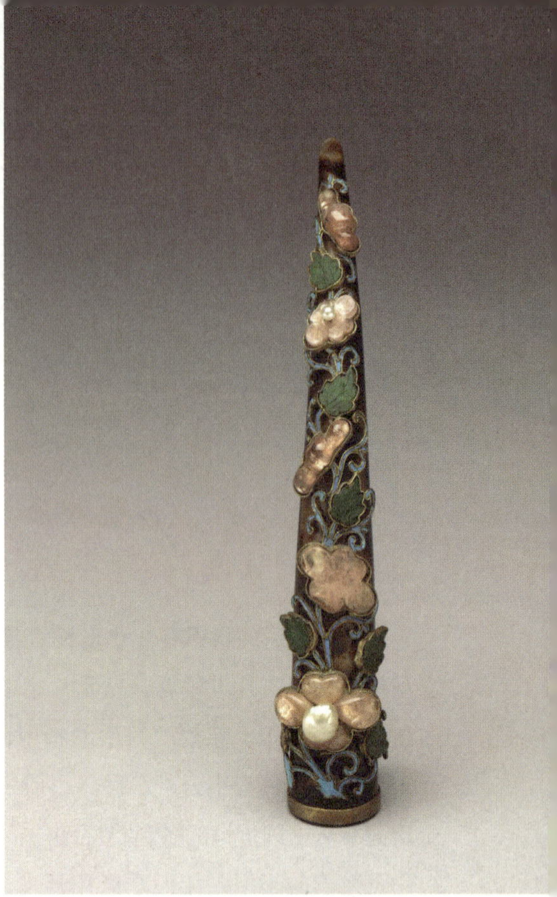
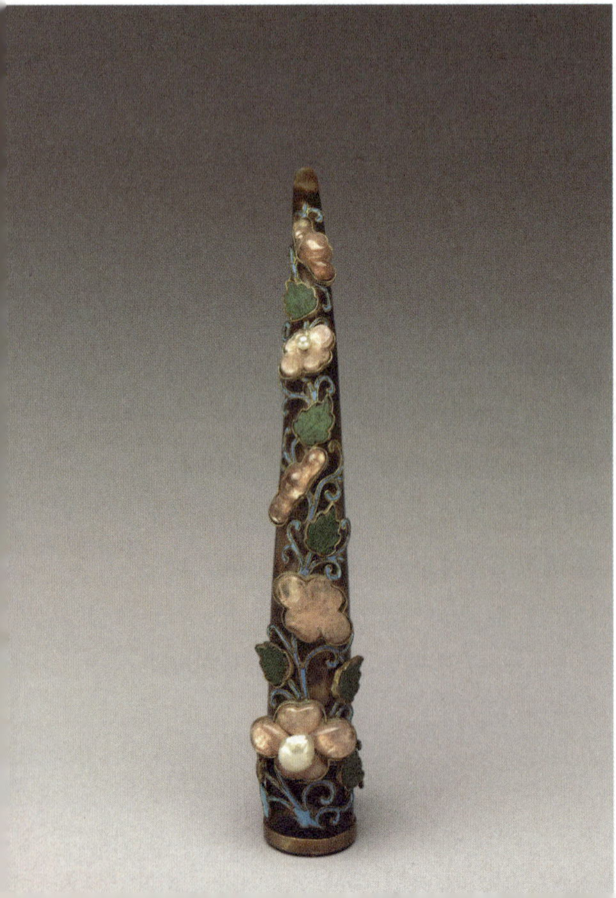
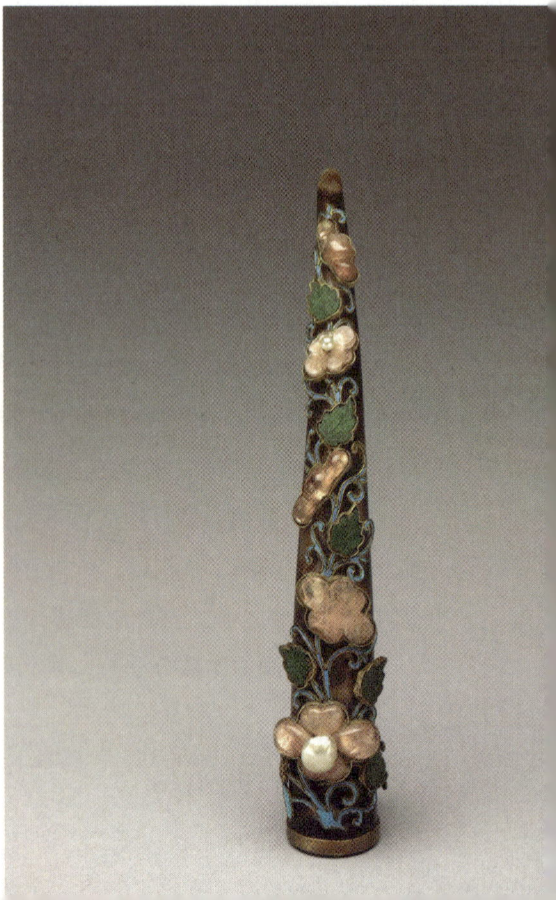

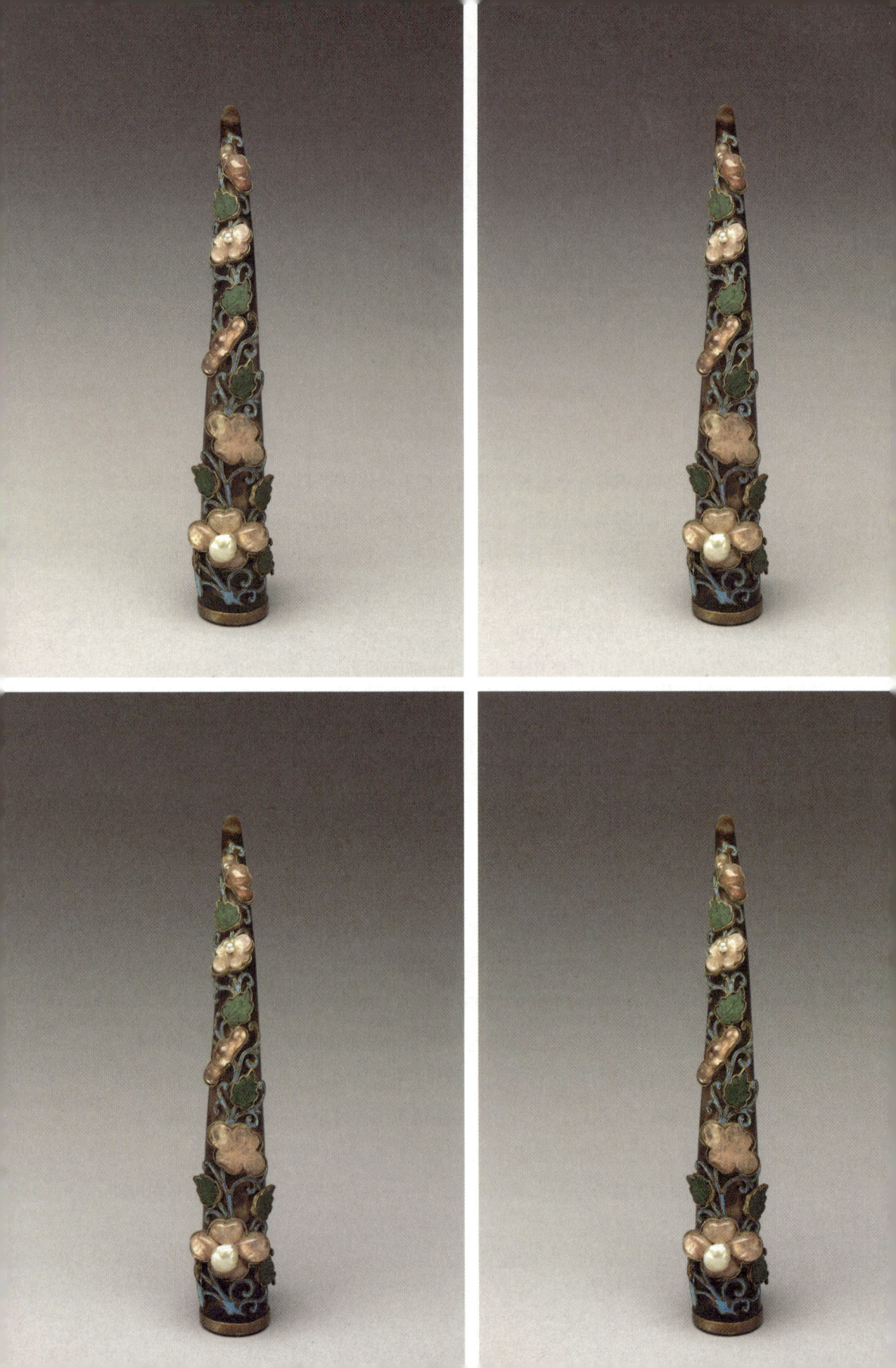

[清] 玳瑁嵌珠宝花卉指甲套

此玳瑁指甲套，镀金座上镶粉红碧玺葵花、翠玉叶及点翠缠枝，背镂雕古钱纹两组。

上洗，宫里没有在白天洗澡的规矩。

伺候慈禧洗澡的人很多，都是专职。有2个太监将澡盆、水、毛巾、爽身香水、洗澡木椅等所用之物全部抬到浴室；有2个干粗活的宫女将油布铺好，守候在浴室门口，随时听从召唤；有4个贴身宫女，专门负责给慈禧擦澡。2名太监将备物运来后就要退出，完事后再传他们运走。

慈禧洗澡时，坐在一把很矮的椅子上。椅子有1尺来高，4条腿上分别雕有两条龙，一升一降。椅背可以活动，既可以拿下来，又能向左或向右转。椅子很宽但不长，这是根据慈禧的身体特点专门设计的。

慈禧洗澡时要用两个澡盆，洗上身是一个盆，洗下身是另一个盆。慈禧认为洗下身的工具绝对不能用来洗上身；上身是天，是清，是红运；下身是地，是浊，是黑运。地永远盖不过天，红运永远不能被黑运压倒，清浊永远不能相混淆。

慈禧所用两个澡盆外形一模一样，像个大腰子。虽是圆形，但中间凹进了一块以便慈禧靠近。澡盆为木胎，外包银皮。木胎利于保温，银皮可以防毒。

慈禧所用洗澡水一般不加药液，就用温白水。有时也会用配方药水洗澡。沐浴方：用宣木瓜1两、薏米1两、桑枝叶1两、茵陈6钱、甘菊花1两、青皮1两、净蝉衣1两、莨连4钱。将以上配料和为粗渣，盛布袋内，熬水浴之。此方可清风散热，平肝明目，又可杀菌，对皮肤真菌有抑制作用。其中，蝉衣、薏米可散风热、透风疹，能防治皮肤病。

慈禧洗澡时，用得最多的是毛巾，一次要用去近100条。由宫女用托盘端进来，叠得很整齐，25条1沓，4沓整100条。每条毛巾上都有用黄丝线绣的金龙，且4沓图案各不相同：有翘首的，有回头望月的，有戏珠的，还有喷水的。

慈禧洗澡的时候，赤身裸体坐在矮椅子上。4个宫女站在慈禧的左右两边，每人负责不同的部位，各有分工。领头宫女先取来12条毛巾浸于水中，捞出4条，拧干，分发给4个宫女。4个宫女则把毛巾平铺在手掌上，轻轻地、缓慢地给慈禧擦胸、擦背、擦两腋、擦四臂。擦澡时，4个宫女既不能面朝慈禧，怕的是出气吹着她；又不能背过脸去，显得不恭敬，而是侧着脸憋着气工作。

擦澡的时候，每条毛巾只许蘸一回水，用完一条扔下一条，绝不许回盆浸水再用，这样为的是澡盆内的水保持干净，所以洗完上身大约用60条毛巾。而澡盆里的水为了保持恒温，要随时舀出一些，又随时加入一些。

擦完身体后就要打玫瑰香皂。不直接往身体上打皂，而是打在湿毛巾上，用毛巾擦身，擦完扔掉，再取，擦完再扔掉，如此反复四五次。然后是擦净身子。擦时，用很湿的毛巾轻轻擦去身上的香皂沫。这要仔细擦，如果擦不净，身上留有余沫，慈禧睡觉时会发痒，就要大发脾气。

最后，是施用香水，夏天用耐冬花露，秋冬用玫瑰花露。要在乳房下、骨头缝、脊梁沟，大量使用，这些地方容易积存香皂沫，也容易发痒。打完香水后，4个宫女各用1条干毛巾把慈禧身上各部位再轻拂一遍，洗澡完毕。

慈禧洗完澡后穿睡衣，上身是纯白绸子做的便衫，没领没袖，胸口绣一朵大红牡丹花。下身仍是白绸绣满大红花的睡裤。脚上穿着软鞋，白绸子里，外罩大红缎子面，绣花。

洗完澡后，慈禧有时要穿上舒适的睡衣坐在太师椅上，脚的两边熏上香，有宫女打扇捶肩背，太后与手下人说着话，过着她的逍遥日子。但更多的时候，慈禧由于政务繁忙劳顿，洗完澡就入睡了。

东　珠

东珠，满语为"塔娜"。清朝将产自东北地区松花江、黑龙江、乌苏里江、鸭绿江的珍珠称为东珠（或北珠），用来区别产自南方的南珠。清朝的皇室十分喜爱东珠，所以也称其为"正珠"，取正统之意。相反，他们不认可南方或南洋、西域等其他地方所产的珍珠，一概称为"胡珠"。

清朝的珍珠由国家专门经营，民间一概不准下河采珠。顺治十四年（1657年），清廷设立"布特哈乌拉总管"，专门负责给宫廷采捕东珠、紫貂、人参、蜂蜜、松子等。其中，采珠是这一机构最重要的工作，为此还专门设置了"珠轩"，即组织采珠。东珠的采捕十分艰难，要在乍暖还寒的四月跳入冰冷的江河中采捕珠蚌，刺骨的寒冷可想而知。尤其是上等东珠得来更为不易，有时得在成百上千的珠蚌中才能得到一颗上好的东珠。

既然东珠如此珍贵，那么当时就只有皇室的人才有资格使用它了。下面举例介绍。

第一，东珠朝珠。

清代服饰在外观上有别于汉服，带有鲜明的北方游牧民族特色。其中，朝珠的佩戴更是清代服饰所独有的特色。朝珠有多种质料，以东珠、翡翠、玛瑙、红蓝宝石、水晶、白绿玉、青金石、珊瑚、松石、琥珀、蜜蜡、菩提、碧玺、伽南香、白檀、催生石、金刚子等为主。清代达官贵人根据地位的不同，佩戴不同质料的朝珠。所有质料中，以东珠串结而成的朝珠最为珍贵。清代规定东珠朝珠只有皇帝、皇太后和皇后才能佩戴，象征至高无上的权力和地位，皇贵妃和贵妃在特定场合也可佩戴，但规格有所限制，其他人等如

[清] 茄楠木嵌珠金累丝寿字镯

镂空古钱纹镯座，外包沉香木，并于其上嵌金质长寿及团寿纹样，每一寿字上嵌饰珍珠。

[清] 碧玺珍珠钮子

采用碧玺作为主要材质，辅以珍珠点缀，色彩鲜艳且富有层次感。钮子设计精巧，既可以用来扣合服装开襟，也可以作为饰品佩戴。

[清] 铜镀金累丝嵌珍珠花式帽花

以铜为基，镀以金色，光泽璀璨。累丝工艺精细，嵌以颗颗珍珠，犹如繁星点点，整体设计独特，既显尊贵又不失雅致，是清代贵族女子头饰中的珍品。

佩戴或拥有东珠朝珠，均属僭越犯上。

第二，慈禧的东珠手串。

慈禧非常喜欢东珠。她有一串东珠手串，如遇重大活动，或出席重要场合，慈禧都会把它戴在手腕上。这个手串有大东珠18颗，莹润滑腻；小东珠4颗，浑圆玉润。整个手串精美玲珑，是慈禧太后的珍爱之物。可慈禧陵建成之后，她决定把这串手串投进陵寝的金井之中，作为镇墓宝物。光绪十六年（1890年）闰二月十九日，慈禧亲自将它扔进金井中。按说，既然已经扔进金井中，作为镇墓之宝了，这串珍珠就不能再见天日了。可慈禧是个反复无常的人，她后悔把它扔进井中，日思夜想，于是便决定重新把它找回来。光绪二十四年（1898年）闰三月初五，内务府派人昼夜兼程，赶往东陵，在井中取出了这串珍贵的珍珠，交给了它的主人慈禧。

第三，慈禧死后带走多少颗珍珠。

根据清宫档案和陵墓发掘记录，大致如下：褥子上铺了大小珍珠共16324颗，寿衣上缀了6720颗，填补棺缝用了3700颗，珠网被上缀了6000颗，经被上缀了820颗，总共有33564颗东珠。

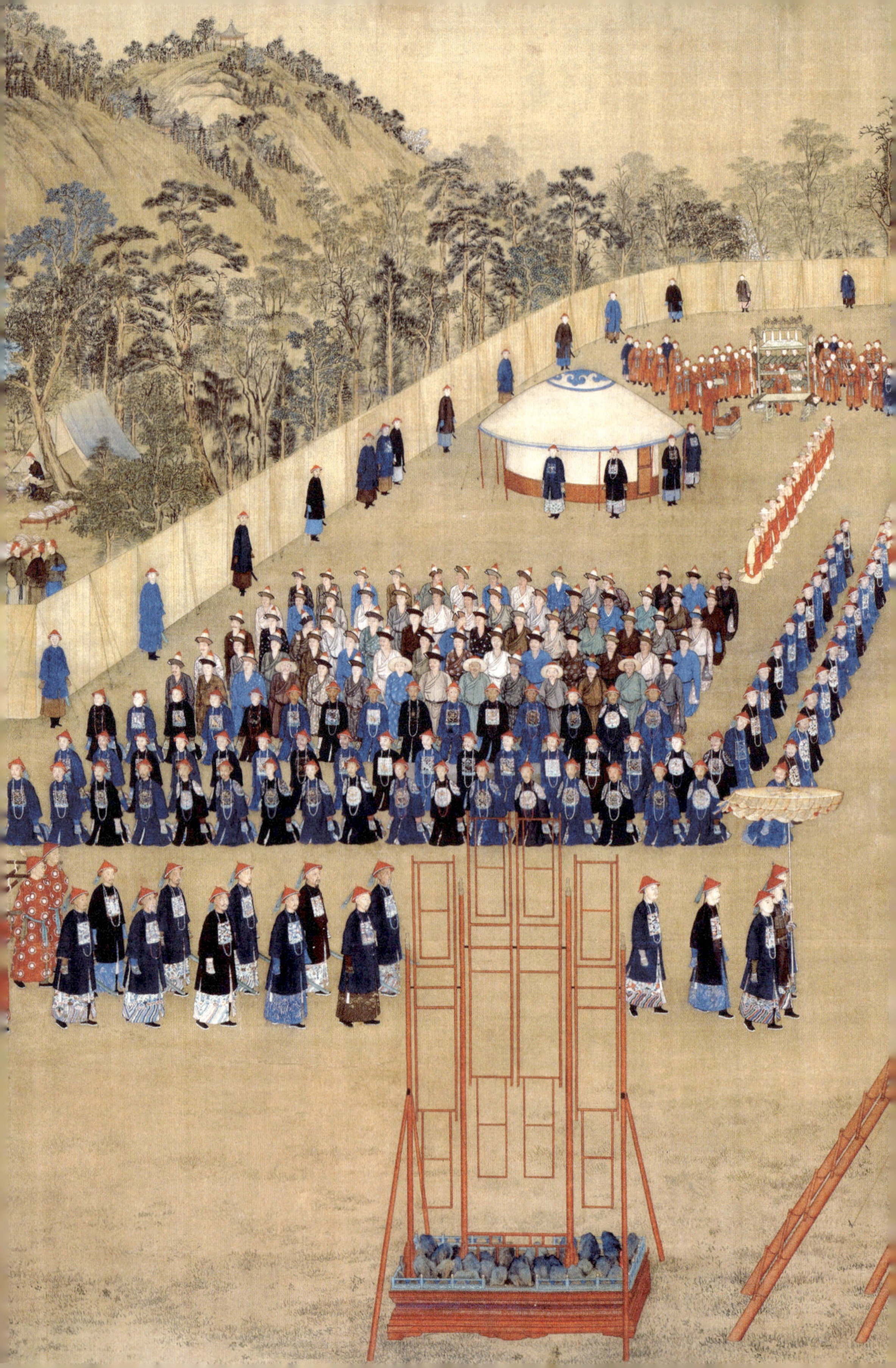

拾壹

清宮美食

清宫的饮食习惯

要说皇家的膳食是美食大餐，一点儿也不假，让我们来看看他们每天供应的情况，看后定会让你瞠目结舌。清代帝后妃每日份例如下。

皇帝：盘肉22斤、汤肉5斤、猪油1斤、羊2只、鸡5只、鸭3只，白菜、菠菜、香菜、芹菜、韭菜共19斤，大萝卜、水萝卜和胡萝卜共60个，包瓜、冬瓜各1个，苤蓝、干闭瓮菜各5个（每个6斤），葱6斤，玉泉酒4两，酱和清酱各3斤，醋2斤。早、晚膳随饽饽8盘，每盘30个。御茶房备茶、乳，例用牛乳100斤，玉泉水12罐，乳油1斤，茶叶75包。

皇后：盘肉16斤，菜肉10斤，鸡、鸭各1只，白菜、香菜、芹菜共20斤13两，水萝卜、胡萝卜共20个，冬瓜1个，干闭瓮菜5个，葱2斤，酱1斤8两，清酱2斤，醋1斤。早、晚随膳饽饽4盘，每盘30个，例用乳牛25头，每天用乳50斤，玉泉水12罐，茶叶10包。

皇贵妃：盘肉8斤，菜肉4斤，每月鸡、鸭15只。

贵妃：盘肉6斤，菜肉3斤8两，每月鸡、鸭各7只。

妃：盘肉6斤，菜肉3斤，每月鸡、鸭各5只。

嫔：盘肉4斤8两，菜肉2斤，每月鸡、鸭各5只。

贵人：盘肉4斤，菜肉2斤，每月鸡或鸭8只。

常在：盘肉3斤8两，菜肉1斤8两，每月鸡或鸭5只。而所需其他菜蔬则共同调配：每日共需白菜40斤，香菜4两，芹菜1斤，葱5斤，水萝卜20个，胡萝卜、苤蓝、干闭瓮菜各10个，冬瓜1个，酱、醋各3斤，清酱5斤。此外，菜房备办皇贵妃、贵妃每日用乳牛各4头，得乳8斤；妃日用乳牛3头,得乳6斤;嫔为乳牛2头,得乳4斤,以上各位每日用茶叶5包。贵人以下没有乳牛,随本宫主位赏用。这些帝后妃每日所用巨大,是普通人难以想象的。而这只是其中一部分,各种时鲜及进贡尚不包括在内,足见清宫内廷消费之巨。但这些后妃每日养尊处优,活动量小,能吃多少东西呢?所以,她们往往会将剩余食物赏人。或上一级主位赏给下一级主位,或赏宫外王府、公主府,或赏太监、宫女,有时也赏外戚。而在紫禁城内值宿的军机及章京们,有时也可得到赏食。

尽管享受举国之力的供养,清朝皇帝还是没有被美食冲昏了头脑。他们知道病从口入的道理,因此制订了非常合理的饮食制度。

一、合理的膳食搭配:首重平衡膳食的种类。如乾隆帝某次野意酒膳中,有高热性的鹿肉,高蛋白的野鸭、鸡肉,又有老虎菜,榆蘑,菜面合一的包子、烫面饺、炸盒子……营养搭配很合理。其次重视佐餐,宫中称配盘小菜,如以芥菜缨儿、酸黄瓜、酸韭菜、葫芦条、蜜山楂、狗奈子等佐餐配菜。再次重视粥。种类有粳米粥、红豆粥、小米粥、绿豆粥、大麦粥、黄米粥、百果粥、紫米粥、老米粥。最有名的为八珍粥,以小米、冬瓜皮、白扁豆、山药、薏仁米、莲子、人参等为原料同煮而成,营养价值极高。

二、合理的膳食制度:(一)定时。清宫每日两餐制,早膳在卯时(早6点半到7点半),晚膳在酉前(下午2点至3点),两膳之间有一次点心,晚膳之后有一次酒膳。(二)定量。康熙帝讲过:"各人所不宜之物,知之即当永戒。"要求节制饮食。对于饮酒,康熙帝"平日膳后或遇年节筵宴之日只饮小杯一杯"。乾隆三十五年(1770年)明确规定,宫廷筵宴时,每桌用玉泉酒4两,不得超量饮用。(三)定计划。以乾隆为例,每晨起空腹食一碗"冰糖燕窝",早晚各备荤素菜8品,佐餐小菜2品,饽饽、米膳4品,粥、汤各1品,共16品。晚膳为酒膳,有小菜4品,玉泉酒一杯。还要随季节变换而适当调换:秋末冬初,早、晚膳加两个热锅菜;四月,换凉拌菜;六月至八月增凉拌藕、江米藕;冬季三个月则加食鹿肉、羊肉;夏三伏,加绿豆粥、糊米粥。

不仅如此,清宫中的膳食还具有浓郁的满族特色,主要体现在:

一、喜食野味。野菜类有各种山菜、菌类。野生动物有狍、鹿、野猪、野

[清] 郎世宁 《瑞谷图》

图中谷穗饱满、色泽鲜亮，瑞谷嘉禾象征着吉祥征兆，展现了丰收盛景。该图画工精细，图文并茂，寓意深远。

鸡、鹌鹑。野果有榛子、松子。

二、喜食杂粮。用米、麦、豆、高粱、玉米、糜子做成各种美食。

三、喜食奶制品。清宫的食奶量很大，皇帝及后妃每日有定额：皇帝日用50头牛交乳共100斤，皇后每日25头取乳50斤，其余递减。奶制品有奶皮子、奶卷、奶饼、奶酥油、奶饽饽。

四、喜食火锅。满人对火锅的钟爱，源于其先祖女真人；而女真人喜食火锅，则受契丹人的影响。满洲八旗尤其是贵族人家，遇有喜事或年节时，都要食火锅，而在平时不肯食用，视其为奢侈之物。在清宫中，历代帝王、后妃都喜食火锅。无论是在档案上还是在清宫文物中，我们都能看到火锅的影子。如现在藏于清东陵博物馆的清宫银火锅，制作异常精美。在一般的贵族之家则很难看到金银之器，概以锡为之。据记载："火锅以锡为之，分上下

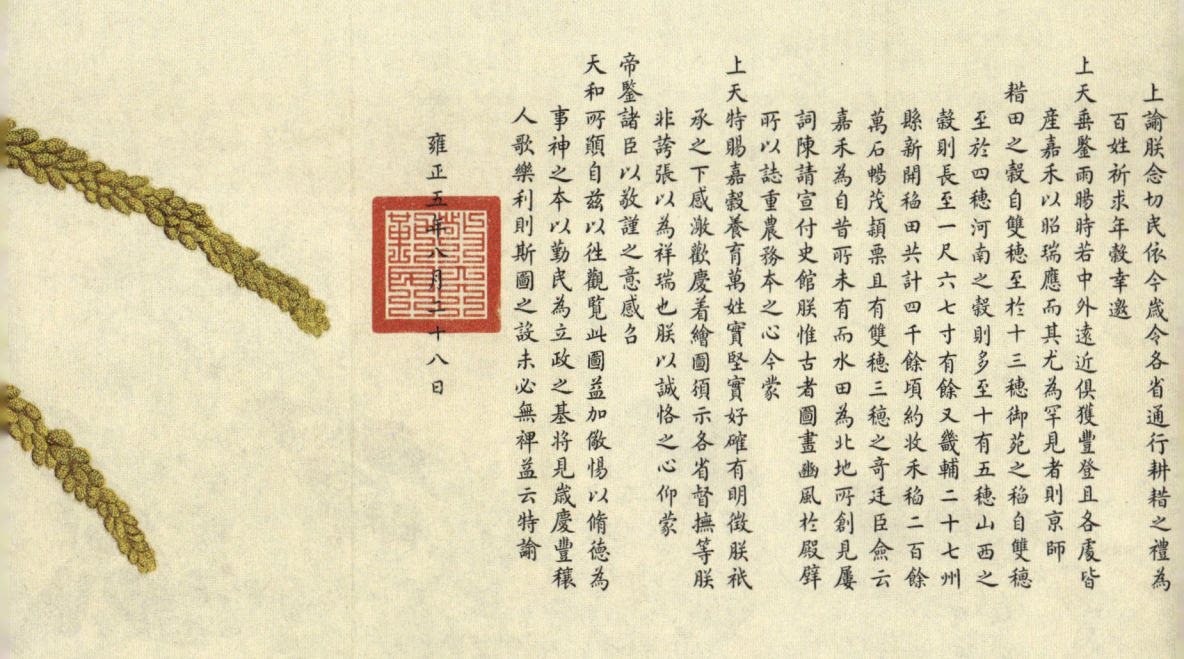

上諭朕念切民依今歲令各省通行耕耤之禮為
百姓祈求年穀幸邀
上天垂鑒雨暘時若中外遠近俱獲豐登且各處皆
產嘉禾以昭瑞應而其尤為罕見者則京師
耤田之穀自雙穗至於十三穗御苑之稻自雙穗
至於四穗河南之穀則多至十有五穗山西之
縣新開稻田共計八千四百餘頃約收禾稻二百餘
萬石蠟頴栗且有雙穗三穗之奇廷臣僉云
嘉禾為自昔所未有而水田為北地所創見屢
詞陳請付史館宣付圖畫幽風柷殿壁
邜以誌重農務本之心令蒙
上天特賜嘉穀養育萬姓實堅實好確有明徵朕祇
承之下感激歡慶著繪圖須示各省督撫等朕
非誇張以為祥瑞也朕以誠悃之心仰蒙
帝鑒諸臣以敬謹之意感名
天和呀頴自兹可以觀覽此圖益加儆惕以俶德為
事神之本以勤民為立政之基將見歲慶豐穰
人歌樂利則斯圖之設未必無裨益云特諭

雍正五年六月二十八日

层，高不及尺，中以红铜为火筒，着炭，汤沸时，煮一切肉脯鸡鱼，其味无不鲜美。冬月居家，宴客常餐，多喜用之。"上文对火锅形制、质地、使用方法及所涮之料都作了详尽说明。我们在清宫千叟宴中，也能看到使用火锅的情形。如乾隆六十年（1795年），以"明岁丙辰，纪年周甲"，元旦举行授受大典，改元嘉庆，决定于次年正月初四在皇极殿举办千叟宴，参与活动的人数达8000余众。在进馔时，分一等桌张和次等桌张两种。其中，"一等桌张用火锅"，也就是说，在盛宴菜谱中，以火锅为核心，并记录在档。

五、喜食饺子（饽饽）。饺子也称"水点心""扁食""饽饽"，是清宫帝王后妃十分喜爱的面食。饺子在民间十分常见，最早见于唐代史料，明代称为扁食，清代承之。饺子之所以受到青睐，与其名字有直接关系。"饺"与"交"谐音，取"岁更交子"之意，所以人们在除夕之夜，子时一到，都要放鞭炮，吃饺子，辞旧迎新。而到了正月初五，人们还要包饺子，其用意是将来年的破烂东西全部包住，尽纳其中，将其吃掉，以求新的一年吉祥如

[清] 任伯年 《菠萝菊蟹页》

　　清代人喜欢菊花和水果搭配食蟹。画面色彩鲜明，淡蓝菊花、碧绿果叶与金黄菠萝相映成趣，盘中的红艳熟蟹更是引人注目。

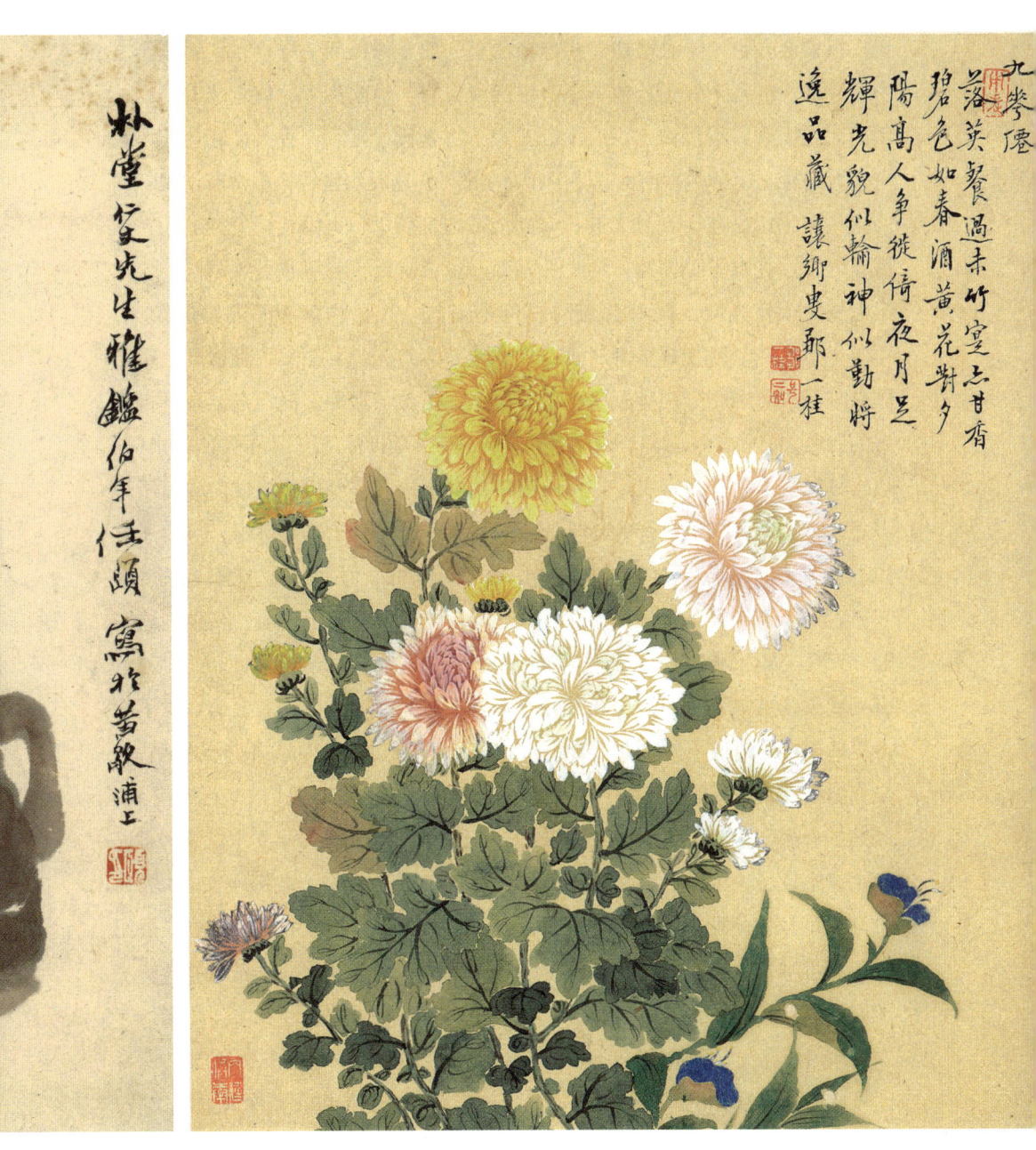

[清] 邹一桂 《花卉八开·菊花》

画中菊花盛开，花瓣层层叠叠，色彩淡雅而不失娇艳，枝叶舒展，充满生机。

意。皇家会在吃饺子时增加一些趣味活动,通常像民间一样,在一锅饺子之中,拣极少的几个饺子,包有小金银锞或宝石,谁吃到了,就意味着谁在一年内大吉大利。不仅如此,清代帝王为了祈求代代延续,香火鼎旺,还要在皇帝大婚时吃饺子,宫中称其为"子孙饽饽"。这在清宫档案中常有记载:同治十一年(1872年)九月十五日,同治帝与皇后举行大婚礼,夫妇二人在洞房花烛夜,先吃子孙饽饽,再吃长寿面。皇帝吃饺子与寻常百姓不同,要吃出派头。太监先端上配有食盖的彩色小瓷盆一个,内装有不同馅的饺子,再端上小瓷碗、小瓷碟数个,食具均彩绘"万寿无疆"图案,最后端上铜胎嵌珐琅浅碗4个,分别盛有南小菜、凉菜、姜汁、醋等。据档案记载,御膳房的厨役们煮饺子的时间必须十分精确,皇帝一到昭仁殿,饺子要刚好出锅,热气腾腾端上来。清宫规定,元旦前后,皇帝出门都要放鞭炮做前导,听炮声之远近,即可推测皇帝的行止处所。皇帝吃饺子从来不忘佛祖,皇帝所吃饺子与敬佛的饺子要在同一锅中煮出来。但敬佛必须用素馅,素馅有长寿菜(马齿苋)、金针菜、木耳、蘑菇、笋丝等。乾隆帝吃饺子之前,要先到钦安殿、天穹宝殿、奉先殿、坤宁宫等处佛像前拈香祷告,经过一系列繁文缛节,直到凌晨3点忙完一切,才能安心吃上饺子。光绪帝有遗精的毛病,吃了好多养精固本的药也不见效果。因此,清宫在每年正月初一都要格外关照皇帝,变成肉馅。光绪帝一次就能吃20个饺子,其中有猪肉长寿菜馅13个,猪肉菠菜馅7个。可尽管他吃了这样多的饺子,还是未能生出一男半女来。清宫不仅各主位吃饺子,太监、宫女、杂役等也都会被赏吃饺子。如果哪位奴才被罚不许在正月初一吃饺子,那真是非常严厉的处分了。不仅如此,皇帝或后妃们还会吩咐,在宫里的墙根下、老鼠洞前,也放一些饺子,以表示清宫的主子们恩泽天下,普度众生。

六、清宫中的鲜花食品。漂亮的鲜花不但是装饰品,可供人观赏,还可以做成各种食品,供人食用。清代宫廷就制作过许多以鲜花调配的美味食品,后妃们尤其喜食,有的还流传至今。比如,用菊花调制的宫廷菜就很多,其一是"菊花火锅"。做法是采摘白菊花一两朵,将花朵上焦黄的或沾过污垢的花瓣剔除,再于温水中漂洗一二十分钟,接着再放入溶有稀矾的温水中漂洗。准备好盛有大半锅原汁鸡汤或肉汤的小暖锅,和一碟去掉皮骨的薄生鱼片或生鸡片，少许的酱、醋。揭开暖锅盖，将鱼片和鸡肉片适量投入汤中，盖盖煮五六分钟；再次揭开盖，将适量菊花瓣放入汤中，封盖约5分钟，即成味道鲜美、清香可口的佳肴。其二是"清蒸什锦豆腐"。需备物料为：豆腐8两，口蘑4钱，竹笋3个，木耳2钱，菊花2钱，莲子20粒，银杏20个，藕1两，冬菜6钱，黄瓜1根，黄豆芽9两，鲜姜2钱，油6两。做法是：在大锅内倒入半锅水，放进黄豆芽，煮30分钟，然后去掉豆芽，留汤备用。用开水泡发木耳、莲子、银杏、冬菜、黄瓜等，并将其切成条或丝状。菊花也用开水泡10分钟，洗净后，切成长约3厘米的细丝备用。一切准备妥当后，在大碗内放入口蘑、竹笋、木耳、菊花、莲子、银杏、藕、冬菜、鲜姜、豆腐，最后倒进已调好的豆芽汤半碗，加入油和盐，上笼用大火蒸30分钟，再用小火蒸30分钟，最后将黄瓜片码在豆腐上，趁热食用。玫瑰花可做成玫瑰饼。清朝时，在每年农历四月，宫廷都会大量采买玫瑰花，将其中鲜嫩、色正的花瓣洗净后晾干，制成粉，再和以面粉，调入少量蜂蜜，做成饼，放入蒸笼中蒸，约半小时即成美味食品。另外一种玫瑰食品是明宫元宵。元宵是一种流传很广的食品，而明宫元宵用糯米、细面为皮，以核桃仁、白糖、玫瑰花为馅，甘甜爽口，清宫后妃喜食。桂花可做成芸豆卷。芸豆是豆科植物菜豆的种子，芸豆卷的做法是将1斤芸豆以水泡发，放入锅中，加水煮熟，待冷后搓成泥状。取红枣5两，以水泡发，去核煮熟，趁热加红砂糖3两，桂花适量，拌成泥状，最后，将芸豆泥与枣泥相间平铺，卷成。另外一种桂花食品是清宫元宵，它与明宫元宵的不同之处在于明用玫瑰花为馅，清用桂花、白糖、核桃仁、豆沙等为馅，爽口味甘。玉兰花是清宫菜"金鱼鸭掌"的重要佐品料，其做法是将鸭掌放入锅中，清水煮15分钟，五成熟取出，剔掉骨头与掌心硬茧。将香料和玉兰花放入其中，烹饪一番后食用，味道清爽可口。

炫目的美器

乾隆帝说过，美食不如美器。精美的食具、餐具确实给人以赏心悦目的感受，会勾起人们的食欲。清宫廷的美食餐具追求美食与美器的和谐统一，皇家力图通过精美而至尊、至荣、至崇的食具来体现皇权的至高无上。因此，其御膳美器体现了装饰性、华贵性、夸耀性等特点。宫廷所用食器，多为金银、玉石、象牙等高级质料，由专门作坊制作。瓷器则由江西景德镇官窑特供。

清宫的食器有专门的制作机构，那就是清宫造办处。造办处是清宫制造皇家御用品的专门机构。康熙年间建于养心殿，又名养心殿造办处。康熙三十年（1691年）移至慈宁宫以南，直至1924年末代皇帝溥仪出宫之前，造办处为宫禁服务已达200多年。造办处由皇帝特派的内务府大臣管理，各类专业作坊先后有60余个，包括玻璃厂、匣裱作、珐琅作、油木作、自鸣钟处、如意馆，等等，那些精美绝伦的金银器、珐琅器、玉器等，都是由这里设计并制造的。这里会聚了全国最优秀的工匠和制作艺术家，他们都供职并服务于清朝宫廷。

清宫瓷器由专门的官窑烧造。最著名的是景德镇官窑，那里专门为皇家烧制瓷器，如光绪年间慈禧六十大寿的时候，景德镇为慈禧烧造了"万寿无疆"盘、碗、盅、杯，风格华丽、细腻，带有鲜明的皇家气息。这里需要特别介绍一位清代陶瓷艺术家唐英（1682—1756年）。他能文善画，兼书法篆刻且精通制瓷。雍正六年（1728年）奉命任景德镇督陶官，在职将近30年，先后为雍正和乾隆两朝皇帝烧制瓷器。唐英潜心钻研陶务，并且身体力行，从而积累了丰富的制瓷经验，由他主持烧制的瓷器无不精美，深受两朝皇帝的赏识，因此，乾隆年间的官窑也被人们称为"唐窑"。在唐英的督办下，乾隆斗彩瓷器，器型变化多端、装饰富贵华丽、色彩绚丽缤纷；纹饰图案多以缠枝莲花、双鱼、灵芝等吉祥物组成，主要器具有碗、盘、瓶等。

清宫美食器具种类繁多，但都有专门账目管理。以乾隆二十一年（1756年）十一月初三《御膳房金银玉器底档》为例，有金羹匙一件；金匙一件；金叉子一件；金镶牙箸一双；银西洋热水锅二口；有盖银热锅二十三口；有盖小银热锅六口；无盖银热锅十口；银锅一口；银锅盖一个；银饭罐四件；有盖银桃子六件；银镟子四件；有盖银暖碗二十四件；银盖碗六件；银钟盖五件；银錾花碗盖二件；银匙二件；银羹匙十三件；半边黑漆葫芦一个，内盛银碗六件；银桶一件，内盛金镶牙箸二双，银匙二件，乌木筷十双，高丽布三块，白纺丝一块；黑漆葫芦一个，内盛皮七寸碗二件，皮五寸碗二件；银镶里皮茶碗十件；银镶里五寸五分皮碗一件；银镶里罄口三寸六分皮碗九件；银镶里三寸皮碗二十二件；银镶里皮碟十件；银镶里皮套杯六件；皮三寸五分碟十件；汉玉镶嵌紫檀银羹匙、商丝银匙、商丝银叉子、商丝银筷各两件（或两双）；银镶里葫芦碗四十八件；银镶红彩漆碗十六件。以上各件，均为乾隆帝一日餐具之用，而且只是其中的一部分。皇家美器云集，可见一斑。

尽管清宫聚集了数不清的精美食器，但清朝皇帝大多提倡简朴，不尚奢华。比如，顺治帝虽然从小生活在皇宫，却讨厌浪费之人。他的第一位中宫皇后太过浪费，吃饭的时候，不是金银器就会发脾气，把食器摔掉，顺治帝便以此为理由将她废掉。再如，乾隆帝孝贤纯皇后，虽然出身名门大户，进宫之后，却能带头节俭。她一般不会使用太过华丽的食器，头饰不用金银，荷包也不用金银线，简朴无比，乾隆帝因此非常敬重她。

[清] 乾隆款金胎西洋珐琅杯

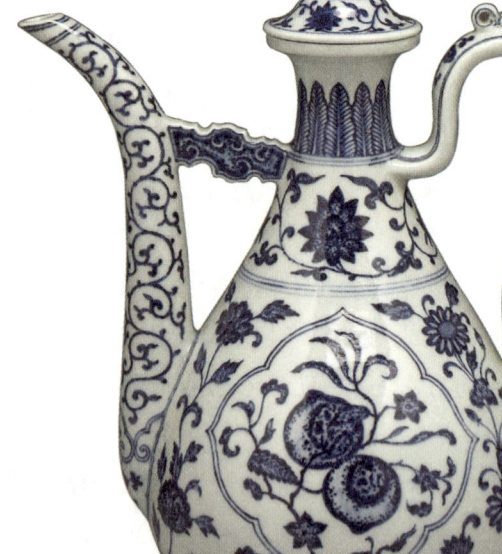

盘中突起与盘缘开光绘胭脂红色西洋风景画，盘心开光同样绘西洋母子图，其余小开光则以对称几合花叶纹饰。杯底有「乾隆年制」宋体字蓝款。

[清] 乾隆款青花荔枝执壶

壶身以青花为饰，盖顶绘一圈莲瓣纹，下方围绕一圈转枝番莲纹，颈部绘一圈蕉叶纹及番莲纹。

[清] 灰黄玉茶碗

泛黄白玉盖碗，圈足，盖带撇口钮。盖钮与圈足底缘皆作花瓣形，器身表面满雕花叶纹。

[清] 雍正　画珐琅黄地牡丹纹蟠龙瓶

铜胎，器形仿自藏传佛教的藏草瓶。折沿口呈车轮式，平肩，敛腹，肩镶二镀金正面独角花尾高浮雕式夔龙。

[清] 乾隆款金胎画珐琅盘

以黄金为胎，盘面装饰着精致的西洋珐琅画，色彩绚丽且富有层次。设计独特，既有中国传统工艺的精湛，又融入了西洋艺术风格，展现了乾隆时期文化的多元与包容。

慈禧一餐之费，百姓万家之炊

晚清时期，慈禧太后的用膳排场非常大。不仅在御膳上有丰足供应，自己还设立了私厨，称西膳房，有荤菜局、素菜局、饭局、点心局、饽饽局之设，每餐耗资巨费。慈禧的御厨房能做各式点心，达400余种，菜品4000余种，花样翻新，应有尽有。据宫女、太监回忆，她对以下食品情有独钟。

小窝头：由玉米面、小米面、栗子面、糜子面、爬豆面、红枣面（或枣肉）加红糖和成，蒸食。

饭卷子：由米饭加白面混合而成，有甜有咸。咸的加花椒盐，或五香椒盐；甜的加枣泥、豆沙、松子、核桃仁，有陈米饭卷、灿米饭卷、粳米饭卷等多种。

炸三角：芝麻酱加水和面，擀成面片；绞猪肉成碎末，加虾米、口蘑、火腿，切碎，搅拌，加进佐料，拌成馅，将馅放进面片中，做成三角形，入油锅炸成金黄色，外酥里软，香甜可口。

炸糕：用油和面，做成面皮；将白糖、芝麻、山楂绞碎，加进奶油，成馅，做成烧饼大小的圆饼，入油锅炸酥。

烧卖：开口包子，其馅为猪肉加口蘑，上笼蒸20分钟即可。

[清]　恽寿平　《樱桃图》

画面上，樱桃果实饱满圆润、色泽鲜艳，枝叶的描绘自然生动，墨色深浅相宜，呈现了清雅的韵味。

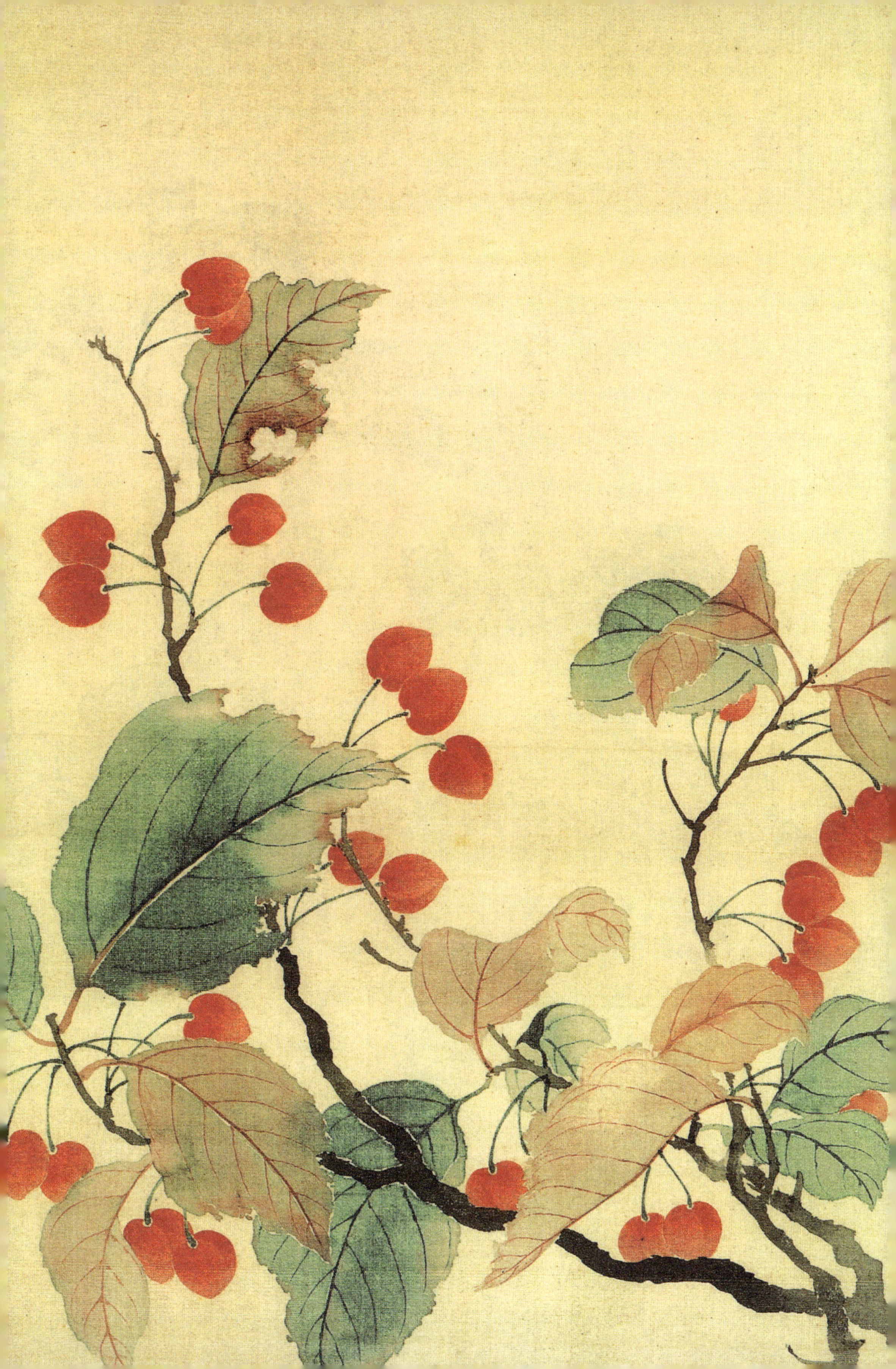

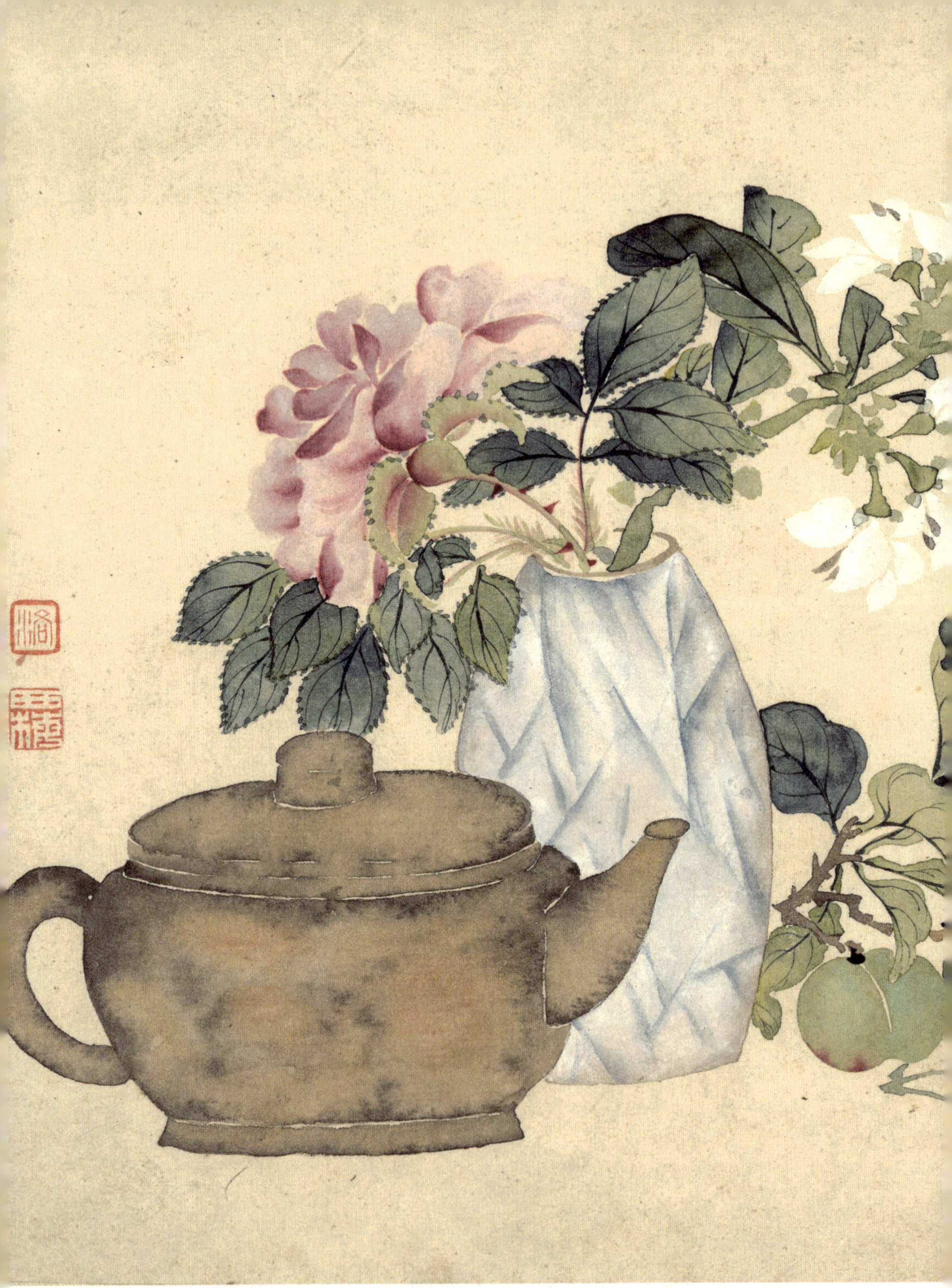

[清]顾洛 《蔬果册》（局部）

此图临摹了樱桃、粟米、槐花等常见的蔬果，形态生动传神，构图新颖别致，墨色运用自如，笔触细腻入微。

[清] 张熊 《蔬果图》

此图描绘了萝卜、洋葱、梨等蔬果，笔触细腻，展现了蔬果的新鲜。

菜包鸽松：用羊油、黄酱炒豆渣，把各种青菜炒成碎末，二者混合拌进饭里，再以嫩白菜心为皮将混合饭包好，连菜叶一起吃。

和尚跳墙：做法是用4个熟鸡蛋，将皮剥去，再在屉上放好酥造肉，将4枚剥皮鸡蛋嵌于其中，上屉蒸熟。由于光滑的鸡蛋一半露于外面，就像秃头的和尚，慈禧便赏名为"和尚跳墙"。

饹馇：为地方美食。相传，慈禧来遵化谒陵时，东陵守护大臣命厨役们做出各种山珍海味来讨好慈禧。可慈禧什么没吃过呀。想来想去，厨役们便把一种用绿豆面做成的食品，用醋熘成后给端了上去。慈禧尝了一口，觉得很新鲜爽口，便又吃了一口。吃到第三口时，旁边的老太监就要叫停，因为宫中规矩，帝后不可贪食喜爱食品，以免被奸人看出，在菜中下毒。有鉴于此，侍膳的太监便欲叫人将此菜撤下。慈禧有些舍不得，但又不好再伸筷去吃，只好说："搁着吧。"意思是不要撤下，先放在一边。这时，东陵守护大臣立刻叩首道："谢老佛爷赐名。"从此，这种食品就有了自己的名字，叫作饹馇。传说，后来饹馇进了宫廷，成为慈禧喜食的美味。

西瓜盅：将西瓜瓤挖去，仅留西瓜皮，把切好的鸡丁、火腿丁连同新鲜莲子、龙眼、胡桃、松子、杏仁，放入封严，文火炖几小时。

清炖肥鸭：将整个净鸭加调味品，放进罐子里，在坩埚中用文火蒸3天。

响铃：把带皮猪肉切成小方块，放进猪油中煎熟，这样猪皮很脆，嚼起来带响，被称为"响铃"。

樱桃肉：把上好的猪肉切成棋子大小，加入新鲜樱桃、调味品和清水，一起装进瓷罐中，用文火炖10小时。

蔬菜有豌豆、萝卜、胶菜、蘑菇、银耳、猴头菇、发菜、寒葱。

海味有鱼翅、鱼唇、鱼肚、燕窝、海参。

但慈禧究竟喜欢吃什么，谁也不知道，因为谁都不敢说。宫里有两个不成文的规矩：一是不许谈论太后爱吃什么，否则就有掉脑袋的危险。另外，太后自己也不会说喜欢吃什么，不喜欢吃什么，慈禧今天吃过的菜，明天就不会上了，这就叫天威难测。二是侍膳不劝膳，就是侍奉太后吃饭的时候要眼疾手快，看着老太后的眼色行事，她看哪个菜，就把哪个菜挪过来，千万不许问，也不许劝，如果说"老佛爷，这个菜新鲜，尝尝吧"，那等于找死。因此，就连侍奉慈禧多年的贴身宫女也一直不知道慈禧喜欢吃什么。

慈禧每次正餐都备有100多道菜，而她吃的不过三四个菜。吃之前，要先由尝膳人用银筷子吃过，确认安全后，慈禧才动口吃菜。吃完后，剩下的菜品要打好包装，遵懿旨赏人。有人估计，慈禧伙食费每餐至少要200两银子。真可谓慈禧一餐之费，百姓万家之炊。

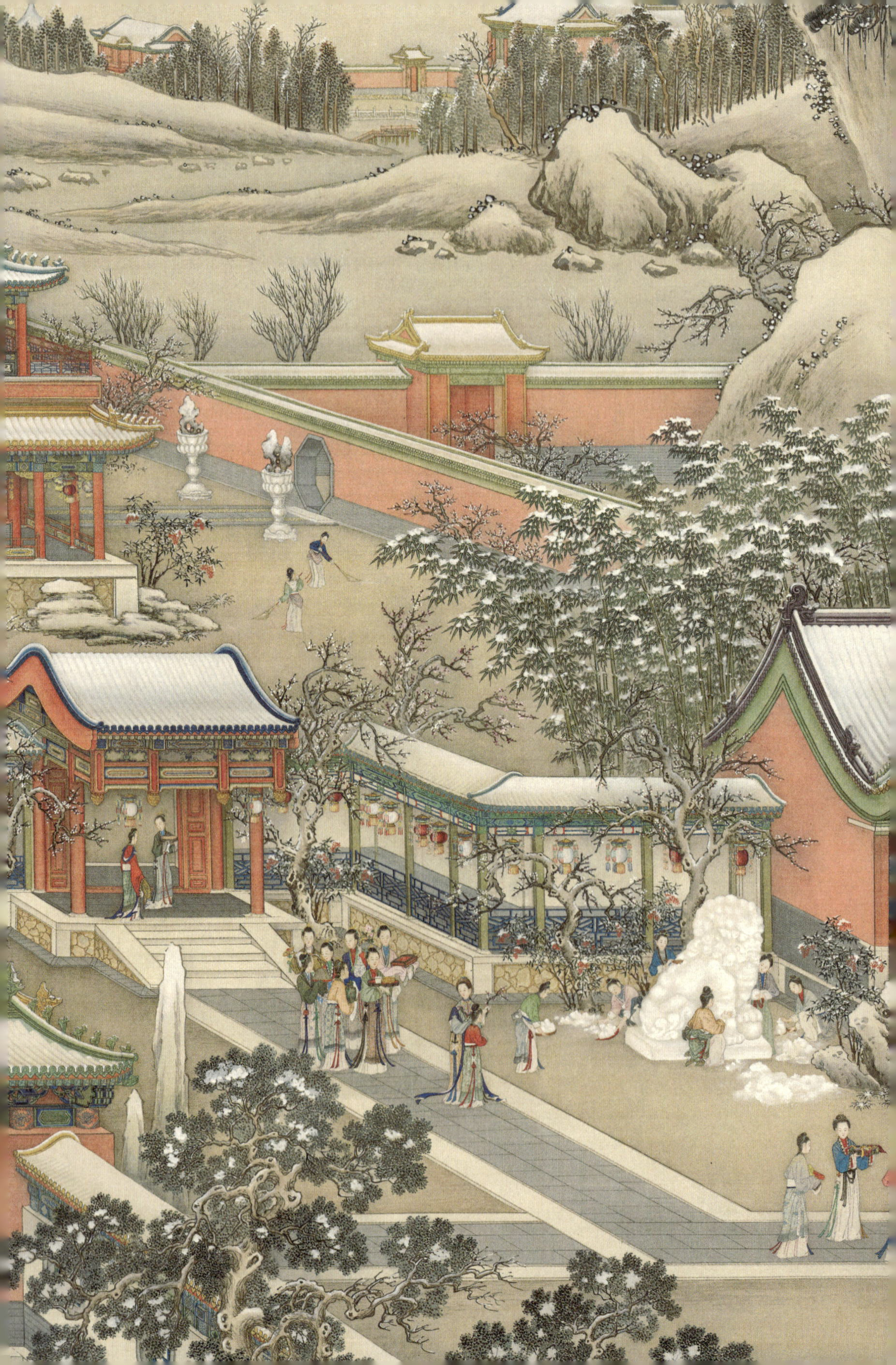

拾贰

清宫服饰

皇太极的高见

清初衣袍式样有以下几大特点：无领、箭袖、束腰。箭袖是窄袖口。上加一块半圆形袖头，形似马蹄，又称"马蹄袖"。马蹄袖平日绾起，出猎作战时则放下，覆盖手背，冬季可御寒。四开衩，即袍下摆前后左右，开衩至膝。左衽和束腰，紧身保暖，腰带一束，行猎时，可将干粮、用具装进前襟。

这种服装式样是清太宗皇太极坚持下来的。崇德元年（1636年），皇太极像中原的皇帝那样，有模有样地坐在宝座之上，南面称帝。这个时候，有大臣说话了："我们也应该把我们的服装样式改一改，像汉人那样，换成宽袍大袖。"那么学习汉人而称帝，且取用年号的皇太极（这都是和汉人学习的），会采纳这个建议吗？

皇太极这个马背上的帝王在这个时候并没有盲从，而是进行了自己的细致思考。这年十一月，皇太极的想法已经成熟了，于是，他召集满朝文武，集中讨论。

皇太极先问大家，知道之前的金朝是怎么灭亡的吗？就是灭亡在他们的忘本。金世宗即位，奋图法祖，勤求治理，唯恐子孙仿效汉俗，预为禁约，屡以勿忘祖宗为训，衣服语言悉遵旧制，时时练习骑射，以备征伐。可是后世之君，渐至懈废，忘其骑射，以致哀宗社稷倾危，国家灭亡。祖宗的一切根本尤其是服饰都忘记了，最终导致金朝国破家亡。皇太极带领大家学习到这里，他的意思已经很明确了。于是，他从历史回到了现实。

皇太极说："最近，好多大臣给我建议，要我们仿效汉人，宽衣大袖。大家想一想，如果真的那样，我们在这里聚集开会，忽遇像硕翁科罗巴图鲁劳

[清] 深绛色缂丝袷纱蟒袍

袍身圆领右衽，马蹄袖端，裾前后开，石青素缎接袖，五彩云蝠行龙领袖边。蟒袍主体为深绛色地，上织金四爪蟒九条，间饰祥云、杂宝、海水江崖等图案，色彩鲜艳。

[清] 明黄缂丝彩云金龙纹女绵朝袍

该朝袍为圆领、大襟右衽，马蹄袖，左右开裾，袍身以明黄色缂丝织就，饰以彩云金龙纹及五彩云蝠，衣缘镶嵌石青色缠枝莲纹织金缎边，色彩丰富，层次分明。

［清］ 填漆云螭纹帽盒

盒面填漆细腻，云螭纹饰栩栩如生，盒体线条流畅，造型古朴典雅。工艺精湛，独具匠心。

萨那样的勇士挺身突入，袭击我们，我等能御之乎？"皇太极说得很生动，大家都听明白了，就是他们的服饰要继续保持自己的民族特色，永不更改。

那么，皇太极的这个见解对不对呢？不全对，他认为汉人是宽衣大袖，无法打仗。可汉族军人在前线的时候不是宽衣大袖啊，他这是把戎装和礼服混为一谈了。尤其他说，如果换成汉人的宽衣大袖，无异于一个不用右手，而使用左手的左撇子，这种说法就有些偏激了。但不管怎么样，他保持了满人的马蹄袖，就保持住了民族特点，没有丧失自我和根本。那么，他的后代皇帝会牢记他的教诲而保持本民族特色吗？

康熙帝坚决不允许满洲汉化。我们都知道，康熙帝是一个尊崇汉文化的帝王，当年奶奶不允许他学习汉语，他就偷偷和小太监学习，他也经常把"视满汉如一体，遇文武无轻重"挂在嘴边。看起来，康熙帝有汉化的意愿。那么真相究竟如何呢？我们看看他如何解释自己努力学习汉文化的："文臣中愿朕习汉俗者颇多，汉俗有何难学？一入汉习，即大背祖父明训，朕誓不为此！"康熙帝的意思很明显，学习是为了了解如何驾驭汉人，而不是要废弃满洲的自身特色，包括服饰。所以，他对包括皇太子在内的各位皇子指示："设使皇太子入于汉习，皇太子不能尽为子之孝，朕亦不能尽为父之慈矣！至于见侍诸子内，或有一人日后入于汉习，朕定不宽宥！"绝对不允许汉化，这就是康熙帝的态度。

雍正帝坚决不允许汉化。雍正时期，社会上流传着这样的话，"孔雀翎，马蹄袖，衣冠中禽兽"，这是对满洲服饰的极大讽刺，是反清人士颠覆清朝统治的政治歌谣。一时之间，流言四起。那么，强势的雍正帝会采取怎样的措施呢？他从两个方面说明满洲衣冠必须坚持民族特色。一是通过失败的教训说明，他这样说道："如元代混一之初，衣冠未改，仍其蒙古旧服，而政治清明，天下乂安。其后改用中国衣冠，政治不修，遂致祸败。"雍正帝认为元代灭亡，就是改用了汉族服饰，这恐怕不符合历史真实。不过雍正帝是很聪明的，他主要从天意的角度来阐释满洲服饰不能改："夫衣冠既为天心降鉴之所在，则奕世相传，岂容擅为改易乎！"雍正帝的这招很灵，在那个时代很有说服力。

乾隆帝表里不一。我们翻阅史料，会发现乾隆帝有汉文化情结。比如，他最喜欢写诗，到处题字，一生中的诗作有4万多首。不仅如此，乾隆帝还喜欢穿汉服，传世有好几幅乾隆帝的汉服画像，名为《乾隆行乐图》。这样看来，乾隆帝带头穿汉人服装，满洲是不是要汉化了呢？乾隆十九年（1754年）十一月的一件事表明了乾隆帝的态度。福建生员李冠春向巡抚投递条陈《济时十策》，其中有"请改明季衣冠"一条。乾隆帝是什么态度呢？他大发雷霆："第六条妄议衣冠制度，尤为狂悖。当即拘拿研讯，照例定拟斩决。"这是什么大事，值得杀人吗？所以，乾隆帝反复强调自己的观点，无非皇太极当年的旧话重提而已。所以大家看，乾隆帝是一个表里不一之人，可不要看他乐呵呵地穿着汉服就以为他要汉化了，那只是虚假的表象而已。

清朝独具特色的服饰，是皇太极当年定下来的，经过康、雍、乾历朝皇帝的坚持，才得以最终保留下来。

旗 鞋

我国唐代开始崇尚小脚,到五代出现摧残妇女的缠足陋习;到宋代,缠足风气盛行。明代宫女不缠足,只要一选入宫,就要解去裹足布,以便在宫内行走服役。清代汉族妇女仍从旧习缠足。

清代满洲妇女所穿之鞋与汉族不同,是一种高底鞋。这种高底鞋又称"旗鞋""马蹄底鞋"。关于满洲妇女的高底鞋,有以下几种说法。

一是工作需要。满洲女子经常上山劳作,如采蘑菇、捡树籽等。而长白山气候潮湿,会有露水打湿女子的裤脚。因此,女子们便穿上了高高的木底鞋。

二是防止蚊虫叮咬。女孩子细皮嫩肉,担心被树丛和草丛中的蚊虫叮咬,于是她们便有意穿高鞋底,这样一来,高底女鞋便应运而生。

三是为了渡过水塘。这源于一个古老的传说,相传多罗甘珠的父王被人害死,他们的城池阿克敦城也被敌人夺走。多罗甘珠为了替父王报仇,便带领众人前往阿克敦城。可阿克敦城周围已经开凿了护城河,里面有很深的水塘。怎么办呢?多罗甘珠思索了一阵,终于想出了办法,每个人在两条腿上各绑上一根木棍,像高跷一样,便顺利渡过了护城河,杀死了敌人,夺回了阿克敦城。受到这个木腿的启示,满洲女子便发明了高底女鞋。

四是为了遮丑。我们知道满洲女子从来不裹脚,都是大脚。可入关以后,满洲女子看到汉人女子都裹脚,讲究三寸金莲,认为脚大是很丑的事情。到清代中晚期,有些满洲女子甚至学汉女裹小脚,朝廷多次警告,仍无济于事。在这种情况下,一些满洲女子为了遮住脚大的缺点,便穿上了高底鞋,大脚

[清] 旗鞋

花盆底鞋又称旗鞋，是清朝时满族妇女穿的一种鞋子。

[清] 月白色缎绣花卉料石花盆底鞋

鞋面以缎绣工艺呈现缤纷花卉，色彩艳丽又不失清雅。料石花盆底座独特而稳固，既显高贵，又不失风韵。

[清] 月白色缎绣竹子元宝底鞋

鞋面采用精致缎绣，细密的针脚勾勒出婆娑竹影，竹子青翠挺拔，展现不凡气质。元宝底设计独特，既显典雅又添了一丝稳重。

被裤脚遮住，也就不知道脚有多大了。

以上的说法感觉都没有说服力，如为了工作需要，即满洲女子在入关前，受长白山潮湿气候的影响，怕露水打湿了裤脚，便穿上了高底鞋。其实这是一种误解，穿这种高底鞋的妇女一般为满洲贵族女眷，或是一般妇女在闲居时才可穿用，因为下地劳作的妇女，是无法穿用这种高底鞋的。既然不用下地劳作，何来露水打湿裤脚？总之其由来并无定论。

旗鞋又分为"花盆底鞋""元宝底鞋"两种。花盆底鞋的鞋跟较高，一般为3寸以上，就其形状而言，是两头宽大，中间窄小，极具曲线美。鞋底的胎为木质，这是满洲旧时"削木为履"习俗的反映。木胎的外面，一般用细白布包裹起来，并会在不着地的部分用刺绣或串珠加以装饰。这种鞋由于跟较高，又是中间细，一般为青年女子所喜爱。但在清宫中，那些养尊处优而又上了年纪的后妃也常穿用。慈禧晚年就喜穿满缀珍珠的花盆底鞋。

另一种鞋为元宝底，这个名字是就鞋底形状而言的。这种鞋底也是木质，外罩白细布。这种鞋一般不做太多装饰，但也不可一点儿不装饰，因为鞋面或鞋底四周如果全是素而无花，则被视为凶鞋。同时，装饰多少、质料好坏，也是贫富的象征。因此，元宝底鞋要适当粉饰。这种鞋以其沉稳而受到中老年妇女的喜爱。

实际上，清宫中的女子们平时不会总穿高底鞋，不管是花盆底还是元宝底，穿上都不如布底鞋舒服。所以她们更多的时候，尤其是非正式场合，还是会穿普通布底鞋，只有在公开场合或需要穿用的时候，才会穿上高底鞋。

荷包和小刀

清代满洲青年男女的服饰有一个非常独特的现象，那就是会在腰间悬挂一些饰物。其中，最明显的东西就是荷包和小刀。

先说荷包。荷包又名香袋、花囊，也叫香囊。它是古代汉族劳动妇女创造的一种民间刺绣工艺品，可是这个工艺品却在满洲青年男女中非常受宠，有很多这样的实物传世。荷包和香囊在功用上是有区别的。荷包用途广泛一些，可以用来装烟叶，男子会把烟叶和纸票一并放进荷包之中，取用非常便利。而香囊，顾名思义，是用来装香料的，这种香味具有驱逐瘟疫和醒脑提神的功用。香囊的填充物主要有苍术、山柰、白芷、菖蒲、藿香、佩兰、川芎、香附、薄荷、香橼、辛夷、艾叶，另加冰片，还可以适当加入苏合香、益智仁、高良姜、陈皮、零陵香等药材。

荷包也好，香囊也好，都被赋予了浓厚的风情含义。尤其是香囊，在青年男女心中暗示着另一番韵味。这里我讲两个故事。

一个是唐玄宗的故事。公元755年，"安史之乱"爆发。次年7月15日，唐玄宗逃至马嵬驿，随行将士处死宰相杨国忠，并强迫玄宗的爱妃杨玉环（杨贵妃）自尽，让她承担酿成国家战乱的责任。杨贵妃被绞杀后，尸体被匆忙就地埋葬。后来唐玄宗思念杨贵妃，派人悄悄将她的遗体移葬，办事宦官发现杨贵妃的遗体只剩下白骨一架，唯有临死时佩戴在胸前的香囊还完好如初，便把香囊取下复命。后来唐玄宗见到香囊，睹物思人，把香囊装入衣袖，贵妃的气味似乎随着香囊扑面而来，他霎时间老泪纵横。

一个是多尔衮的故事。相传，多尔衮拥立年仅6岁的福临继位之后，心有

[清] 孝贤纯皇后绣花卉火镰荷包

孝贤纯皇后为乾隆帝所绣火镰荷包。靛蓝色缎，上饰由鹿尾细毛制作的卷草朵花纹。荷包有两层，盛放两块燧石和一个椭圆形金属火镰。

[清] 缂丝三多荷包火镰

荷包以缂丝制成，图案繁复精美，寓意子、福、寿三多。火镰形似镰刀，选用优质钢条制成，锋利耐用。

[清] 压金银丝蒲芦式荷包

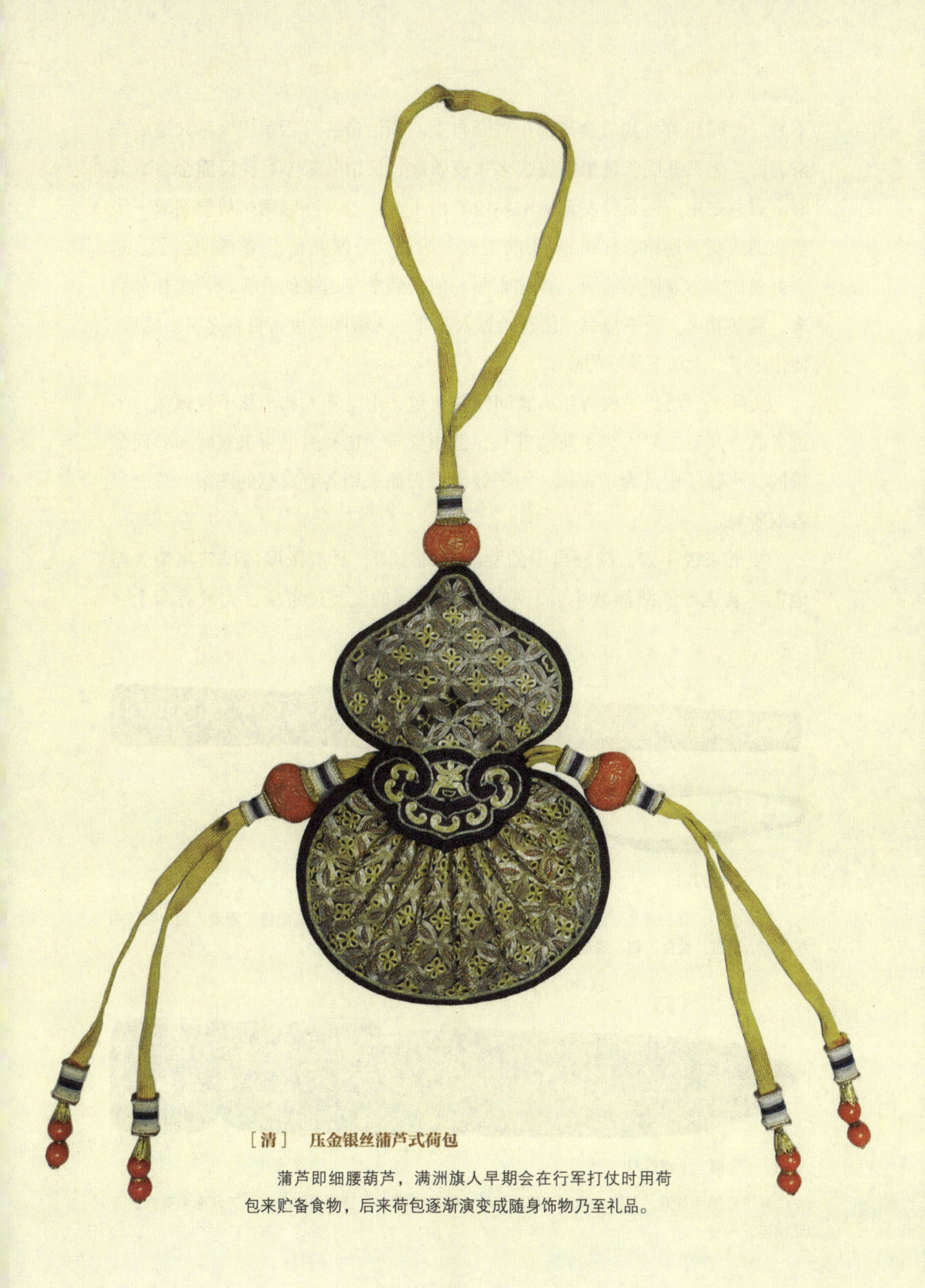

蒲芦即细腰葫芦，满洲旗人早期会在行军打仗时用荷包来贮备食物，后来荷包逐渐演变成随身饰物乃至礼品。

不甘，时时想着要找机会废掉小皇帝自立。顺治帝的母后孝庄太后知道后非常着急。怎么办呢？她想前去找多尔衮斡旋，又怕效果不好，反而会自取其辱。焦急之中，还是侍女苏麻喇姑给她出了个主意。苏麻喇姑从腰间取下了精致的香囊，递给孝庄道："不妨把这个给他，一探究竟。"孝庄明白了。这个好色的多尔衮刚刚丧妻，孤枕难耐。他接到孝庄送来的香囊，香味扑鼻而来，囊如其人，爱不释手，便开始想入非非，无暇顾及废帝自立之事。随后，便传出了"太后下嫁"的故事。

实际上，清代不仅青年人腰间佩戴荷包，中老年人和小孩子也佩戴，不过各有含义：老年人为了防病健身，健康长寿，也有为了祈求家庭和睦而佩戴的；小孩子则是为了吉祥，为了健康成长而采用各有寓意的图案。总之是各取所需。

接下来说小刀。满洲男子的腰间佩饰小刀，具有浓厚的民族风情。但他们不会无缘无故佩戴小刀，一定是有原因的。经过考证，大致有两个含

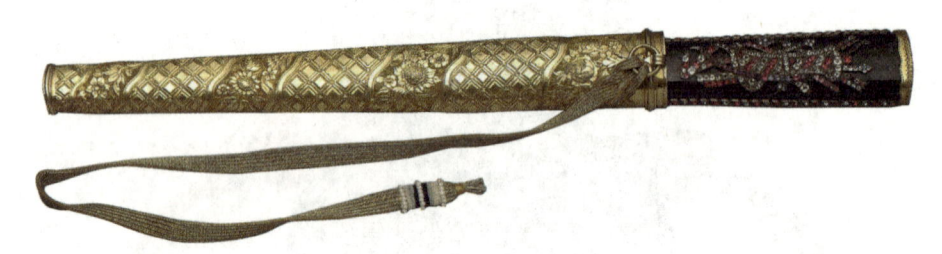

[清] 洋佩刀

洋式佩刀，直刃直背。黑柄镶嵌红、粉红及白色料石，图案为箭矢交错于箭囊，侧边弦纹由料石精心嵌成。金色刀鞘，錾刻锦地与宽带纹，花卉点缀其间。

[清] 乾隆 玉龙首刀

碧玉带墨绿首刀，戈形，刃利钝辅。柄作龙首张口衔刀，身饰浮雕云纹，刀两面各有脊，工艺精湛。

义：一是餐具，满洲人出行在外，吃烤肉的时候，要用小刀；二是防身，体现尚武精神。

　　康熙初年，鳌拜专权，朝野内外，党羽遍布，小康熙只是傀儡而已。不过鳌拜也深知自己树敌太多，尤其是皇帝也防着自己。因此，鳌拜警惕性很高，他刀不离手，以防不测。有一次，鳌拜称病不朝，康熙帝前往探视。当康熙帝来到鳌拜卧室的时候，发现鳌拜的床的席子下面藏着一把利刃，这本不算什么，关键是皇帝在这里，这就犯了威胁皇帝安全的大忌，皇帝可以以此为由逮捕鳌拜，处死他。可康熙帝知道时机还不成熟，他灵机一动道："大家看，鳌拜继承了我们满洲尚武的精神，刀不离手，你们都要向鳌拜学习。"康熙帝这么一说，就巧妙地化解了一场政治危机。

　　乾隆八年（1743年），乾隆帝率领百官浩浩荡荡地向盛京出发，去拜谒祖陵。十月初一，乾隆帝在盛京大政殿赐宴。大家都很高兴，感恩皇帝的赏赐。可是乾隆帝突然发现了什么，说："我发现一个非常不好的现象，有的王公忘本了。"大家一时之间不知所措，乾隆帝指着怡亲王弘晓道："你身为爱新觉罗子孙，堂堂怡亲王，怎么连规矩都不懂呢？"弘晓自知理亏，忙跪下请罪。原来，弘晓的腰间没有佩戴小刀，吃肉的时候请别人来帮忙，被乾隆帝看得清清楚楚。这就等于忘了本，难怪他二话没说就跪下请罪。

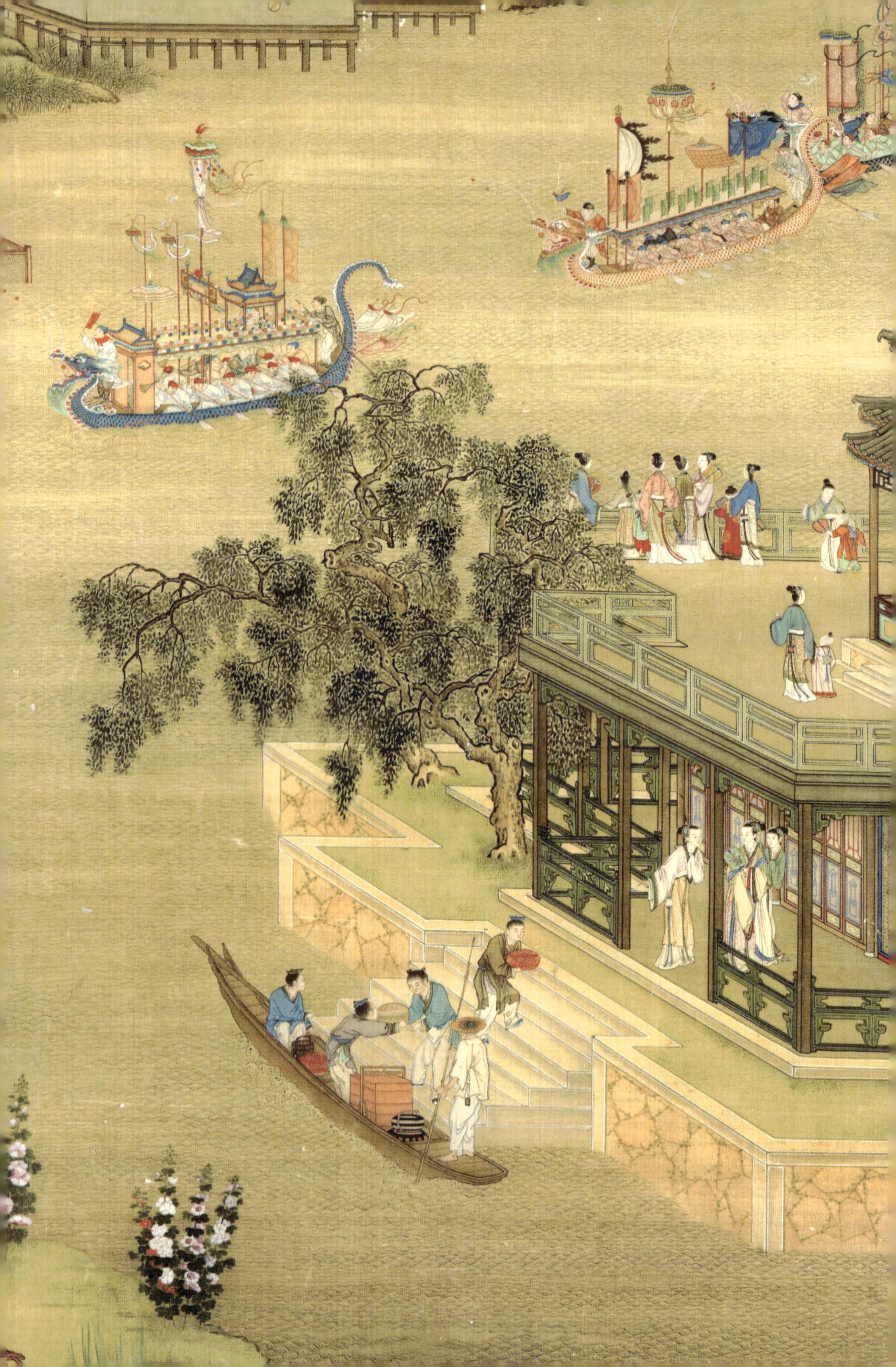

拾叁

清宫娱乐

体育健身

后妃进入深宫后，除了寂寞还是寂寞，身心健康难免受到影响。为了解决这个问题，清朝的皇帝会想方设法让妃嫔们既能愉悦身心，又能锻炼身体。具体来讲，就是安排一些体育项目，让妃嫔们参与进来。后妃由于受满族尚武精神的影响，也很想一试身手。但由于后妃身份尊贵，一般在公共场合又都穿着高底的花盆底鞋或元宝底鞋，很不适宜活动。因此，她们在宫中体育项目中多是充当观众的角色。下面介绍一些她们参与的体育项目。

一、端阳竞渡。端午日，宫中历来不朝会，端午节赛龙舟是中华民族的传统，而且比赛竞渡的是龙舟，作为皇家怎么能无动于衷呢？因此，皇上会

[清]　佚名　《闹龙舟》

此图描绘了清代热闹非凡的龙舟竞赛场景。河面上彩旗飘扬，龙舟如箭般疾驰，鼓声震天，桨影翻飞。两岸观众欢声雷动，为参赛队伍加油助威。

带后妃到圆明园福海的蓬岛瑶台观看龙舟竞渡。皇帝也好，妃嫔也罢，当然不会亲自参与那些激烈的活动，但大家隔岸观看，对竞赛者是一种莫大的鼓舞，对后妃嫔御则是一种身心上的洗礼。这样的活动有时也在避暑山庄举行，那里有水，能够举行这样的活动。

二、冰嬉娱乐。冬至以后，或腊八日，清帝会带后妃到西苑太液池去观赏冰上运动，这被称为"国俗"，世行不替。这种冰嬉活动是满洲人的传统活动，关外天寒地冻，他们就发明了这种冰上游戏。冰嬉者在冰上起舞游戏，或做成各种阵势，或举行各种游戏，人越多越壮观。清入关后，这种游戏被带进了关内，清宫在冬季都会组织，乾隆还作御制冰床联句诗，以记其事。

三、狩猎和布库。每年秋季，皇帝都要到木兰去围猎，表示不忘国本并弘扬尚武精神。届时，往往有后妃随往，甚至有后妃参与哨鹿的行为。如乾隆之容妃就有策马递箭的画流传于世。布库是一种赤膊相扑的活动。布库是满语译音，即为角抵、掼跤、武术戏，类似今天的摔跤。康熙初年，辅政的鳌拜结党营私，把持朝政。足智多谋的康熙挑选十几名八旗子弟，入内苑陪侍康熙练"布库戏"。一日，康熙独召鳌拜入宫，宣布他的罪行，十几名少年闻声而至，当场擒拿鳌拜。这是清宫廷史中关于布库的生动记载。清宫相扑主要有两种，一种为满族式摔跤，另一种为蒙古族式摔跤，两种形式有区别。这种比较剧烈的运动，后妃们往往不会参与，多在一旁围观。

四、水猎，踏雪。清代会在东淀、西淀举行水围（水上围猎），乾隆年间，每到夏季，乾隆帝会带领后妃们在昆明湖观赏水猎，取乐嬉戏。到了冬

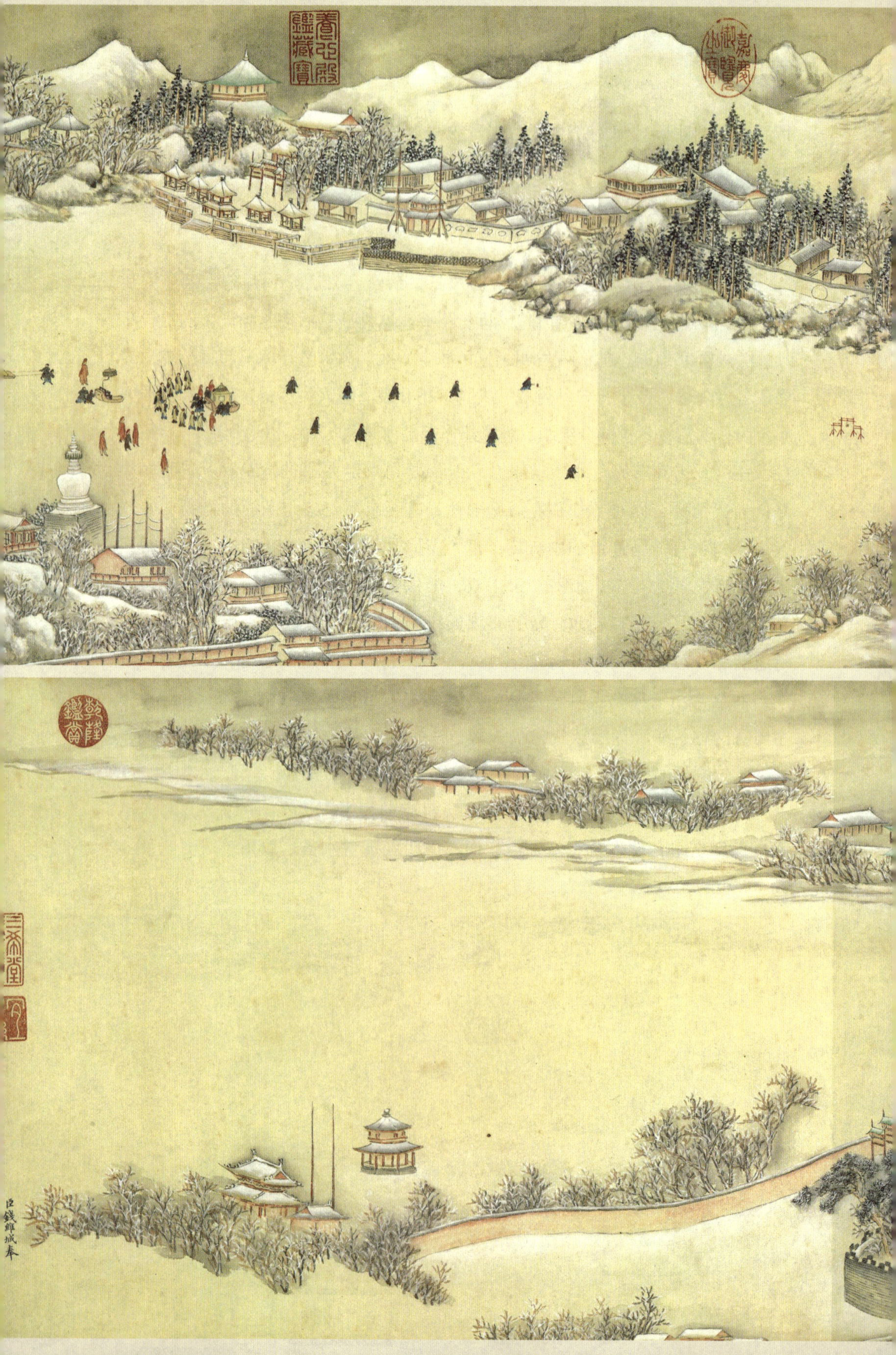
臣錢維城奉

[清] 张为邦等 《冰嬉图》

该图展现了冰嬉盛会的宏大场景。图中，滑冰者姿态各异，或飞驰如电，或翩翩起舞，场面热闹非凡。

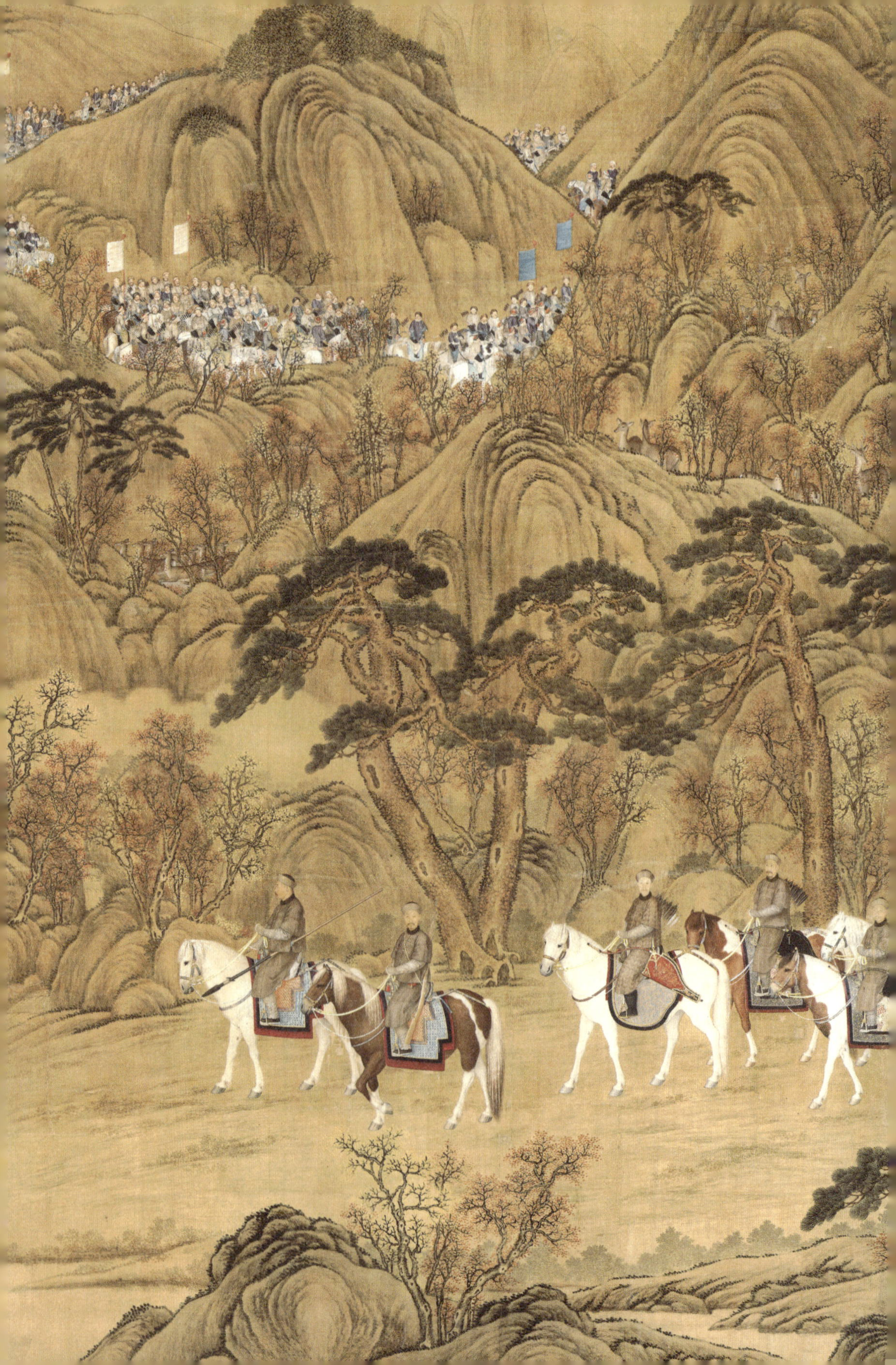

［清］郎世宁 《哨鹿图轴》

此图展现了乾隆帝木兰行围的盛况。画中，乾隆帝骑着白马，英姿飒爽，侍从跟随，马队浩荡。背景中崇山峻岭、树木葱茏，渲染了秋季的氛围。

天，寂寞的后妃有时会在大雪纷飞的冬季，走出户外去踏雪，净化心灵，或是到御花园，或是到其他姐妹那里解解闷倒也乐趣无穷。

五、观烟火。在民间，正月十五看花灯、吃元宵。可是一过正月十五，人们就感觉春节过去了。有点儿意犹未尽，所以乾隆就增加了一个春节娱乐活动，就是每年正月十九在圆明园放烟火，宫中后妃随皇帝观赏取乐。当五彩缤纷的焰火腾空而起，后妃们会高兴得跳起来，宣泄积郁已久的心绪，这是宫中最快乐的事。

六、荡秋千。在圆明园或御花园，后妃们聚在一起，玩荡秋千。随着春天脚步的临近，后妃们在秋千起伏的韵律中，不仅能尽享大自然的美景，还能达到娱乐健身的目的。

[清] 陈枚 《月曼清游图册·杨柳荡千》

此图册共十二幅，展现了宫廷仕女一年十二个月的深宫生活，此图为二月『杨柳荡千』。画面色彩柔和、构图和谐，既展现了宫廷生活的富贵繁华，又体现了仕女们的闲情逸致。

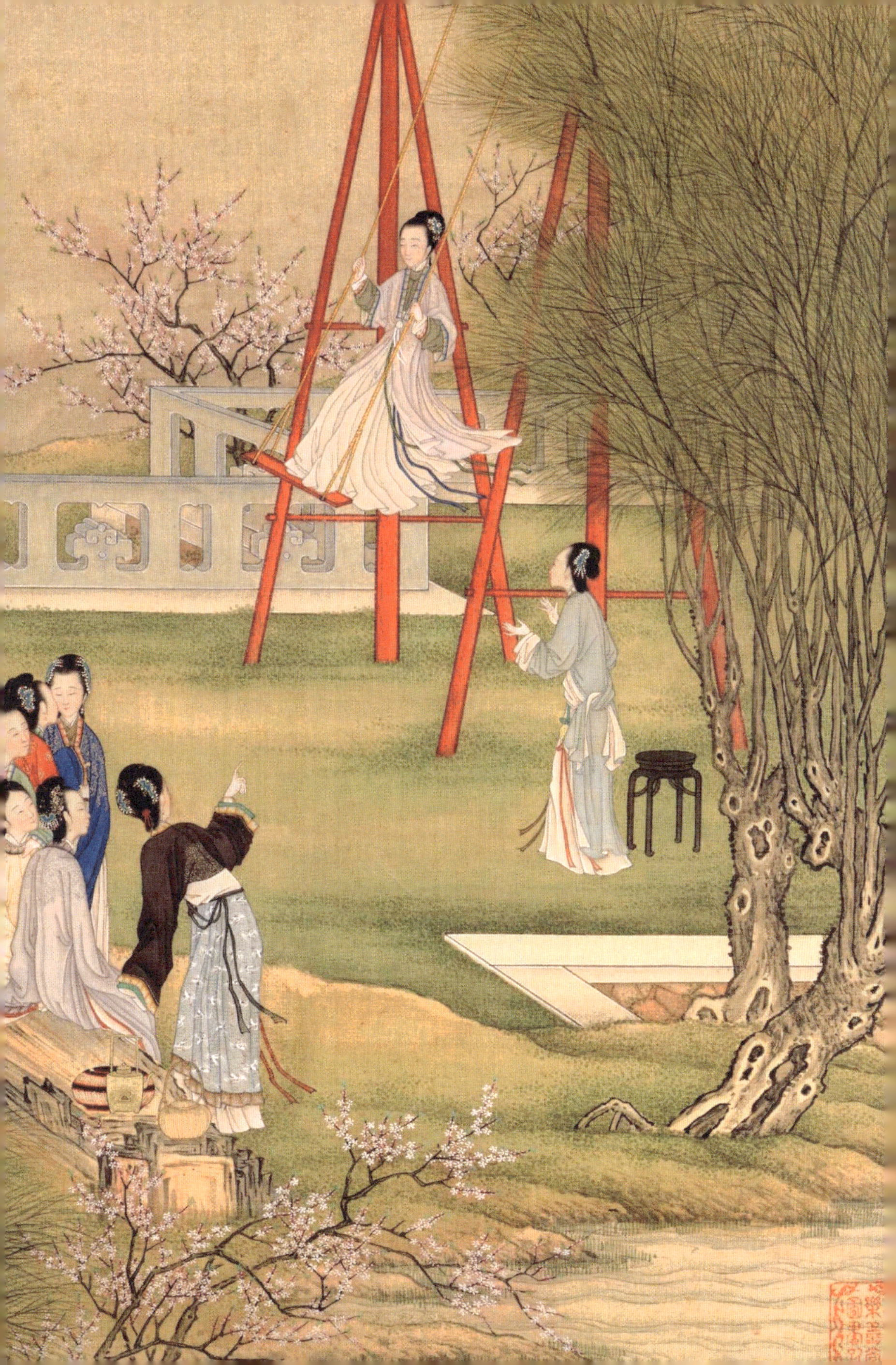

游戏玩耍

若在宫中，后妃们便会想方设法地找些有趣的事情来做，以磨炼心志，排遣寂寞。游戏取乐，是不可或缺的办法。

一、琴棋书画。其实宫中很重视有才华的女子，聪颖而贤惠的后妃自然受宠。因此，她们平时也注意加强修养。例如下围棋，慈禧有弈棋图传世。图中一方桌，桌上摆着一盘正在进行的对局棋。慈禧端坐于桌的左方，面带微笑，手拈棋子，桌右一陪弈男子，持子侍立，有说这个人是太监李莲英。从这幅画中，丝毫看不出慈禧是一个大权在握的独裁者。书法练字，可以陶冶情操。《养吉斋丛录》记，自康熙年间开始，除夕前一日，皇帝会向近臣、近侍等赐"福"字，以后相传不替。至于后妃，则会仿效皇帝，有时皇帝会请些女师傅来教授，她们也会练写"福""寿"等字，如慈禧太后在听政之余颇感宫闱寂寞，便找来笔砚，绘画练字。慈禧虽天资聪颖，但字画的纯熟需要真功夫，慈禧有些望而生畏。恰此时，有一位官宦之家的夫人缪嘉惠，颇善丹青书法，又遭遇丧夫，生活无着，以卖字画为生，于是被推荐入宫。慈禧果然十分赏识缪嘉惠，特免行跪拜礼，赐穿三品服色，月银200两，每日在后宫指点慈禧练字绘画。慈禧性情急躁，稍不顺心则推翻桌案，抛掉笔管。缪嘉惠不慌不忙，命人扶好桌案，重整笔砚，凝神坐下，挥毫泼墨，一行行秀雅玲珑的书法映入慈禧眼中。她转怒为喜道："缪卿果然真功夫。"缪嘉惠见慈禧高兴，便开始指点她作画写字。慈禧喜欢祥瑞，作画主题多为"海屋添筹"，有云水殿阁及仙鹤飞翔；"灵仙祝寿"，有蟠桃、灵芝、蝙蝠、水仙；"富贵长寿"，有牡丹、青松、绶带鸟。慈禧画完，由缪嘉惠校正后，加盖

"慈禧皇太后之宝"印章。慈禧像其他帝王一样，喜欢赏字于臣，于是便练写大字，主要有"福""寿""龙""凤""美意"等。由于慈禧年事已高，练大字颇感吃力，但她十分自信，坚持不懈，终于有所长进，不久便有许多加盖慈禧印章的大字赏人。这些大字笔画流畅，遒劲有力，颇见功底。一些臣子颇以得此字为荣，便争相乞赐。但慈禧觉得力不从心，干脆由缪嘉惠代笔书写，照样加盖印章赏人。清宫也有其他妃嫔习作书画的记录，如号"懒梦山人"的同治帝瑜妃便精通文墨，擅作诗文；而同治帝皇后阿鲁特氏，不仅知书达礼，书法还特别好，尤其擅长左手写大字；光绪帝瑾妃也有山石扇画留传于世，其画线条细腻，颇有古风。

二、九九消寒。这是一种流传很广的宫中文化娱乐活动。冬至开始，漫长难熬的冬天来临了。于是，宫妃们采用九九消寒之法来打发冬日，即选出九个字，或"雁南飞哉，柳芽待春来"，或"亭前垂柳珍重待春风"或"春前庭柏风送香盈室"，各句中每字均为9笔（繁体字），头九第一天写一笔，每日一笔，写完第一个字，头九过去了，写完9个字，81天之后，冬去春来。这些有的是皇帝御制，如"亭前垂柳珍重待春风"为道光帝御制，也有说为乾隆帝御制，并有许多诗传世，如《九九消寒诗》《寒梅吐玉诗》《管城春满消寒诗》。

九九消寒诗

头九初寒才是冬，三皇治世万物生，尧舜禹传桀汤世，武王伐纣列国分。
二九朔风冷难当，临潼斗宝各逞强，王翦一怒平六国，一统江山秦始皇。
三九纷纷降雪霜，斩蛇起义汉刘邦，霸王力举千斤鼎，弃职归山张子房。
四九滴水冻成冰，青梅煮酒论英雄，孙权独占江南地，鼎足三分属晋公。
五九迎春地气通，红拂私奔出深宫，英雄奇遇张忠俭，李渊出现太原城。
六九春分天渐长，咬金聚会在瓦岗，懋公又把江山定，秦琼敬德保唐王。
七九南来雁北飞，探母回令是延辉，黉夜母子得相会，相会不该转回归。
八九河开绿水流，洪武永乐南北游，伯温辞朝归山去，崇祯无福天下丢。
九九八十一日完，闯王造反到顺天，三桂领兵下南去，我国大清坐金銮。

三、玩偶。玩偶在民间会为成年人所不齿，在宫中不然。起初，这些木偶玩具是小皇帝或小皇子、小公主的玩具，后来宫妃们无聊时，也会一起玩耍。玩偶的种类很多，有戏剧形象，也有小动物模型，有会动的，有会发出各种声响的，也有智力测试的，制作十分精巧、妙趣横生。

四、养宠物。清宫的御花园设有鹿苑，放养着仙鹤；内务府有养牲处、养狗处、养鹰鹞处等，东华门内东三所是养狗处。这些动物在宫里待遇很高，不仅有吃、有穿，还有养牲账簿进行记录，记录着日拨口粮。雍正帝有"狗癖"，曾亲自设计狗窝、狗衣等，计划周详。慈禧太后留传于世的照片中，就有其与爱犬的合影，而且竟有大臣祈斌为其爱犬画像，敬献给慈禧。慈禧的爱犬也有狗衣流传下来，为绿缎做成，做工精细，令人咋舌。

五、画像。为了打发时日，皇帝会请来技法高超的画师为后妃们画像。如意大利人郎世宁、美国人凯瑟琳·卡尔等。历代后妃都有传世的画像。其中有朝服像、常服像、汉装像和戎装像，五花八门，虽不见得十分真实，却可从中窥见清宫后妃的大概容貌。后妃们坐在那里，等着画师一点一点地画，如果是脾气好的，会一直等下去。但慈禧不然，当卡尔为其画像时，她嫌画得太慢，便走开了。卡尔只好先画好衣服，再请出太后来补画面部。

六、向佛、扮佛。清廷崇信佛教，宫中的佛堂、佛具很多。而后妃们也通过向佛念经，在余烟袅袅中虚度时光。清宫主子们有的还扮成菩萨，如乾隆扮文殊，慈禧扮观音。有的人甚至被称为老佛爷，如康熙、慈禧。

七、斗牌。中国是纸牌的发源地，玩纸牌兴于唐朝，距今已有千余年的历史。清宫造办处中有纸牌木模子，用来印制纸牌，供后妃娱乐。纸牌的形制有两种，一种为"幺万"至"九万""幺饼"至"九饼""幺条"至"九条"等，每种图形4张，共120张；另一种为三国、水浒人物，30个人物各4张，共120张，其玩法和打麻将相似。那些宫中太后、太妃，及当朝后妃为打发无聊时光，便会在本宫中与太监宫女们斗牌玩。此外，宫中不允赌博（但太妃们除外，她们会斗牌赌博），但有时也玩掷骰子，不过不玩钱的，输赢看赏钱。

八、学习刺绣。宫中的后妃，衣食穿用虽不用亲自动手操作，但那些心灵手巧的后妃还是会受到皇帝的青睐，这是中国传统观念对女子的要求。因此，那些宫中的后妃也会在闲下来的时候学习针织女红，并展开竞赛，也可以达到排遣寂寞的目的。

[清] 郎世宁 《十骏犬图册》

此套图册共十幅，是郎世宁应诏为乾隆帝十条爱犬所绘。在清朝，后宫豢养猫、犬等宠物蔚然成风。宫中所养的宫犬、宫猫每月不仅享有"俸银"，更有由专人负责它们的饮食与调教。道光朝的宫廷档册中还有猫册、犬册，里面详细记载了宫内所养猫狗的名字及生辰年月。

《十骏犬·苍猊犬》

《十骏犬・斑锦彪》

《十骏犬·金翅猃》

金翅猃
科尔沁郡等台吉丹丕巴林献

《十骏犬·苍水虬》

202

《十骏犬·蓦空鹊》

蓦空鹊

和硕康亲王巴尔图进

《十骏犬·墨玉螭》

《十骏犬·茹黄豹》

《十骏犬·霜花鹞》　　　　　　　　　　　《十骏犬·雪爪卢》

《十骏犬·睒星狼》

207

宫中唱大戏

清宫的后妃基本上都是戏迷,因为唱戏、听戏是当时人们最喜欢的事之一。每逢节庆,如皇帝登极、万寿节、后妃千秋节、皇子公主生日、后妃生育、立春、上元、端午、七夕、中秋、重阳、冬至等,清宫都要上演不同的戏目。戏目无非帝王将相、神仙鬼怪的故事,有《万寿长生》《福寿双喜》《四海升平》等曲目可看。戏种有昆腔、弋阳腔等。

一般开戏时间为早6点至7点,下午2点至4点。演出地点会有很多,以外东路的畅音阁大戏台最有名。

关于宫中唱戏娱乐,有许多故事。

一、咸丰帝是个戏痴,曾亲自上演一部思春戏《小妹子》。咸丰帝钟爱戏曲,中外闻名。他荒唐而庸俗,这在他所点的戏目上颇有反映。

咸丰六年(1856年)正月,档案上记载着咸丰帝与升平署太监的一段对白。

问:有会唱《小妹子》的吗?
答:没有。
问:原先谁唱过?
答:吉祥、李福唱过,已故了。
…………

咸丰帝非常失望,他多么希望马上看到这出戏。随即,他便给升平署下旨:"迅速学出《小妹子》来,钦此。"

[清] 佚名 《戏曲图轴·恶虎村》

[清] 佚名 《戏曲图轴·镇潭州》

[清] 佚名 《戏曲图轴·捉放曹》

这出戏究竟是什么内容,对咸丰帝有这么大的吸引力,竟让他达到着魔的程度?

《小妹子》又名《思春》,原为昆腔戏,曾被收入清刻印的剧本《缀白裘》中。《小妹子》是一部典型的思春戏,其中心情节是,被情夫抛弃的妇人,哀怜地发出了对负心郎的怨恨。

其中的部分唱词是:

可记得当初和你未曾得手的时节,你说道如渴思浆,如热思凉,如寒思衣,如饥思食。你在我跟前说,姐姐又长,姐姐又短,把那甜言美语来哄我。到今和你得了手的时节，你倒高飞远举，远举高……负心的贼！可记得当初和你在星前月下烧肉香疤的时节？和你说，冤家呀，改常时不改常时……听信你说永不改常时，才和你把香疤儿烧了。谁知你大胆忘恩薄幸，亏心短行！

  这段唱词咸丰帝甚至都能背下来，台上演员稍有差错，他都能指出。为了迎合咸丰帝，升平署特地请来师傅，并招选貌美如花的姑娘，学演《小妹子》。经过20多天的赶排，于三月十五日在同乐园演出。女演员搔首弄姿，颇得帝宠。咸丰帝看得非常认真，他边看、边唱、边指点，最后竟上台与演员对白。此后，这出戏多次在宫中上演。

  二、雍正曾"杖杀优伶"。《啸亭杂录》记载，雍正帝有一次看杂剧，演的是有关常州刺史郑儋打子的故事，扮演常州刺史的伶人艺术高超，"曲仗俱佳"，雍正帝十分高兴，大加赞赏，便给了这位伶人许多奖励。可是，这位伶人竟有些忘乎所以，问皇上当今常州刺史为谁？雍正帝立即翻了脸，喝道："汝优伶贱辈，何可擅问官守？其风实不可长！"接着下旨，将此优伶立即打死。真是伴君如伴虎。刚才明明还是晴空万里，一会儿就乌云密布。因为一句话就丢了脑袋，以后谁还敢说话呢？

  三、慈禧看戏。慈禧是个戏迷。每月的初一和十五都是慈禧固定看戏的日子，风雨无阻。看戏的地点是在畅音阁，不管她在哪里住，储秀宫也好，乐寿堂也好，养心殿也好，只要到了这两天，她都会到畅音阁去听大戏。慈禧看戏不怕花钱，光绪二十年（1894年）十月初十是她的六十大寿，宫里宫外到处张灯结彩，到处是戏台子，总共有22个，不仅宫内的戏班子轮番登台，还要请来很多外面的戏班子，什么"同春班""四喜班"等，都曾被召入宫伺候，那些名角像谭鑫培、杨小楼、刘赶三等都赶来祝寿，慈禧喜不自禁，到处赏银子，光唱戏就花费50多万两银子。也就是这一年中日甲午战争，清朝战败，慈禧居然还这么有心情看戏取乐！

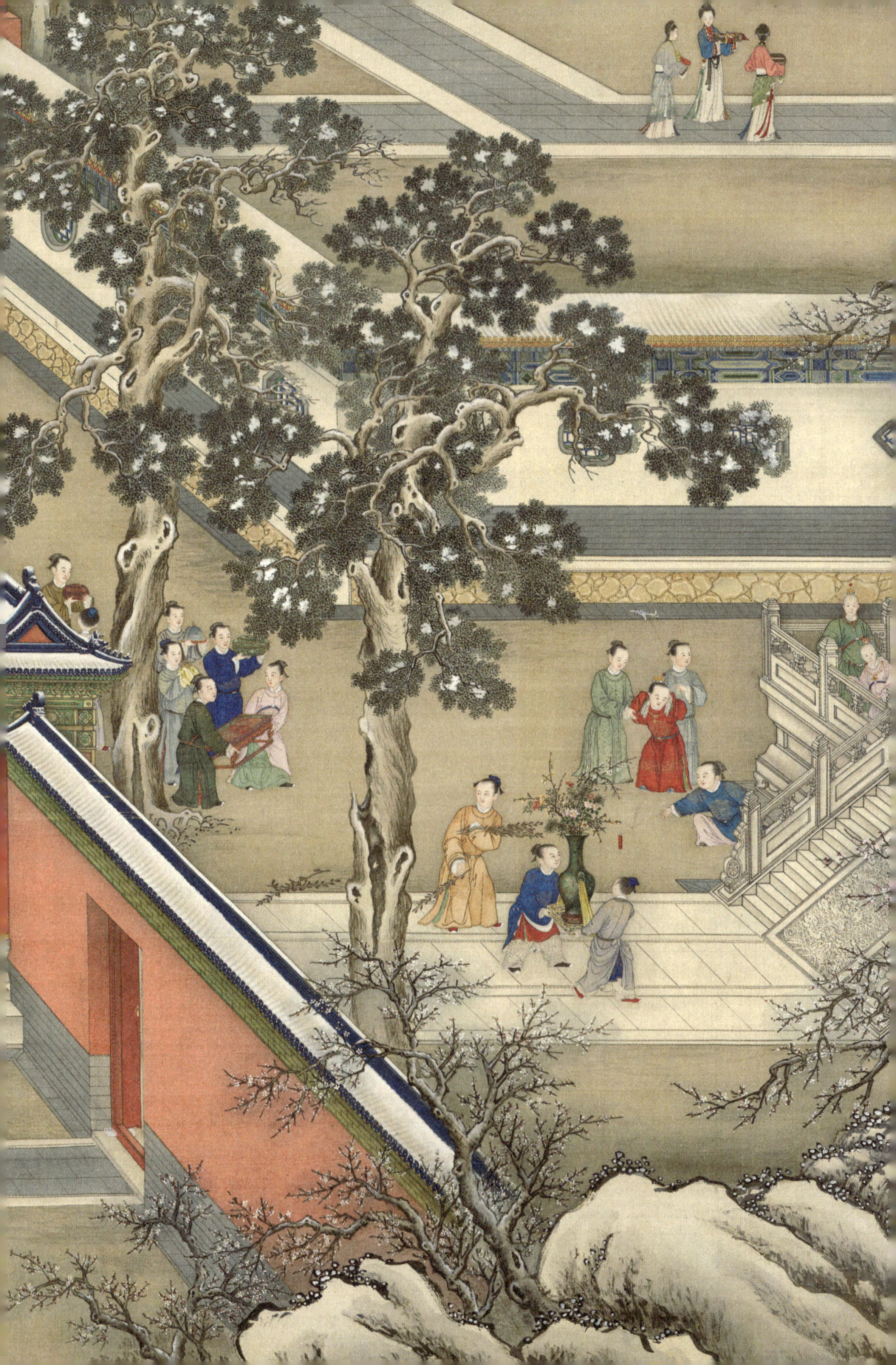

拾肆

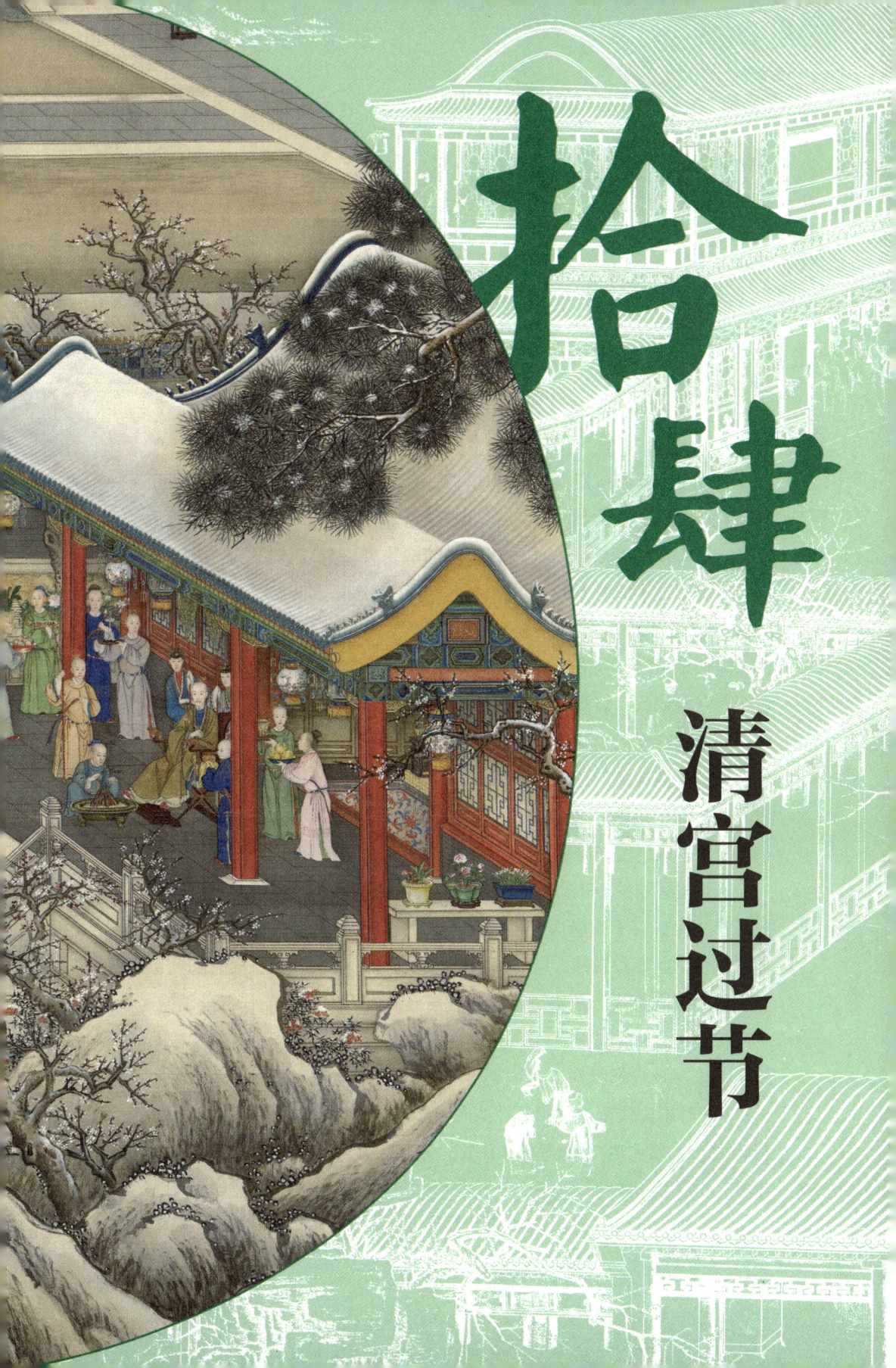

清宫过节

过春节

清宫过春节的习俗，大体和民间相同。不过由于是宫廷，多了几分神秘和隆重，也多了几分政治色彩。这里讲清宫过春节的几个有意思的故事。

一是吃素馅饺子。这是清宫与民间的不同之处，民间平时可能吃不到肉，只有到过年的时候，才杀猪宰羊。过了腊八，就开始杀猪了。有这样的谚语："小孩小孩你别哭，过了腊八就杀猪。"可皇宫不是，他们平时每天就会供应很多猪肉，还有鸡鸭肉等，所以到过年的时候，反而要吃点儿素馅的饺子。资料记载，每到元旦，在弘德殿进"素馅煮饽饽"。

而且清宫规定，这种饺子，宫里的每个人都要吃到，不管是主子还是奴才，不管是高地位的还是低下品级的，一律吃饺子。更可笑的是，慈禧关照过紫禁城内的老鼠，她专门告诉太监："看看都什么地方有老鼠洞，在洞门口也放一些饺子。"这些老鼠过年的时候，可得感谢慈禧老佛爷了。

二是犯忌讳的事不许做。清宫过年，宫人们在主子面前要特别注意，别犯忌讳。比如，不说忌讳的话，什么"死"啊，"杀"啊，等等，可千万不能说，否则就要犯忌讳。同时，也不要做犯忌讳的事，如民间有初一至初五不许用剪子和针线，免得来年惹上官司或血光之灾的说法，宫里也信这个。资料记载，每到大年三十下午，储秀宫的总管就会向慈禧报告："剪子和针线全部按照规定都藏好了，请老佛爷放心。"这样一来，无论多么需要，这5天里面都不许使用这些犯忌讳的东西。到了初六，慈禧还要在储秀宫里举行仪式，很郑重地把剪子等请出来，交给相关人员，表示即日起就可以使用了。

三是吃不起的家宴。这个家宴指的是"乾清宫家宴",大年三十这天,皇帝不再单独进膳,而是要和后妃们一起进膳。按说这是好事,后妃们应该千恩万谢,因为皇帝平时根本不和她们同桌吃饭。今天有了这样的机会,不应该千恩万谢吗?可皇帝的后妃们并不喜欢这个家宴,有的甚至惧怕这一天的到来,为什么呢?

首先,三六九等并不同桌。说是皇帝与后妃同乐,可这个家宴并不是同乐。等级森严,给人非常压抑的感觉。皇帝面南背北坐"金龙大宴桌",后妃则分列东西两边;而东西两边又以东边为尊贵,西边较低下;同样是东边,又从北边开始分出高低贵贱,最北边离皇帝最近的是头桌,接着是二桌、三桌、四桌……西边和东边一样排列桌子。

其次,音乐让人心烦。乾清宫家宴并不平静,并

[清] 乾隆帝 《岁朝图并新正重华宫诗轴》

中国传统以正月初一为『岁朝』。是日,以鲜花、蔬果、文玩供于案前,寓意新年好运、春意盎然。

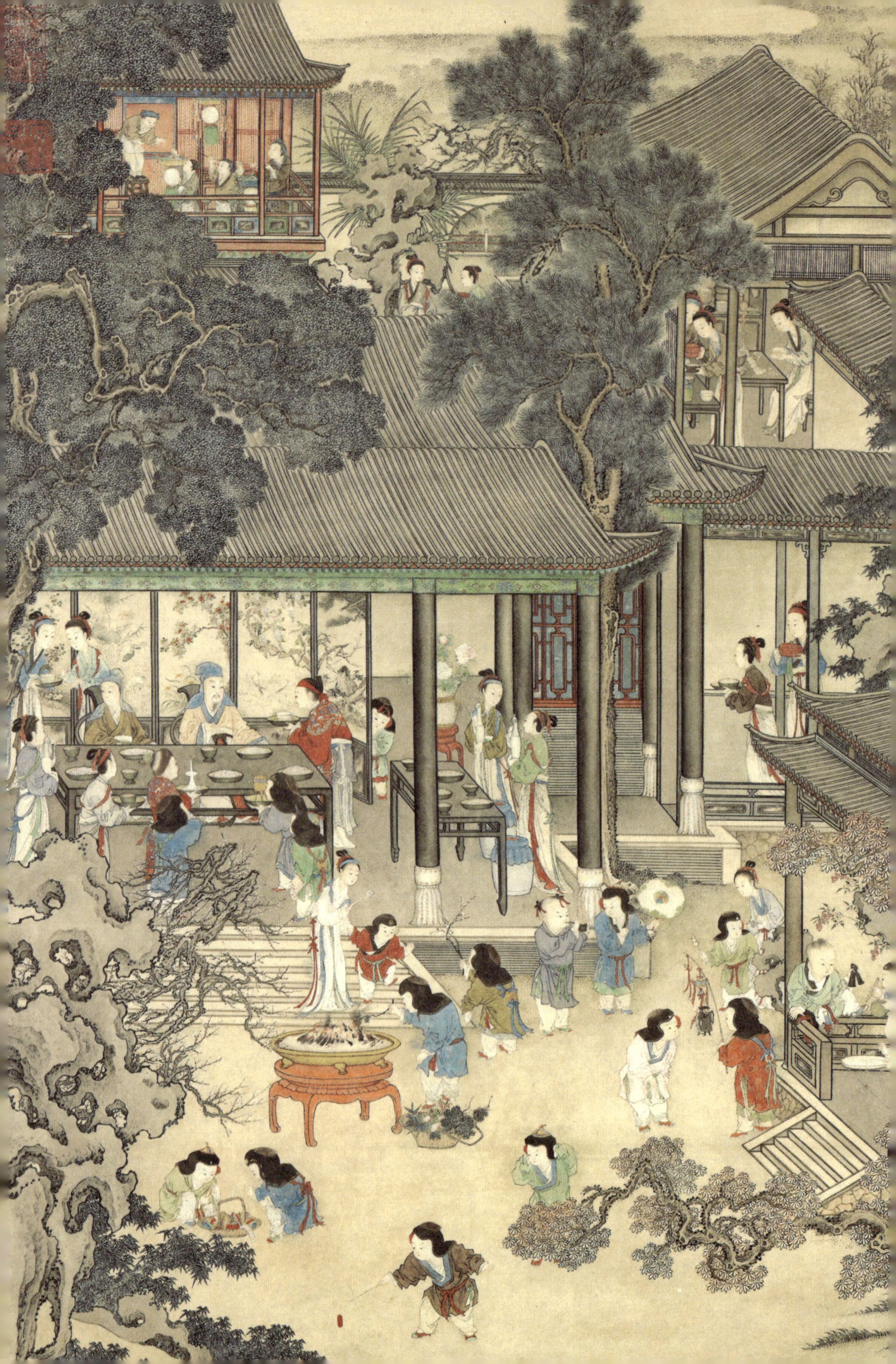

不是皇帝与后妃们说说话、吃吃饭，而是像上朝一样，反复响起音乐。皇帝出场奏"元平之章"；皇后率妃嫔向皇帝行礼奏"雍平之章"；帝后妃等用膳开始奏"海宇升平之章"；上水果奏"万象清宁之章"；上酒奏"玉殿云开之章"……这哪像吃饭啊？简直烦透了，还有什么心思吃饭呢？

再次，行礼不断。这些后妃出场赴宴要分等级，最低下的先到，等着高级别的，直到皇后出现，众位后妃全部到场之后，大家反复行礼，已经疲惫不堪。可这仅是开始。皇帝登场之后，那才是真正行礼的开始。皇帝登场，众人要起身离座行礼，皇帝落座行一拜礼；皇帝敬酒，后妃们要离开座位，跪下行一拜礼；皇帝敬完酒，后妃要按等级分别离座向皇帝敬谢，行二肃一跪一拜礼；家宴完毕，皇帝起座离开，后妃要离座起身按顺序排好队，行礼送别皇帝。

四是压抑的春联和《宫训图》。春联压抑，是从风俗上来说的。满洲人在关外的时候崇尚白色。入关之后，满洲的皇帝仍然沿袭了这个习惯，连春联都是以白绢书写，外包蓝边，内镶红条。这种做法让那些汉军旗女子看了非常压抑，感觉不像是过春节。至于《宫训图》，就是把历史上的12个后妃中的榜样画成图像，从腊月二十六开始，就在东西十二宫中张挂，到第二年二月初三再摘下收起。对于具体哪个宫殿挂什么，都有要求：景仁宫为《燕姞梦兰图》；承乾宫为《徐妃直谏图》；钟粹宫为《许后奉案图》；延禧宫为《曹后重农图》；永和宫为《樊姬谏猎图》；景阳宫为《马后练衣图》；永寿宫为《班姬辞辇图》；翊坤宫为《昭容评诗图》；储秀宫为《西陵教蚕图》；启祥宫为《姜后脱簪图》；长春宫为《太姒诲子图》；咸福宫为《婕妤当熊图》。后妃们看到这些《宫训图》，心情是非常压抑的，因为这些图就像大山一样压在她们的心上，毁掉了她们的青春、爱情和自由。

[清]　姚文瀚　《岁朝欢庆图》（局部）

此图描绘了新春时节阖家团圆的喜庆场面。画中人物形态各异，或敲锣击鼓，或品茗畅谈，满庭喜庆气氛跃然纸上，色彩鲜艳且富有层次。

[清] 徐扬 《日月合璧五星联珠图》

此画描绘的是乾隆年间正月初一出现的"日月合璧、五星联珠"的罕见天象,画面中生动地展现了京城内外的繁荣景象,官员朝贺、百姓拜年,充满了节日的喜庆氛围。

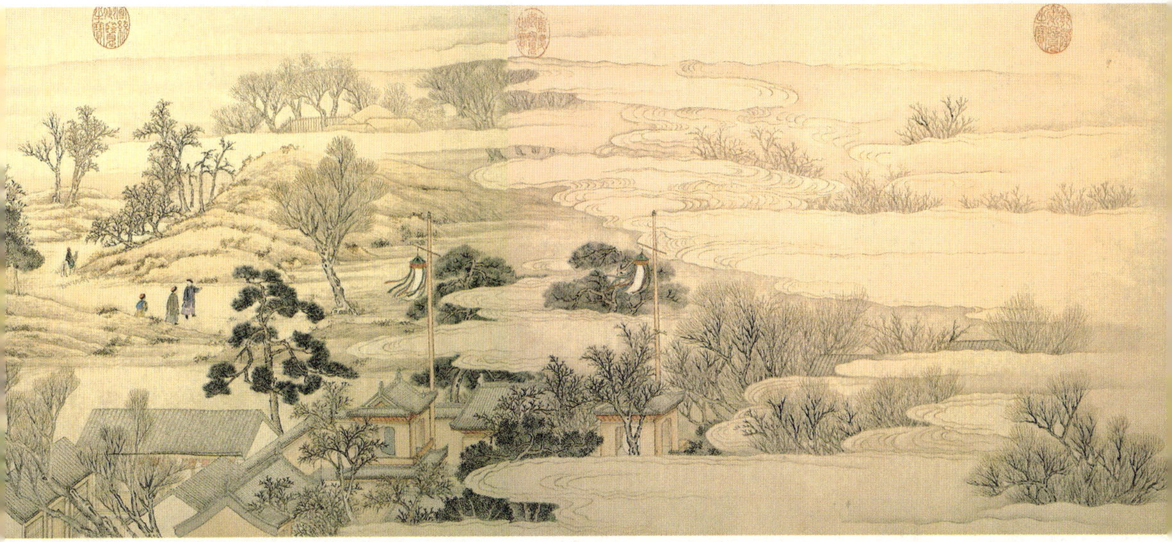
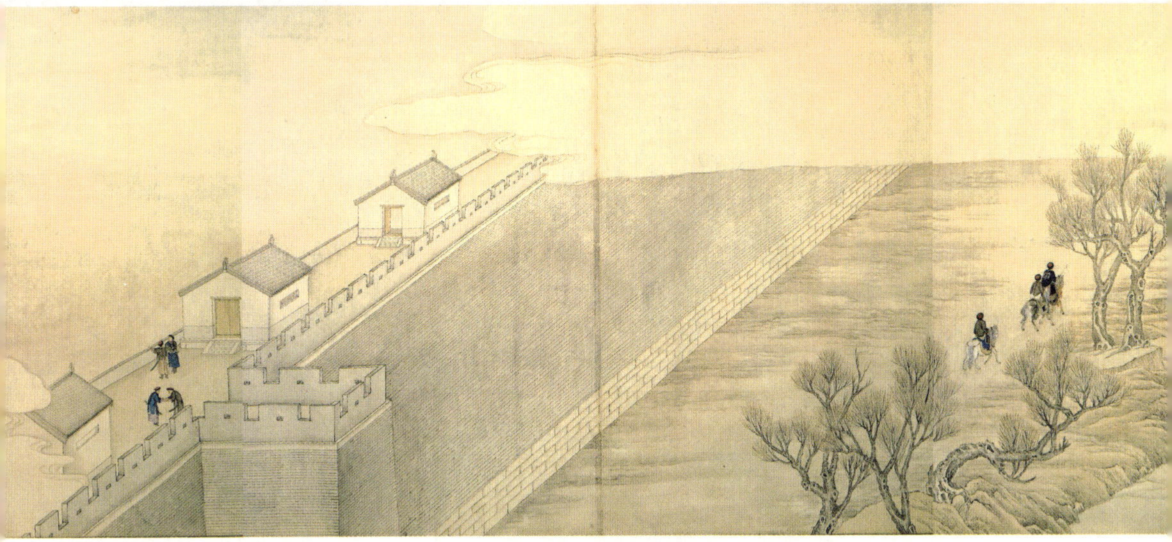
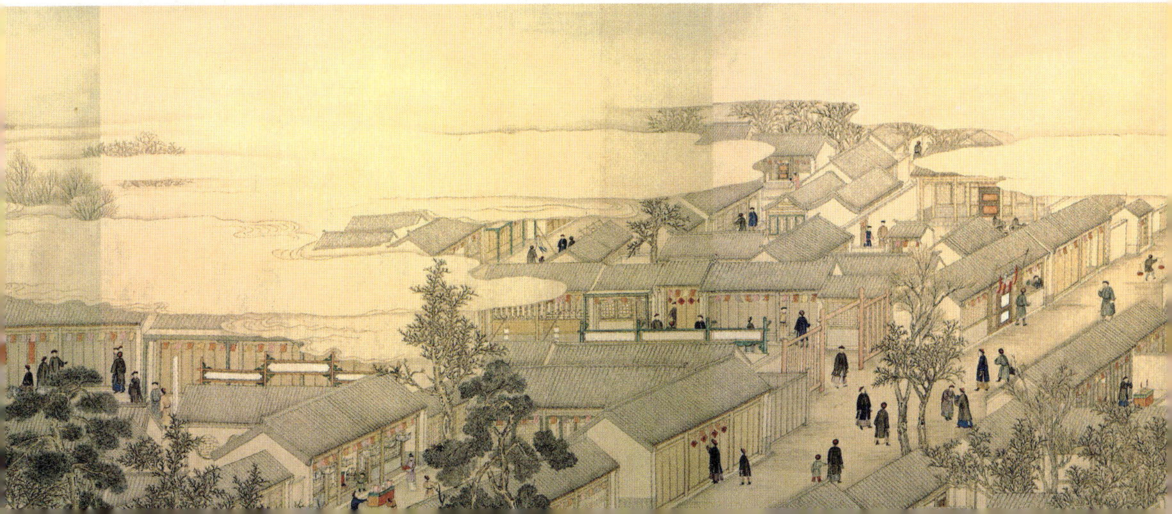

上御極之二十六年正月四日為皇太后七旬萬壽初十日皇太后聖壽屆期初如合禧收屋時日舉慶典比九月朔日躬旨壽宮恭請皇太后聖駕御繹順堂受皇子皇孫曁王公大臣等行禮次日復恭奉皇太后慈駕自清漪園升舟沿途臚歡迎導赴西直門入城是日臣民歡忭感激瞻就萬目咸觀誠野歡騰允為熙朝野歡騰盛事臣等恭繪圖以紀
臣徐揚

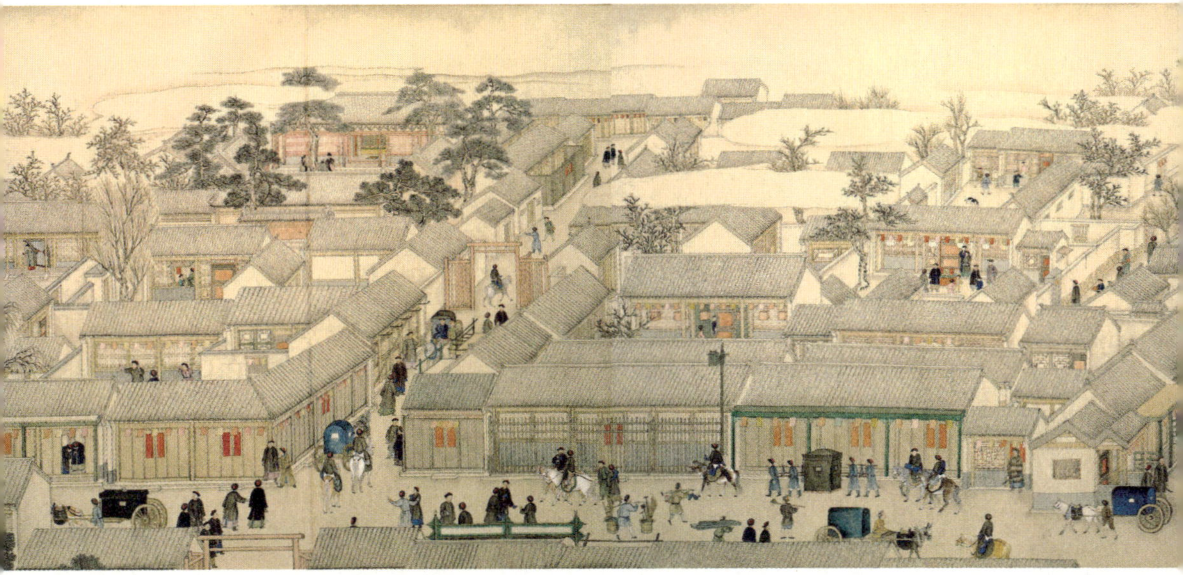
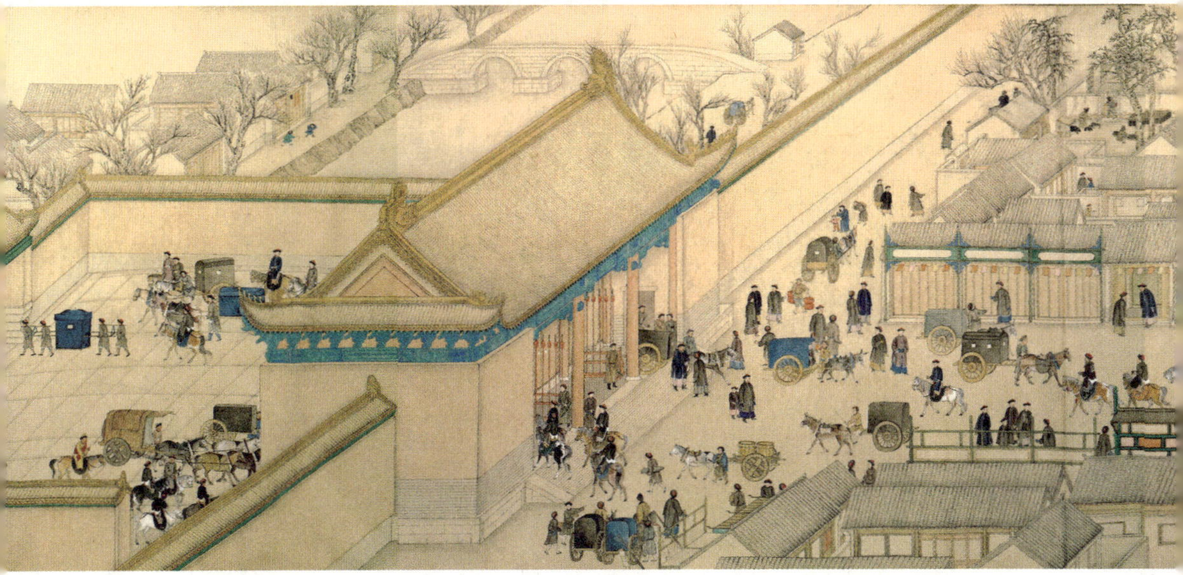
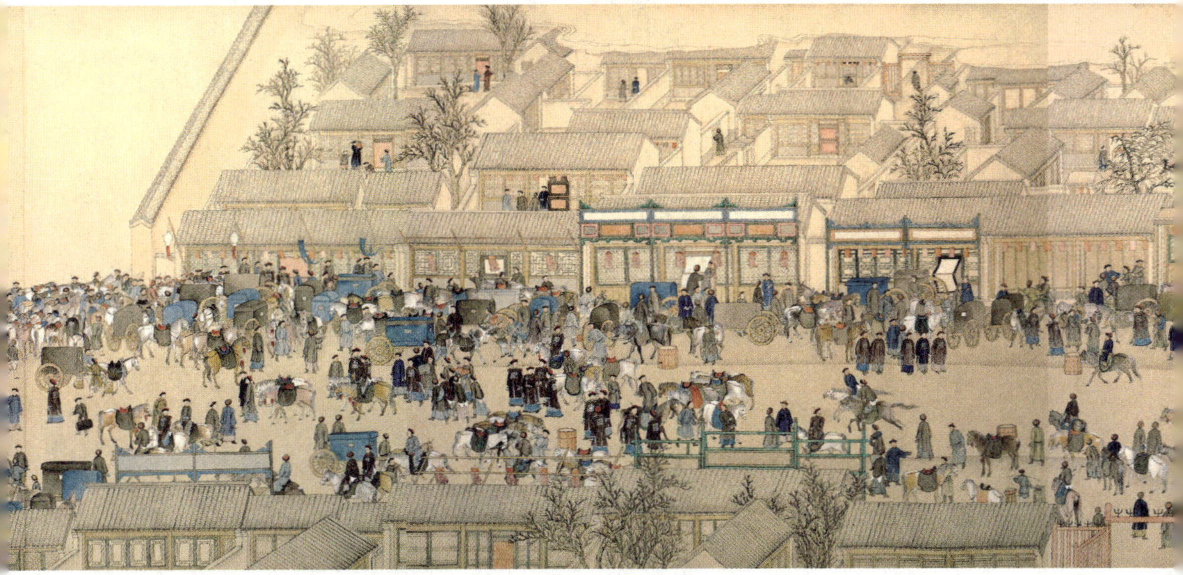

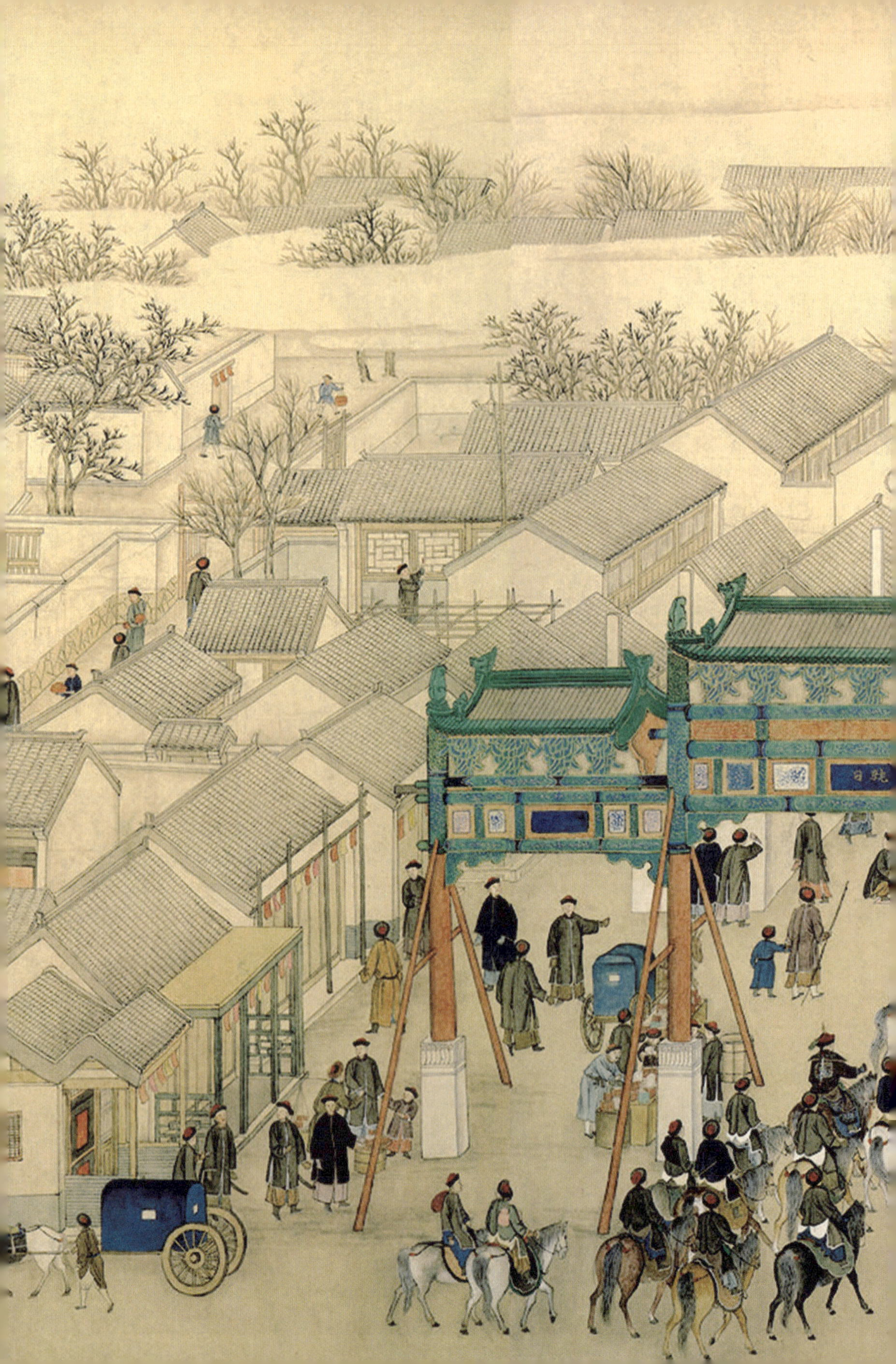
就日

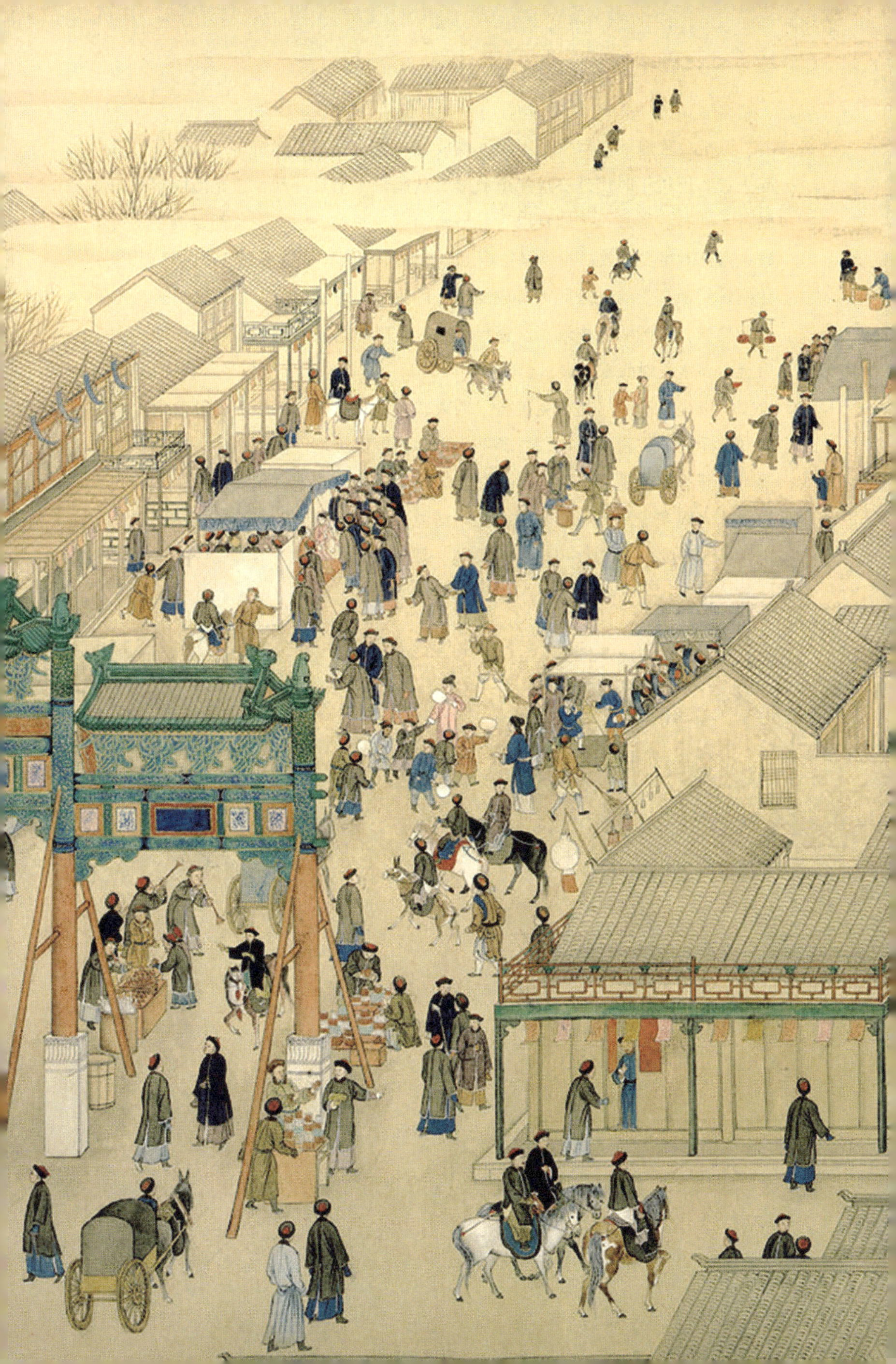

五是放鞭炮。皇宫平时不允许燃放烟花爆竹，宫殿建筑多用木料，怕引起火灾，但过年时例外。过年燃放爆竹从腊月十七日开禁，道光丙戌年改为腊月十九日。腊月二十四日以后，皇帝出宫，每过一门，内监都要放一支爆竹，入宫时也要燃放。听到爆竹声，值班大臣就大体知道皇帝轿子的远近了。让妃嫔们最享受的还是元宵节放烟花，因为放烟花的时候，她们要离开压抑的紫禁城，到圆明园去玩了。资料记载，乾隆时自正月十三日起，即奉皇太后至山高水长殿前看烟火，至收灯（十九日）止。这天，会先举行盛大宴会，大家可以坐在一起尽情享受美餐，约束较少。宴会完毕，再看各种演出，有西洋秋千、蒙古音乐、摔跤、爬竿、冰嬉、罗汉堆塔、高丽跟头、回部音乐等。最开心的就是到了晚上，要燃放烟花了，遍置花炮，星火遍燃，万响齐发，让人眼花缭乱，心情非常放松。据说，散后爆竹残纸有一寸多厚，步军统领要率兵泼水，谓之"压火"，真是一派盛世景象。

康熙帝跳舞

这里讲一下康熙帝孝敬他的嫡母孝惠章皇后的故事。康熙帝的亲生母亲死得早,在他10岁时就去世了。他的嫡母很长寿,一直到康熙五十六年(1717年)才去世,活了70多岁,凭的全是这个非亲生的儿子康熙帝的照顾,因为她一生没有生育一个子女。

说起来,孝惠章皇后很不幸,她14岁进宫嫁给顺治帝。可是,顺治帝不喜欢这个女人,孝惠章皇后在宫中苦苦守了7年活寡,直到丈夫去世,康熙帝继位,她真正成了寡妇。康熙帝对她很孝顺,虽不是亲生子,却百般照顾,孝惠章皇后反而觉得很幸福。说起康熙帝对嫡母的孝顺,史料记载很多。

比如,康熙帝因为怕嫡母寂寞,就把自己的皇五子允祺和五公主交给嫡母带。有小孩子在身边,孝惠章皇后倍感开心,她觉得生活很有趣,再也不感到寂寞了。

比如,逗嫡母开心。孝惠章皇后年老之后,经常唉声叹气,康熙帝很担心,便想问个究竟。孝惠章皇后说:"最近我的牙齿掉得厉害,有时牙还很疼。"康熙帝一听就笑了,说:"母后有所不知,这不是坏事,是好事。"孝惠章皇后很纳闷,觉得康熙帝在骗他。康熙帝说:"我常听人说,老人的牙如果掉了,或者疼痛,对后代大有好处。您想,您的牙疼,有的还掉了,这不是好事吗?"孝惠章皇后一听就破涕为笑了。不过,康熙帝最孝顺的一件事,还是他给母后跳舞过万寿。

康熙四十九年(1710年)正月十六日,是孝惠章皇后七十大寿。宫里宫外格外忙碌,到处张灯结彩,呈现一派喜气洋洋的气象。皇太后生日在宫中

[清] 康熙 画珐琅凤纹盘

盘心以红色团花为中心，放射律动的波状花瓣，每瓣内各绘一只，共四对振翅欲飞的瑞凤。

[清] 金廷标 《瑶池献寿轴》

此图描绘了西王母驾祥云降临人间，手捧仙桃祝寿的情景。画中，西王母容颜绝世，仙姬随侍，宫殿华丽非凡。整幅画作色彩鲜明、构图和谐。

称"圣寿节",历来十分受重视,尤其是遇到皇上、皇太后整寿,宫中便早做准备,大加庆贺。这次孝惠章皇后七十整寿,康熙帝决心大办一番,以表达自己的孝心。正月十六日这天,宫中大宴宾客,又召来戏班子,一时间灯红酒绿,好不热闹。康熙帝一面陪太后看戏,一面说些为太后祝寿的吉祥话。一场戏下来,57岁的康熙帝突然走上戏台,要为太后祝寿跳蟒式舞。孝惠章皇后忙站起,要劝阻皇帝,因为皇帝年岁实在太大了,不宜跳舞。可康熙帝兴致勃勃地朝太后施礼祝寿后,便跳了起来。蟒式舞为满洲传统的筵宴歌舞,在民间早已流传,不知何时传入宫中。舞蹈形式为九折十八式,舞者举一袖至额头,反过一袖至后背,盘旋作势,形似巨蟒跳跃,所以叫蟒式舞。九折即九组动作,一为起式,二为摆水即打鱼动作,三为穿针即织网动作,四为吉祥即欢庆动作,五为单奔马即打猎动作,六为双奔马即出征动作,七为怪蟒出洞即龙舞动作,八为大小盘龙即龙戏水动作,九为大圆场即欢庆动作;十八式即十八个舞蹈姿势,有手、脚、腰、转、飞各三式,肩二式,走一式。做完这些动作后,康熙帝额头已微微出了汗,皇太后感动得站了起来,连忙说:"皇帝孝心,天地昭昭,请歇息,不要累着。"母子亲情,由此可见。

"甄嬛"豪华过生日

这里所说的甄嬛，其实是指她的历史原型——孝圣宪皇后钮祜禄氏。都说钮祜禄氏是有福之人，这一说法并非坊间随意流传，而是出自皇帝之口。皇帝说出来的话，那可是金口玉言。究竟是哪一位皇帝，会对这样一位女子说出这样的话？那就是她的公公康熙帝。事情发生在康熙六十一年（1722年），正是牡丹花盛开的季节，雍亲王胤禛把父皇康熙帝请到自己住地狮子园，赏牡丹花。彼时，12岁的弘历随父王一同觐见康熙帝。康熙帝看见这个孩子长相俊美，又聪明伶俐，十分喜爱。弘历也很做脸，给爷爷背诵了周敦颐的《爱莲说》，一点儿不磕巴地背诵完，康熙帝大喜，感到后继有人，十分高兴。于是，康熙帝说了一句语惊四座的话，说弘历"福将过予"。也就是说，这个孩子的福气将超过我。随后，他命令雍亲王妃把弘历亲生母亲叫来看看。钮祜禄氏就这样第一次拜见了自己的公公康熙帝。康熙帝看到钮祜禄氏之后，有什么反应呢？《清代后妃传稿》记载："皇祖连谓之有福之人。"也就是说，康熙帝看了儿媳妇之后，当时就笑了，连连说她是有福之人。

这一次狮子园牡丹台相见，对于钮祜禄氏来讲至少有两大收获：第一，提高了自己的政治地位，最重要的是借此给自己的儿子带来了福运。也就是说，康熙帝想通过钮祜禄氏的相貌，来预测一下她的儿子弘历将来的命运，看他是不是一个可以托付江山社稷的人。为此，乾隆帝即位后感慨地说："仰窥皇祖恩意，似已知予异日可以托付，因欲豫观圣母福相也。"第二，获得了"有福之人"的称号。康熙帝的这番话不胫而走。不仅王府上下尽人皆知，就连皇宫大内也传开了。这可能是胤禛出于自己的政治目的而宣传的，尤其是

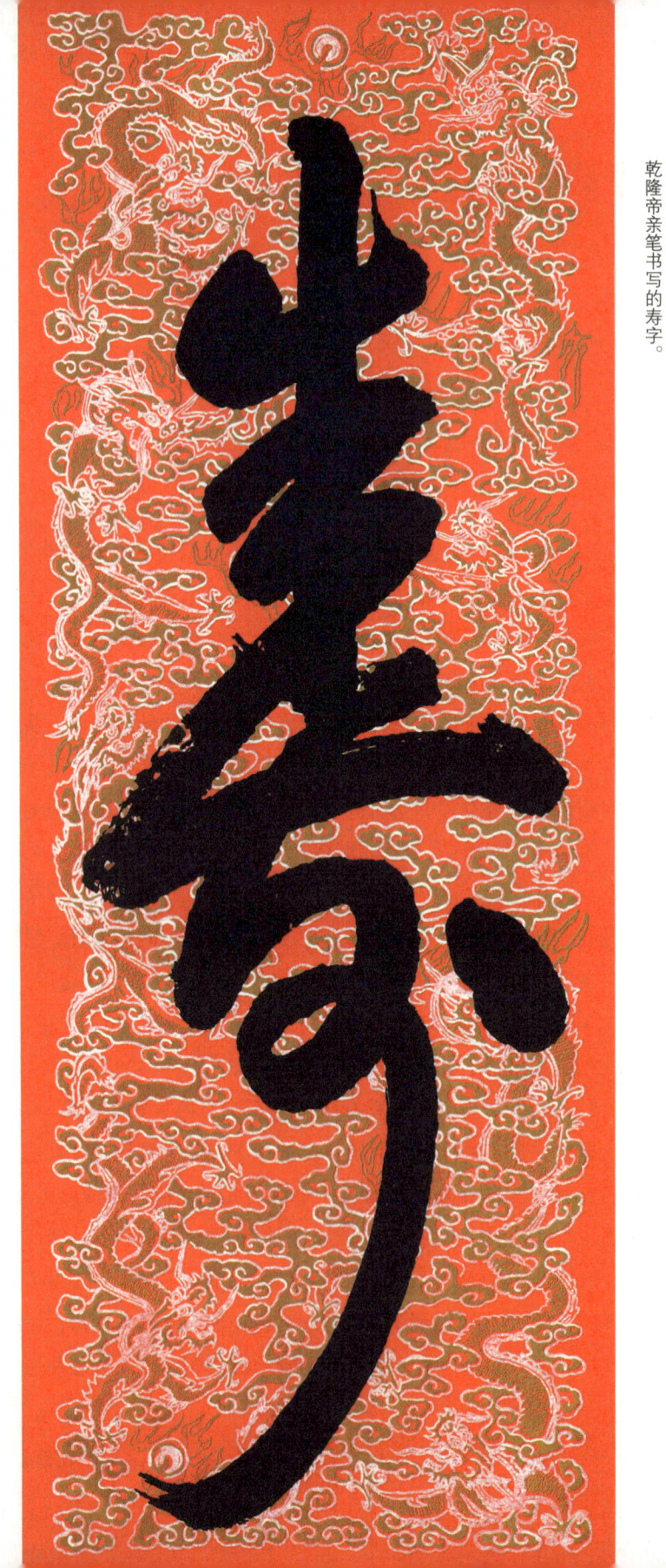

[清] 乾隆帝书法

乾隆帝亲笔书写的寿字。

弘历即位后，还把这段对话记录在案，起到了"广而告之"的目的。

接下来，钮祜禄氏的好运来了，她在宫中的地位不断攀升。本来钮祜禄氏有两个致命的弱点。一是地位低下。她的父亲是一个四品典仪官，这在等级森严的皇宫之中，是不占优势的。我们在影视剧《甄嬛传》中，看到华妃飞扬跋扈，丝毫不惧怕皇后，就连皇帝也要让她三分，就是因为华妃的哥哥年羹尧握有重兵，是皇帝的股肱大臣。以钮祜禄氏这样的出身，想要在宫中占有一席之地，那是很难的。二是她的长相实在让人难以恭维。据记载，钮祜禄氏方盘大脸，方面大耳，浓眉大眼，女人男相，也难怪康熙帝看到之后，会笑着说她确实不是一个美人。雍正帝对一个这样长相的女人会喜欢吗？她很幸运。雍正帝并非一个好色之徒，对于女人的关注远不如他对储位的关注。因此，钮祜禄氏的长相缺陷没有被过分放大。她很有福。偶尔和胤禛的几次接触，钮祜禄氏就侥幸怀孕，而且侥幸生下了一个男孩子，生下了让她足以自豪的弘历。她生下弘历，就为自己晋升为妃铺平了道路。雍正帝一即位，钮祜禄氏就顺利被封为熹妃，"顷之，又进贵妃"。实际上《清史稿·后妃传》记错了，直到雍正八年（1730年），熹妃才晋升为贵妃。尽管如此，钮祜禄氏在宫中的地位还是提高了不少。据考证，到雍正三年（1725年），钮祜禄氏就已经成为宫中的二号人物，帮助皇后打理后宫；到雍正九年（1731年），中宫皇后病逝，钮祜禄氏总理后宫，大权独揽，成为后宫的头号人物。这等福运，不得不说得益于当年公公康熙帝的金口玉封。当然，甄嬛真正的福气还是儿子弘历做了皇帝，她成了高高在上的皇太后。

钮祜禄氏做了42年的享福太后。雍正帝去世，她虽然失去了丈夫，但她的儿子做了皇帝，自己成了皇太后，比之以前就更加享福了。主要表现如下：

第一，多次在儿子的陪伴下游山玩水。乾隆帝喜爱出巡是有名的，甚至有微服私访的记载。其实乾隆帝每次出巡，都是打着孝敬母后的旗号。《啸亭杂录》记载："纯皇侍奉孝圣宪皇后极为孝养，每巡幸木兰、江浙等处，必首奉慈舆，朝夕侍养。"四次南巡：乾隆十六年（1751年）、乾隆二十二年（1757年）、乾隆二十七年（1762年）、乾隆三十年（1765年），总共近500天。三次巡幸五台山：乾隆十一年（1746年）、乾隆十五

乾隆辛未秋獮塞上蒙古台吉必力滾達賴以此來
獻色純白如雪目睛如丹砂抱朴子稱鹿壽千歲滿
五百歲則色白此詒其類今年恭遇
聖母皇太后六旬萬壽道靈獸應時而至爰令寫瑞鹿
而紀以詩
寶篆廣韋色珠瓔應壽星
賁花甲德產祝
天心慶花甲德產祝
慈寧堂意牲之犧倫戒蒭之形乍辭康食野可比鳳儀
庭性自仙人馴囿呈動物靈無須稽獸譜永此驗
祥徵

年（1750年）、乾隆二十六年（1761年），达到100余天。四次东巡泰山：乾隆十三年（1748年）、乾隆二十一年（1756年）、乾隆三十六年（1771年）、乾隆四十一年（1776年），达到180余天。两次巡幸盛京，也就是沈阳：乾隆八年（1743年）、乾隆十九年（1754年），达到260天。此外，乾隆帝还陪着母后到避暑山庄29次。可以想见，每次出巡，浩浩荡荡，朝廷要花费大量银两，地方官还要极尽报效之能事，使得太后享尽了人间富贵。

第二，太后过生日，规模盛大。钮祜禄氏的生日是十一月二十五日，乾隆帝每年都会为她庆祝。她做皇太后时是44岁，一直做了42年太后。在宫里，儿子给她做了几个十年整寿：乾隆十六年（1751年）庆祝六十大寿，乾隆二十六年庆祝七十大寿，乾隆三十六年庆祝八十大寿。每次整寿，宫廷内外，大加庆祝，靡费无度。例如：（一）点景。从西华门到西直门近十里的距离之内到处建戏台，张灯结彩，一派普天同庆的景象。（二）礼品。乾隆帝给母后的礼品：白银10000两、珍珠600串、珊瑚珠600串、绫罗绸缎100匹，还要连续5天进献九九礼，就是每天进献81件珍贵大礼。（三）唱大戏。除了西华门到西直门之间的戏台连续5天唱大戏之外，在紫禁城和圆明园，都要连续5天唱大戏，请来顶级戏班子，为太后助兴。（四）宴会。钮祜禄氏生日庆典前后各4天，共9天，要在寿安宫大宴宾客，乾隆帝每天向母后祝酒庆贺，历史上还留下了乾隆帝祝酒的场景画面。

[清]　郎世宁　《瑞鹿轴》

此是孝圣宪皇后六旬大寿时郎世宁为其所绘。《抱朴子》称鹿寿千岁，满五百岁则色白。画作笔触细腻，色彩和谐，将白鹿的神态描绘得栩栩如生。

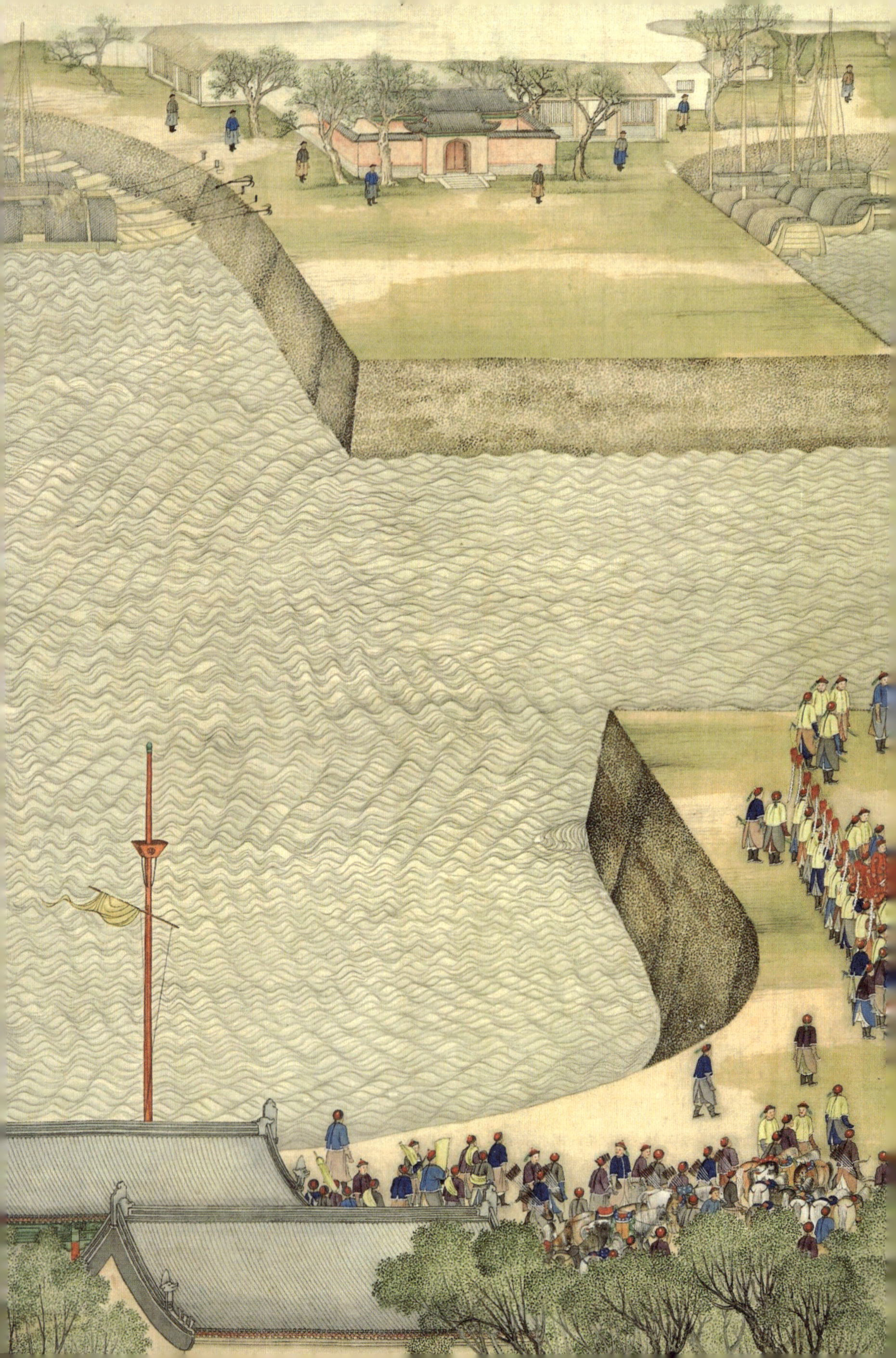

拾伍

清帝出巡

"五台山寻父"

有资料记载，康熙帝曾经5次登上五台山。其中康熙十五年（1676年）1次，仅康熙二十二年（1683年）就2次登顶五台山。那么，康熙帝频繁到五台山去干吗呢？众说纷纭，其中有一种说法很有趣，说是康熙帝到五台山去寻父了。康熙帝的父皇是顺治帝。有一种流传甚广的说法，说是顺治帝出家到五台山当和尚去了，所以康熙帝继位之后，多次到五台山寻找亲生父亲。

传说康熙帝到五台山寻父，一日在山坳处看到一个老和尚摇摇晃晃走来，便上前施礼询问："师父，请问您知道当年顺治爷出家这件事吗？"老和尚哈哈大笑道："贫僧当然知道。"老和尚含含糊糊地讲了很多。康熙帝便问道："师父您的法号是什么啊？"他想如果将来再到五台山，好联系联系。谁知道这个和尚没有直接回答，却作了一首诗："一字写出四笔成，既无竖来也无横。负薪寺中交上去，斧头和尚是我名。"也有人说老和尚自称"八×和尚"。康熙帝一看问不出究竟，便传旨回宫。回到紫禁城，他闷闷不乐地去见奶奶孝庄太后。孝庄太后问明缘由后，说："哎呀，这个疯和尚是装的，他就是你的父皇啊！你想想看，'斧头和尚'的'斧'字有父亲的'父'字；'八×和尚'其实就是父亲的'父'啊。"康熙帝恍然大悟，立即星夜兼程，再次赶往五台山寻父，却再也没有见到那个疯和尚。

这个故事听起来很神奇，大家都为康熙帝错过寻父的大好机会而感到惋惜。那么，康熙帝的父亲顺治帝真的出家当和尚了吗？在清史资料中，还真记载了顺治帝剃发为僧的经过。事情的经过是这样的：顺治十七年（1660年）八月十九日，顺治帝的宠妃董鄂妃去世，顺治帝非常悲痛。他睡

［清］　康熙款铜胎珐琅提梁壶

壶身以铜胎为基，珐琅彩饰光华四溢，色彩艳丽且富有层次，造型别致，工艺精湛。提梁设计独特，既便于提携，又让壶更显雅致。

［清］　康熙　掐丝珐琅冰梅纹五供（瓶）

铜胎上镶嵌的珐琅彩饰璀璨夺目。瓶身冰梅纹装饰清新雅致，梅花色彩丰富，与云纹相得益彰，整体造型典雅大方，设计独特。

不着觉,每到黑夜就看到爱妃的身影在眼前晃来晃去;吃不下饭,开始是绝食,后来真的就水米不进了;闹上吊,大吵大闹说董鄂妃死了,他也不活了;闹出家,说干脆落发为僧算了,甚至找来了大和尚茆溪森,给自己剃了头发;等等。这些说法在正史中都有记载。

还有一个很奇怪的现象,就发生在清东陵中。清东陵有15座帝后妃陵寝,在民国年间,时局动荡,先后发生数次大盗案,如1928年孙殿英盗案,1945年年底张尽忠、王绍义盗案,等等,把清东陵中几乎所有的陵墓全部盗掘了。可是,唯独顺治帝的孝陵没有被盗掘。还有一个很传奇的说法,因为顺治帝早年出家到五台山了,地宫中没有尸体,也就没有棺材,因此也就没有殉葬品。还有人说,孝陵地宫是顺治帝的衣冠冢,只埋葬了顺治帝的一双鞋子和一把扇子。没有宝贝,自然没人去盗掘。

那么,真相到底如何呢?顺治帝真的在五台山出家了吗?

查阅档案,我们发现顺治帝在董鄂妃去世之后4个月,到顺治十八年(1661年)正月,由于身体虚弱,不幸染上了可怕的天花,病情十分凶猛,到正月初七,便去世了,年仅24岁。他去世之后,装满宝物的大棺材被运往景山,在那里举行了火化仪式,他的尸体连同满棺珍宝化为灰烬。

这才是历史真相。

幸福的德妃

德妃乌雅氏是康熙帝最喜爱的妃子之一。虽然德妃的家境不是太煊赫，但是康熙帝喜欢她，与她前后生育了6个子女，使其成为康熙帝后宫中的生育冠军。德妃内心应该也感觉很幸福，一个女人所应有的一切她都有——男人的关照，儿女双全，锦衣玉食的生活，上等的位分，等等。我们可以想象，每当德妃闭上双眼，她和康熙帝幸福的情景就会浮现在脑海中，其中，有两件事或许是她印象最深刻的。

第一件事是出去旅游。宫中的女眷的一大心愿，就是跟随皇帝出去游玩，尤其是到南方去旅游，毕竟北方还是万物肃杀的季节，南方就已经是花开满园了。但皇帝也不可能把每个妃子都带出去，所以大家会争取每个机会。康熙四十六年（1707年）正月二十二日，康熙帝带领大家去江南旅游，德妃争取到了名额。康熙帝一行浩浩荡荡，从北京出发，目标是江苏扬州。随着气候和温度的变化，德妃的心情也跟着变化。可正当德妃一路兴奋不已的时候，她的身体出现了问题。她的哮喘病发作了，而且一天比一天严重。怎么回事呢？康熙帝很着急，太医们守候在德妃旁边会诊，最终弄清楚了，是由于不太适应气候的变化。德妃是北方人，冬季北方寒冷，而南方温暖如春，她不太适应，犯病了。康熙帝非常心疼她，日夜不离地守护在旁边。德妃有些难为情："皇上回去吧，不要为了我而坏了心情，也不要累坏了身体。"康熙帝深情地看着德妃道："爱妃不要多想，朕好着呢。只盼着你能快快好起来。"德妃听了康熙帝的话，一股暖流涌上心头。

到了五月，康熙帝一行结束了江南之行，回到了北京。他们乘着龙舟，

[清] 王翚 《康熙南巡图·卷十》（局部）

此卷为《康熙南巡图》第十卷的秦淮河部分，画卷生动地再现了当时秦淮河畔的繁华盛景，河上舟船往来，两岸河房错落有致，康熙帝在此体察民情，欣赏美景，展现了盛世之君的风采。

文廟

沿着大运河一路北行。五月十八日，龙舟到达天津码头。康熙帝命宫女们搀扶着身体虚弱的德妃下龙舟。当德妃走下龙舟，抬头一看，眼前的情景让她十分意外。她看到了什么呢？她的两个儿子，一个是胤禛，另一个是胤禵（即允禵），正在那里等候母亲的到来。两个儿子跑过来，给父皇母亲请安后，便抱住母亲，久久不放开。德妃很纳闷儿，问道："你们怎么会知道我们今天到达呢？"胤禛道："是父皇特意安排的，告诉我们不要来早了，白白等候；也不要误了，接不到你们。"德妃的眼睛湿润了，想着康熙帝的细心照顾，她便赶忙弯下腰感谢康熙帝的周到安排。

第二件事是写信。康熙三十五年（1696年）到康熙三十六年（1697年），康熙帝第三次亲征噶尔丹。当时战事倥偬，康熙帝指挥作战，非常辛苦，也非常劳累。战事间歇，康熙帝突然想起了他的德妃，便给她写了一封信，以表达他的思念之情。写完后，康熙把信装在信袋里，在封皮上写"给永和宫"（德妃当时住在永和宫）。然后六百里加急，火速送往紫禁城。德妃打开这封情书，读着读着，脸颊都绯红了——她也想她的夫君康熙帝了。

看来，德妃真是太幸福了。不仅如此，德妃的运气还特别好，康熙六十一年（1722年）十一月十三日，康熙帝去世，一群儿子争夺皇位，偏偏是德妃的儿子胤禛继位了，即雍正帝。一般人认为，德妃的大好日子来了。可德妃没有感到幸福来敲门，反而非常沮丧。因此，她作出了非常令人意外的决定：一是不搬家，雍正请她搬到太后的寝宫，结果她说不搬家；二是不做太后，也拒绝太后的徽号。

雍正帝真是摸不透母后的心思，他苦苦哀求母后要节哀，不要因为康熙帝去世而太过悲伤。同时，要她赶紧搬家，赶紧接受太后的封号。可德妃总在思念她的康熙帝，无法走出失去夫君的痛苦。终于在第二年的五月二十三日，带着遗憾离开了，崩逝于永和宫，享年64岁。

倒霉的乾隆帝出巡

乾隆帝有个爱好，就是游山玩水。很多影视剧绘声绘色演绎了乾隆帝在出巡中微服私访的经历看起来传奇得很。可乾隆帝出巡有一个非常奇怪的现象，就是容易出事。举几个例子。

第一个例子是乾隆十三年（1748年）二月，乾隆帝奉皇太后，率领皇后富察氏等出巡山东。这次出巡是乾隆帝提议的。刚刚过完春节，乾隆帝对皇后富察氏说："咱们去登泰山吧，去去晦气。"什么意思呢？原来，他和皇后所生的皇子永琮刚刚去世，两个人心中都很难受，因为永琮是准备立为皇太子的，可以实现乾隆帝立嫡的夙愿。岂料天不遂人愿，小永琮刚2岁就夭折了。最难受的不是乾隆帝，而是皇后，她年近四旬，很难再生育了。因此，皇后郁郁寡欢。其实，刚经历丧子之痛的她本不想出去游玩。但是乾隆帝提出了这一番好意，绝对没有拒绝的道理，况且有皇太后一同出游，她最爱旅游了。皇后只好强颜欢笑，跟随乾隆帝母子游玩山东。泛舟大明湖，观赏趵突泉；登泰山极顶，一览众山小。一路下来，皇后已经很疲惫了。三月回銮，一行人到德州的时候，乾隆帝提出要改走水路，于是皇后和大家一起坐龙舟沿着大运河北上。可皇后已经很虚弱了，此时春寒料峭，倒春寒袭来，皇后打了个冷战，她感冒了，病倒在床。挨到11日，竟然一病归天。乾隆帝来到皇后的尸体前，失声痛哭，他没想到自己的一番好意，竟然把皇后送上了黄泉路。

第二个例子是乾隆三十年（1765年）正月第四次南巡。这次还是陪皇太后，有继皇后那拉氏等陪同。一路上玩得很开心，二月初十，还为皇后那拉

[清] 徐扬 《乾隆南巡图·卷六·驻跸姑苏》

此图展现了乾隆帝南巡至苏州的盛况，画中屋宇密布，运河纵横，商铺林立，生动地描绘了苏州的繁华景象。

245

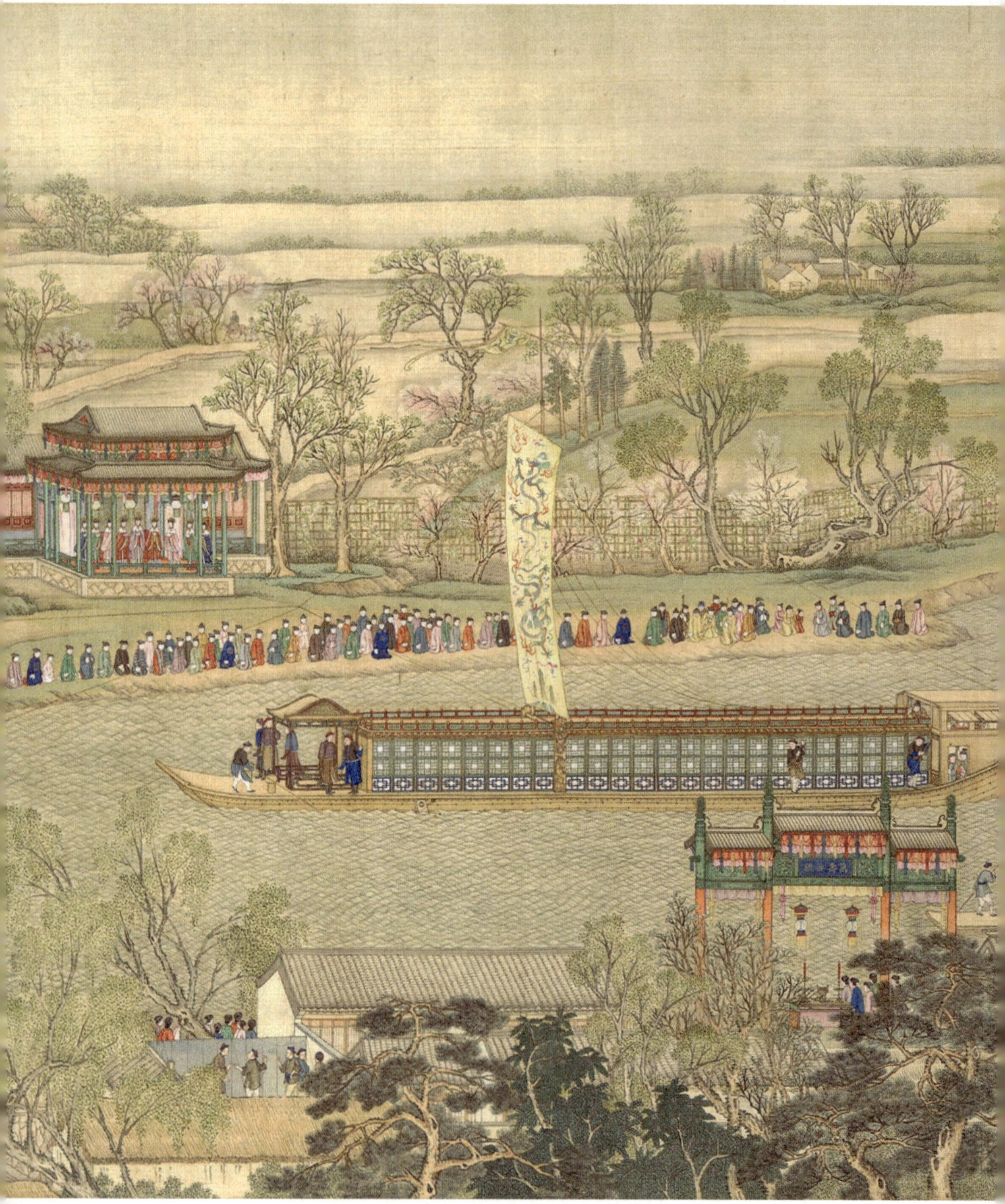

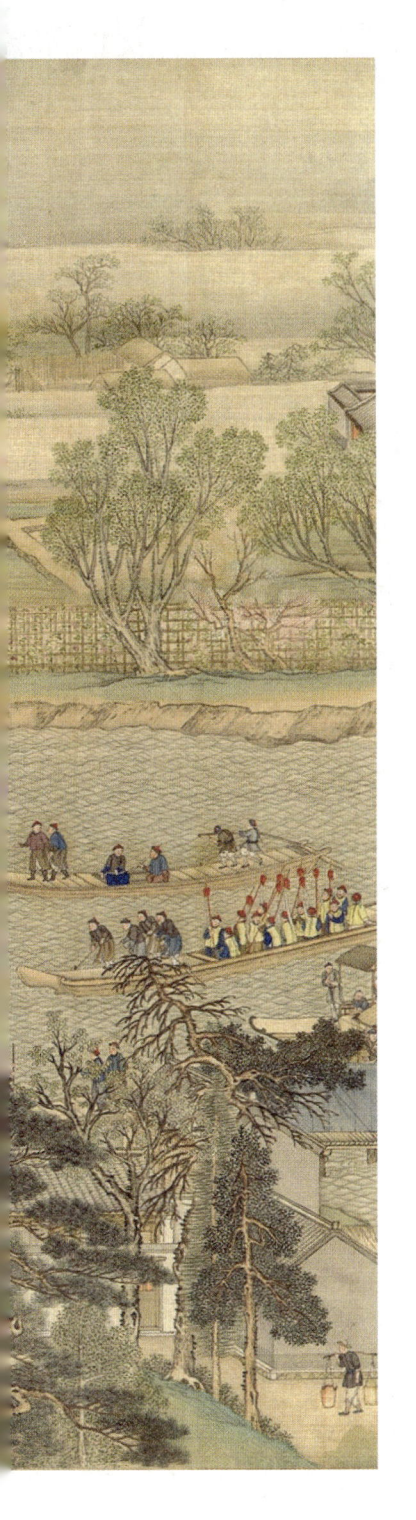

氏过了生日，赏赐了众人大量珍玩，场面其乐融融。可到闰二月十八日，乾隆帝一行在杭州的时候出事了。到杭州"礁石鸣琴"这个地方时，早膳乾隆帝还赏赐那拉氏皇后食品，到晚膳的时候，皇后的身影就不见了，她的名字也被用黄签盖上了。原来，这个那拉氏皇后被提前送回去了。她干了什么呢？有一种说法是，就在早膳之后，乾隆帝和他的母后一起召开了家庭会议。在会上，太后提议"晋封令妃为皇贵妃"。皇后听后先是惊讶，接着极力反对。可反对无效，怎么办呢？皇后采取了极端办法，剪发。她披散开头发，剪掉了耳边的一绺头发。这就犯了大忌。满洲有个旧俗，只有丈夫和老人去世，女子才剪发，这等于在诅咒乾隆母子。于是乾隆帝大怒，立即命人提前护送皇后回去了。皇后从此被打入冷宫，于第二年七月死于冷宫中。

第三个例子是乾隆四十九年（1784年）第六次南巡。这次南巡，乾隆帝的母后已经去世了，再也不能和他一起畅游江南。乾隆帝本人年事已高，已经74岁了。人逢七十古来稀，乾隆帝感慨万千，他料定此次南巡是自己最后一次，因此多少带有一些伤感的成分在里面。让他万万没想到的是，在杭州回銮的时候，居然又出事了。三月十五日夜里，他正在龙舟中休息，突然得到禀告："不好了，诚嫔落水了。"原来，诚嫔乘着夜色，走出船舱来到甲板上欣赏江南夜景，结果不小心失足落水。乾隆帝赶忙组织人乘着夜色打捞，费了半天工夫，诚嫔终于被打捞上来，可已经死了。乾隆帝非常悲痛，心说真是怕什么来什么。

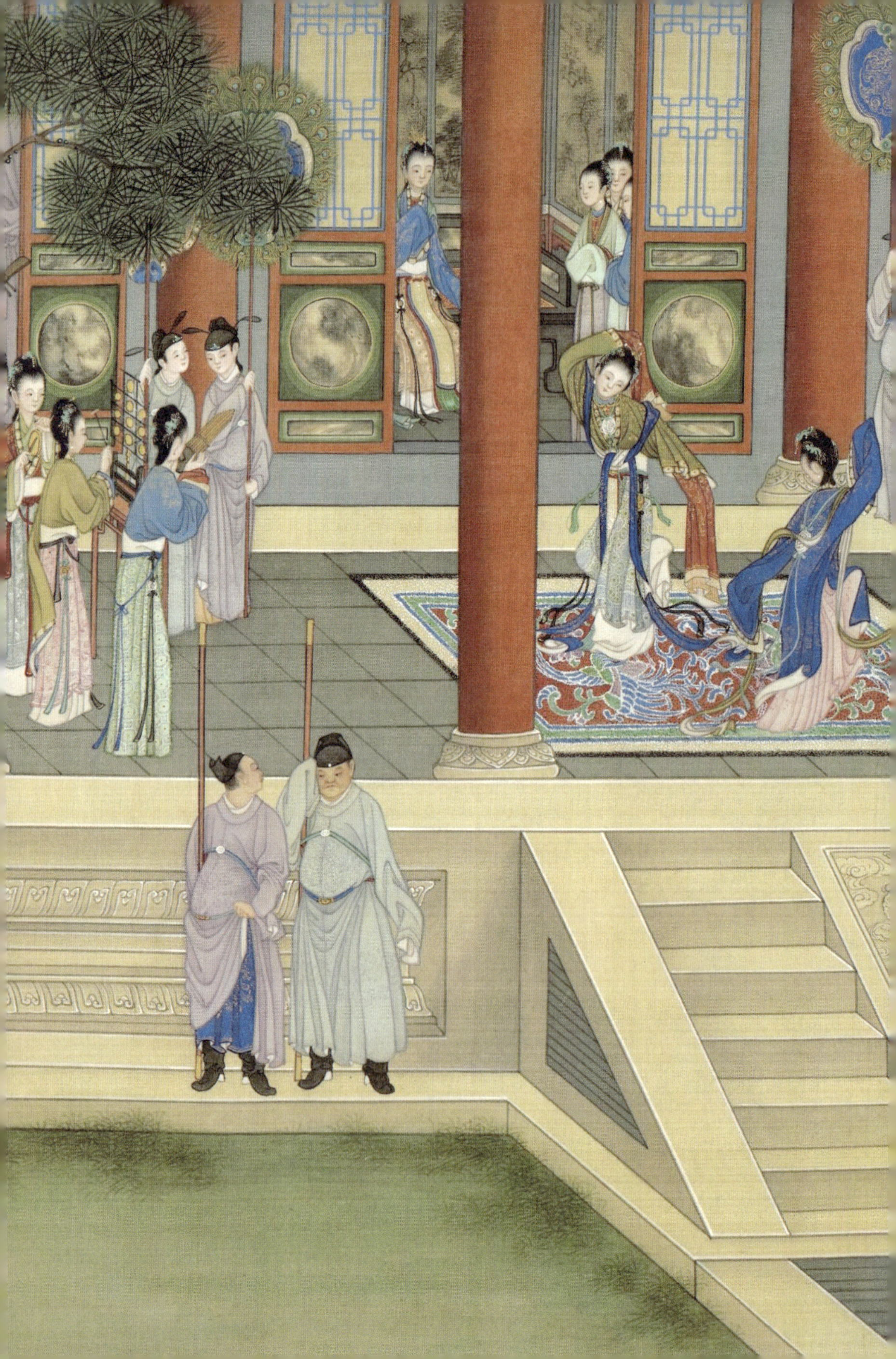

拾陆 老佛爷的欢心事儿

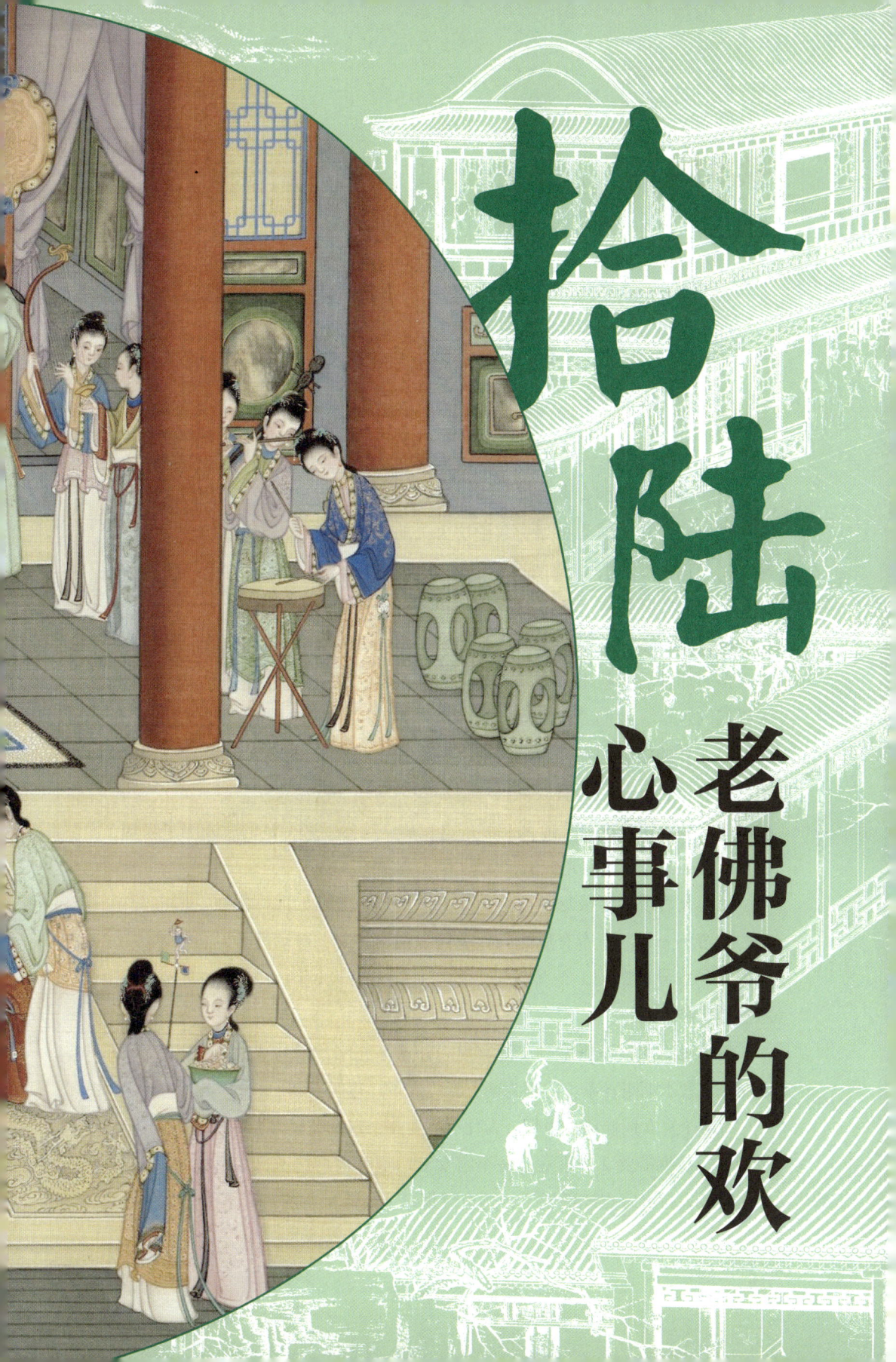

吸水烟

康熙帝认为吸烟有害健康，为了禁止宫里人吸烟，他曾经借故惩处过身边的大臣。而对于因为吸烟引起膳房失火的师傅二格，愤怒的康熙帝直接用铁条把他的鼻子贯穿，使他再也不敢违制吸烟。此后，宫内曾经一度禁烟，谁也不敢再吸烟了。

皇帝能够做到不吸烟，他们有很多正事、大事做，个人寂寞难耐的时候并不多。那些后妃就不一样了，她们非常寂寞。皇帝在世的时候，都不一定来她们的寝宫，她们经常独守空房。皇帝去世了，她们成了寡妇，彻底与世隔绝。守寡的妃嫔们在孤寂的情况下会做什么呢？下棋、听太监说书、荡秋千，有时也会去圆明园看放烟火。但那些活动很快就结束了。她们再次回到孤寂的宫殿，便苦思冥想什么能够排遣寂寞。这样一来，她们就爱上了吸烟，在吞云吐雾之间消遣时光。

慈禧太后饭后有吸烟的习惯，她虽然不似一般寡妇那样寂寞，但也和真正的皇帝不一样。皇帝有后妃陪伴，可以说话解闷；慈禧没有，慈禧不能像皇帝那样找异性解闷，至多就是太监李莲英陪着说说话。因此在听政之余，慈禧是非常寂寞的。

慈禧吸水烟，不吸旱烟。清宫里忌讳水烟二字，因与"水淹"谐音，所以储秀宫管水烟叫青条。此烟为南方专门进贡，也叫潮烟。

有4个宫女伺候慈禧吸烟。为什么需要4个宫女呢？因为每次需要准备两袋烟，每袋烟需要2个宫女，一个宫女专门抱着水烟袋；另一个趋向前，小心翼翼地去打火镰点燃纸眉子，再点燃烟丝。当然，慈禧一般不会吸两袋烟，

[清] 粉彩花卉鼻烟壶

以精致细腻的瓷质为基，绘以绚丽多彩的花卉图案，笔触细腻，色彩丰富。壶形小巧玲珑，便于携带，整体风格典雅高贵。

[清] 翠玉鼻烟壶

以翠质雕琢而成，器形扁圆，线条流畅，尽显清雅之韵。壶身光素无纹，壶盖采用红碧玺制成，与壶身相映成趣。

[清] 玉双螭耳鼻烟壶

与水烟类似，鼻烟在清宫中也风靡一时。鼻烟约在明朝万历年间传入中国，初期多为皇室贵族所用。康熙帝、雍正帝等都是鼻烟的爱好者，并推动了鼻烟在宫廷中的普及，令其逐渐成为一种社交礼仪和身份象征。此鼻烟壶以优质玉石精心雕琢而成，双螭耳造型生动，线条流畅，烟壶色泽温润，触感细腻。

[清] 银烧蓝水烟袋

以银为胎，珐琅彩釉装饰，烟袋上嵌透雕刻银烧蓝团"寿"字，工艺精湛，色彩艳丽。

准备两袋烟只是以防万一。

敬烟前要准备好6样东西：火石、蒲绒、火镰、火纸、烟丝和烟袋。宫女在慈禧面前点火敬烟，必须十分小心，万一火星溅到慈禧脸上，她一发怒，后果将十分严重。所以，别小瞧侍奉慈禧吸烟，事情虽小，却关乎宫女们的身家性命。引火用的纸眉子是关键，既不能搓紧了，容易灭火；也不能搓松了，那样火苗子容易蹿出来，还会冒烟，把慈禧烤了或呛了可都是非常危险的事。光是用火镰打火这件事，宫女们都要请专家来培训，反复练，直到练到万无一失，才可以上岗。

慈禧所用烟丝细薄而长，约10厘米。烟丝有一股清香味，用青绿色纸包裹，长方条状，所以叫青条。水烟袋整体为银制，分为两缸，一为烟缸，一为水囤，长长的烟管弯如鹤腿，因此又叫鹤腿烟袋。慈禧的这柄水烟袋，银体外饰烧蓝釉，再外包锦套，上绣花卉、卍字、蝙蝠，烟嘴上挂的穗上是用真丝线编成的长寿字。这柄烟袋高40厘米，重608克。

慈禧吸烟时，敬烟宫女必须跪下，用手托起水烟袋，慈禧一看烟袋，宫女便把烟嘴送到其嘴前约一寸远的地方，慈禧根本不用手接，只略一伸嘴便能含入口里。吸烟时，宫女不能正面对着慈禧，怕出气吹着她；但也不能背过脸，必须恭敬地微侧脸，低眉顺眼，呼吸轻微地伺候。吸完烟后，宫女不可背过身，扬长而去，而是要弯腰低头，趋脚倒退而出。

玩官房

清代的紫禁城里，住着数以万计的人，可是紫禁城内却没有厕所。宫里人解大便时，会将便盆里装好炭灰使用，完事后用灰盖好，端出倒掉；解小便时，则用便盆，倾倒在恭桶里，抬出倒掉。

慈禧的便盆称为"官房"，她一说"传官房"，就是要解手了。慈禧晚年肠胃不和，每天都得几次传用官房。

传官房前，要先备好手纸。慈禧所用手纸是细软的白绵纸。宫女加工手纸时，先把一大张分开裁好，再轻轻喷上一点水，宫女用口喷，雾星又匀又细。把纸喷潮以后，再用铜熨斗轻轻熨两遍，把纸毛熨倒为止。随后，宫女将熨好的纸裁长条备用。

慈禧的官房为檀香木质。外边刻着一只大壁虎，4只爪子狠狠地抓着地，构成官房底座的4条腿，身上有隐隐的鳞，好像都凸起来了。肚子鼓鼓地憋足了气，活像一个扁平的大葫芦，正好成为官房的肚子。壁虎尾巴紧紧地卷起来，尾梢折回来，和尾柄相交形成一个"8"字形，巧妙地做成官房的后把手。壁虎头翘起来，向后微仰着，紧贴在官房的肚子上，下颌稍稍凸出，和后边的尾巴正好是平行的地位，手的虎口恰好可以托住，正好作为前面的把手。壁虎头往后扭着，两眼向上注视着骑在背上的人。嘴略略地张开，恰好可以衔着手纸。两只眼睛镶有光亮的宝石。官房的口是略长的椭圆形，有盖，盖之正中卧有一条螭虎，做成提手。慈禧晚年肠胃不和，这件官房是她经常使用的东西。慈禧解手时，骑在大壁虎上面，一手握住壁虎的尾巴，一手拿着手纸逗大壁虎玩。也只有在这个时候，宫女们才觉得慈禧这个独裁者也有

[清] 慈禧 《锦屏春丽图》

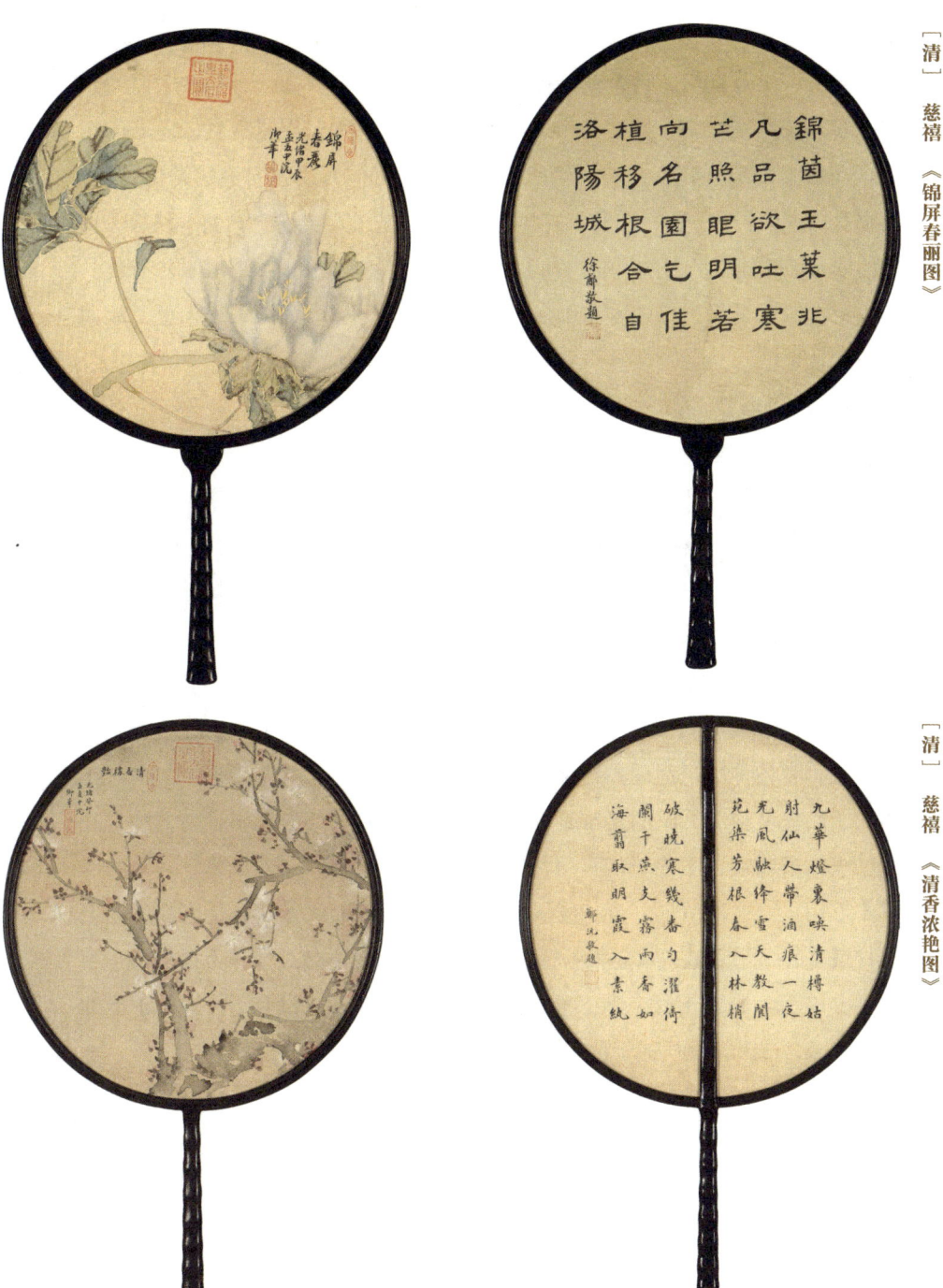

[清] 慈禧 《清香浓艳图》

人情味。

慈禧一说传官房，侍女便忙碌起来。一个去传专管太监，这个太监同官房一起随侍慈禧左右，即使是出巡在外也是如此。太监将裹有黄云龙套的官房顶在头上，走到寝宫门口，请跪安，然后把黄包套迅速打开，请出官房，由宫女捧进更衣室。另一名宫女在里间伺候慈禧先宽好衣服，再将一块2尺见方的油布铺在地上。宫女将官房在油布上放好，慈禧便由宫女搀扶骑上壁虎。

壁虎的肚里是干松的香木细末，便物落下后，立即滚入香木末里，故而闻不到臭味。

慈禧解完手，官房由宫女捧出寝宫。在寝宫外伺候的太监，垂手躬身恭候着，双手接过官房，再用黄云龙套装好，顶在头上退出。

别看慈禧在宫里解手这样摆派头，可1900年，她在逃往西安的途中却狼狈已极。有一次，她走进一间茅厕，但见空中苍蝇飞舞，地上恶屎黄汤横流，没有下脚之处，她只好退出来。最后，情急之中，她命随侍女眷脸朝外围成一个圈，她在里边解手。此时的慈禧真是五味杂陈，感慨万千。

慈禧对官房的感情是很深的，她离不开这个贴心的官房。尤其是光绪三十四年（1908年）十月初十，她74岁生日之后，由于频繁接见王公大臣的朝贺，出席各种庆祝活动，再加上不停地看戏，身体有些吃不消了。本来年龄大了肠胃就很弱，吃的又都是不易消化的好东西，结果坏了，她的肚子开始咕噜咕噜叫唤，不停地传官房，太监刚刚抱走官房，又开始传，两个官房都不够用了。这种情形一直持续了十几天，太医也束手无策，他们在脉案上写得最多的一句话是"水走大肠，得食则泄"，就是吃什么拉什么，已经止不住了。12天后，到十月二十二日，慈禧的肚子里什么也没有了，还是下旨准备传官房。这天，她病逝于仪鸾殿。

坐奔驰

慈禧一生大权在握,呼风唤雨,威风八面。仅从她出行所乘坐的交通工具便可窥见一斑。慈禧出行或者消遣行乐,主要乘坐过这些交通工具:轿子、船、火车和汽车。

一、轿子。这是慈禧乘坐得最多的交通工具,也是当时最常见的交通工具。史料中有慈禧乘坐轿子的照片,32人夹杠抬着一个肩舆,慈禧穿戴整齐,坐在上面,最前面是两个总管太监,东侧为李莲英,西侧为崔玉贵,后面是慈禧亲近的女眷或女官,如隆裕皇后等,还有侍奉的太监以及宫女。诸多御前太监拿着慈禧需要的物品,如官房,还有各种点心食盒、洗漱用具,等等。

二、船只。慈禧有乘坐船只的照片传世,这些船只倒不是慈禧出行的交通工具,而是行乐游玩的交通工具。慈禧重修颐和园后,昆明湖备有大小龙舟数艘专供慈禧游湖消夏。每次乘船至昆明湖时,她先到南湖岛上的龙王庙烧香拜佛,以求龙王保佑她水上游玩平安。夜游昆明湖时,根据季节的不同,有时会在湖中放置大量的荷灯,并用荷灯组成不同的图案,长廊和沿湖岸一线的石栏杆上都要挂上各种花灯,人在湖中巡游,观赏园中夜景,长廊似飞龙展姿,湖面像龙宫放彩,确实十分有趣。另外,慈禧也会扮成普陀山观音大士游湖,史料中就有这样的照片:李莲英扮韦驮,有时也扮成善财童子,庆亲王奕劻的三格格或四格格扮作龙女,船穿行于荷花之中,看上去非常逍遥自在。

三、火车。光绪二十六年(1900年),八国联军进攻北京,慈禧带着光绪帝逃离京师,辗转来到西安。光绪二十七年(1901年),在《辛丑条约》签订后不久，光绪帝发上谕，宣布和局已定，谕令内务府大臣扫除宫禁，择日回銮，因为为时天气炎热，候秋后稍凉启行，择由河南、直隶一带回京。八月二十四日一大早，西安满城文武官员齐集宫门之外恭送两宫启程。回銮队伍一路浩浩荡荡，沿途各地方官恭迎恭送，全没了来时的落魄模样，洛阳一地官员更是大肆铺张，就地搜刮民财，以供迎驾所需，唯恐不周，无不力求奢华。此时，跟随的马车已有3000辆之多，满载着各地进贡的金银珠宝、绫罗绸缎，以及白银400多万两。光绪二十七年十一月二十四（1902年1月3日），慈禧一行由正定改乘铁路花车前往保定，离开保定的时间是1月7日。那天，铁路局特备火车一列，共22节车厢。其中有上等车厢4节，慈禧太后、光绪帝各用一节，车厢均用黄缎铺饰。火车上所有御用瓷器碗盏，均由时任中国铁路总公司督办的盛宣怀呈进，车厢内外布置极尽奢华。车站两旁，扎有彩棚30座。在军乐声中，火车驶出保定站。当日，列车达到北京马家堡车站，朝廷各大官员列队恭迎。据记载，随着进站的汽笛鸣响，车站上列队整齐的西洋军乐队顿时鼓乐齐鸣，奏起了《马赛曲》。这首法国大革命的战歌，此时成了北京欢迎慈禧的迎宾曲。缓缓走下列车后，慈禧一行分乘八抬黄缎轿，进入永定门，结束了其长达2年的流亡生涯。

  四、奔驰轿车。戊戌政变后，袁世凯为了讨好慈禧太后，用1万两白银从德国汽车制造公司购进一辆第二代奔驰牌轿车，作为慈禧六十大寿的贡礼。

  这辆轿车的功能与现代轿车基本一样。4个粗轮的外胎为橡胶制品，车胎表面印有拉环纹。车身共两盏灯，均在前方，为铜制，下有引线，接通电源。车的座位柔软舒适，外罩蓝缎布，除司机外，仅能坐一人，是一部地道的专车。车顶由6根金属柱支起，顶篷周围垂下黄丝带，是德国公司专门为慈禧设计的，因为黄色为中国皇帝所专用。

  献上这部车后，袁世凯更加得宠。随后，他平步青云，进入军机处，成为清末炙手可热的权相。但这部豪华的奔驰轿车，慈禧只坐过一次，而且闹得很不愉快，因为给她开车的师傅是坐着开车的。慈禧一看很不高兴，认为司机居然和她平起平坐，便大发雷霆。但当她命令师傅跪着开车时，又差点儿酿成大祸，因此这辆奔驰轿车慈禧仅坐过一次。后来，她几次想坐，都被朝臣谏止，车子终于荒废在了颐和园里。

照 相

照相术传入中国,是晚清的事情。当时,北京城内私营照相业已经兴起,到照相馆拍一张照片,已成为当时北京市民的时尚。但在紫禁城内,直到光绪二十九年(1903年),慈禧太后才第一次拍摄个人照片。

实际上,慈禧太后对照相术是抱着试试看的心理去接受的。由于光绪二十六年(1900年),八国联军将她赶出京师,她对洋人是既害怕又憎恶。她对照相术的接受,是给洋人做出的一种姿态,表明她接受洋务。慈禧之所以不喜欢照相,部分原因是光绪帝珍妃。珍妃对照相非常喜欢,她很时髦,拿个相机,不是给光绪帝照,就是给太监宫女照,照来照去,热热闹闹,慈禧对此非常反感。于是,慈禧在光绪二十年(1894年)十月二十八日,狠狠地教训了珍妃,其中的原因就有照相这一条,说她扰乱宫廷。因此,基于以上原因,慈禧对于照相还是很谨慎的。

给慈禧照相的有两人,一为任庆泰,二为勋龄。任庆泰,字觐风,一作景丰,辽宁法库县人。清末,他在北京前门外大栅栏开设丰泰照相馆。当时,庆亲王奕劻常去丰泰照相,并把自己的照片带入宫中,慈禧看后大加赞赏。于是,奕劻将任庆泰带进宫中,为慈禧照相。任庆泰摸准慈禧的脉搏,所照的每张照片均博得慈禧欢心,任庆泰因此被赐予四品顶戴。

勋龄则出生于一个封建官僚家庭,父亲裕庚是三品大员,母亲和两个妹妹常去宫里陪伴慈禧。尽管如此,二十几岁的勋龄对给慈禧照相这件事仍感惶恐。一是自己目力极差,平时总戴眼镜,但觐见慈禧时,按规定是要除下眼镜的,他担心由于自己目力不济,会失仪招祸;二是他对自己的照相术并

慈禧像

大清國當今聖母皇太后萬歲萬歲萬萬歲

大清國當今聖母皇太后萬歲萬歲萬萬歲

大清國當今慈禧端佑康頤昭豫莊誠壽恭欽獻崇熙聖母皇太后

无十足把握，尤其是给挑剔的慈禧照相，稍有不慎可能招致杀身之祸。然而，慈禧对侍候她的人是豁达而宽容的。有一天，勋龄照完相，正在暗房里操作，慈禧突发奇想，传旨要去暗室看看底片。勋龄捧个盘子，匆匆赶去。由于未戴眼镜，在攀登丹墀上的石阶时险些摔倒，慈禧见状笑了，命两个太监扶他上来，并恩准他以后可以戴眼镜。还有就是照相时按规定勋龄必须下跪操作，但因操作不便，慈禧特准其站立照相。

慈禧的照片大致可以分为五类：一是慈禧的标准特写照片，都是在颐和园乐寿堂前搭的席棚中照的，中设御座，布景屏风及豪华陈设，照片中的太后或坐或站，而服装、头饰、陈设各不相同：有摆出各种姿势的，也有对镜插花的；二是化装成普陀山观音大士的照片，这是慈禧为了神化自己而特殊设计的，只见她自信地端坐在那里，一身佛装，另有李莲英打扮成韦陀模样，庆亲王四格格则装扮成龙女模样环侍周围；三是慈禧与后妃、格格、女官及外国公使夫人等的合影，这些照片生活气息相对浓一些；四是在颐和园仁寿殿前的乘舆照片，慈禧盛气凌人地端坐在平底船上，悠闲地在水上避暑消夏；五是慈禧端坐在宝座上的照片，慈禧穿着华丽的服饰，自信地目视前方，充分显示一代女主的威严气势。

从这些照片中，我们可以看到慈禧豪华的穿戴及傲慢的神态，充分展现了她专制47年的煊赫权势。这些照片为我们认识和研究慈禧提供了丰富而生动的素材。

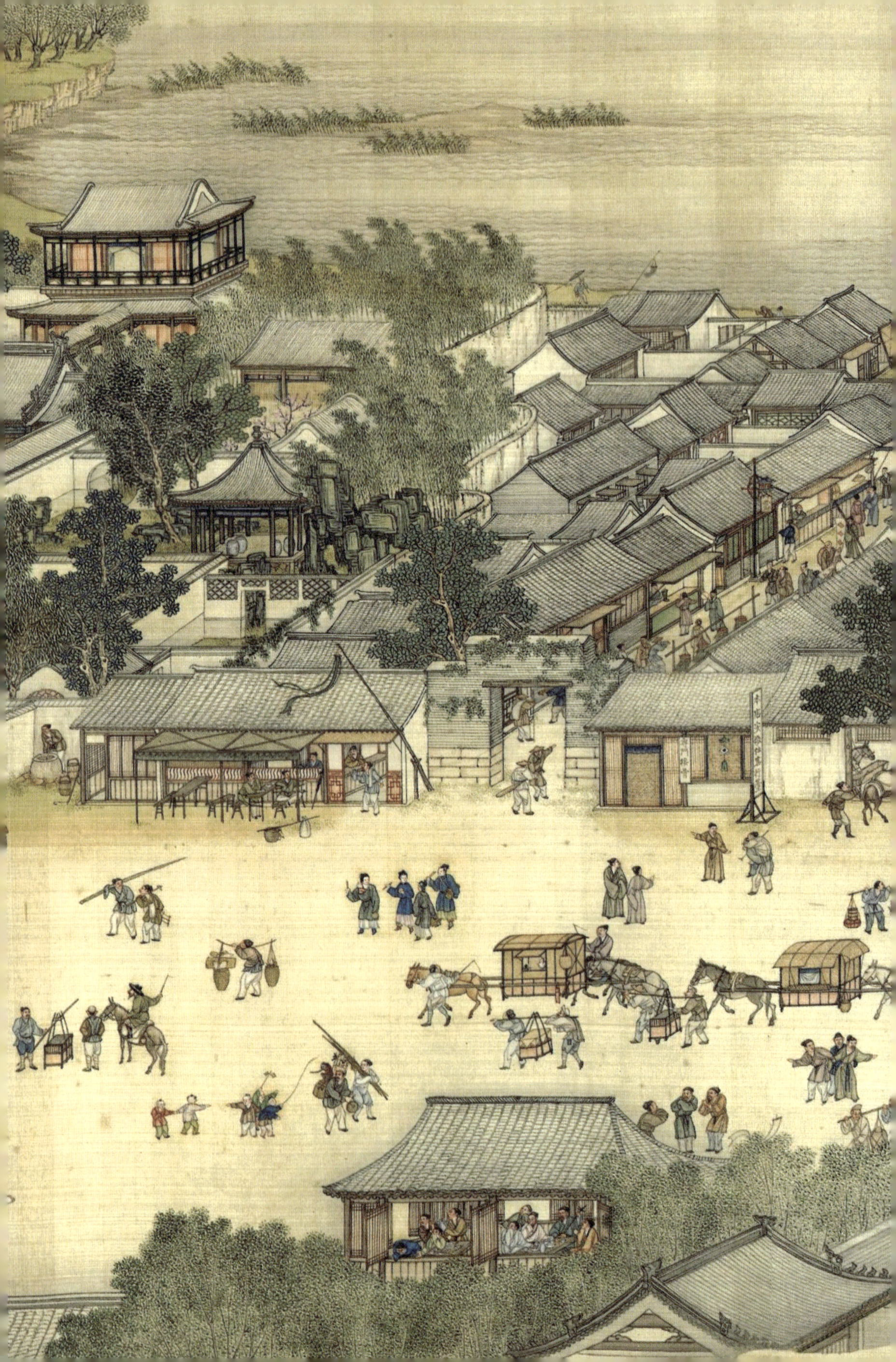

拾柒

清宫太医院

提心吊胆的太医

太医是指封建社会专门为帝王、后妃等上层统治阶级提供医疗服务的医生，也被称为御医。清朝的太医院设立于顺治元年（1644年），设有院使（正五品）；左院判和右院判（正六品）；御医（八品）；下面还有吏目、医士、医生（从九品）。这些人待遇不一样，但统称太医，大概有100人，以汉族医官为主。

给皇帝看病，看起来非常风光。可这些人一旦成为太医，就面临着严峻的考验，有时甚至面临生命的威胁。因为这些人不仅需要懂医术，还会经常被迫卷入政治斗争。因此，御医们常常生活在惶恐之中。举几个例子。

同治帝之死。同治皇帝于同治十三年（1874年）十月三十日患病，太医院院判李德立和御医庄守和诊断的情况是："系风瘟闭束，阴气不足，不能外透之症，以致发热头眩，胸满烦闷，身酸腿软，皮肤发出疹形未透，有时气堵作厥。"其实，这些御医怀疑同治帝得的不是天花，而是梅毒，但堂堂天子得了梅毒，怎么能够说得过去呢？因此，御医们很是为难，不知道怎么办。如果实话实说，慈禧肯定不会饶恕他们，没准一发怒，还会严惩他们。但如果按照太后的说法，按照出天花来治疗，则可能耽误病情。太医们左右为难，整日提心吊胆。最后，还是慈禧说了算，慈禧愿意说是出天花，那好吧，太医们只得开出了治疗天花的药方。

光绪帝之死。对于光绪帝，官方公布的死因很复杂，无非光绪帝身体一向虚弱，有遗精肾亏之症，再加上风湿，等等，最后多病复发，六脉已绝而死。御医杜钟骏著有《德宗请脉记》，其中详细记录了光绪帝的诊脉过程。包括他怎么号脉，怎么与光绪帝对话，怎么和其他御医商量，怎么下药，等等。从这里看，光绪帝一定是病逝的。可我们通过其他史料发现，杜钟骏没说实话，名医屈桂庭在《诊治光绪帝秘记》中记载光绪死前3天"在床上乱滚""向我大叫，肚子痛得了不得"，且"面黑，舌焦黄"。很明显，屈桂庭说的是实话。这种说法在后来的科学检测中得到了印证。近年来，有关部门采用高科技手段，对光绪帝的部分发样和葬衣进行科学检测，最终得出结论：光绪帝死于砷中毒，也就是砒霜中毒。2008年11月3日，国家清史编纂委员会在北京举行光绪死因研究报告会，正式宣布光绪帝死于急性砒霜中毒，这个笼罩在人们心中多年的历史谜团终于被揭开。

[清] 铜柱钮"太医院印"

清代太医院官印，收藏于故宫博物院。该印采用铜铸工艺，柱钮设计。印面有汉、满两种文字对照，体现多元文化特征。

所以说太医看病难，此言不假。比如，宫廷明令禁止使用针灸，原因是皇上的龙体外露有失尊严。不能坐着给皇帝诊脉，得跪着诊脉。不能让皇帝伸出舌头看舌苔，那样有失帝王尊严。不能问皇帝二便如何，那也有失皇帝的威严。据说御医们给妃子们看病，不能触摸妃子们的手腕，以免伤了风化。这样一来，民间就传出了悬丝诊脉的传说：太医只能把一根丝线由太监递到挂着帷帐的房间里，系在女眷的手腕上，另一头留在屋外太医的手里，而负气的妃子们常常把她那头系在椅子腿上，想考考太医能不能诊出她的病。实际上，系与不系都不能通过丝线切得脉象，太医们在这里走了一个形式。他们事先就已经千方百计地通过贿赂贴身太监，把病情了解得一清二楚了，此刻诊脉只是在静思默想如何下药而已。

为慈禧找名医

很多人可能会感到困惑，慈禧作为清廷的实际统治者，宫中设有太医院并聚集了大量御医，为什么她仍频繁找宫外名医诊治呢？

事实上，御医并不愿意一辈子供职于太医院，因为不知道什么时候会招来杀身之祸。例如在电视剧《大宅门》中，白家老二给王爷府的格格看病，一摸是喜脉，实话实说了，结果人家格格没出阁呢，导致白家差点家破人亡。宫里的御医更是如此，不仅需要高超精湛的医术，更需要眼观六路、八面玲珑的处世能力，否则容易惹祸上身。因此，慈禧对御医的信任有限。

慈禧大权独揽，国事纷繁，经常会着急上火，因此她的身体出现了很多毛病。尤其她作为女人，生过孩子，比男人得病的概率要大一些。比如，慈禧常年肠胃不和，从年轻的时候就经常这样。虽然御医们想尽了办法，但效果始终不佳。光绪二十六年（1900年），慈禧西逃，一路上辛苦就不用说了，着急上火，再加上年事已高，老毛病犯了。御医诊断其症状为："腹胀、阵发性腹痛、食欲不振、七八日不解大便，小便黄少，午后发热，口渴喜冷饮，身上发冷。"可他们束手无策。慈禧不想用他们，便下令在西安寻找名医，结果一个叫刘天定的乡下大夫被引见给慈禧看病。在诊断过程中，刘天定号脉后想看看舌苔，这完全符合中医的"望闻问切"之法，可是按宫廷规矩这是不允许的。所以，太监斥责刘天定大胆。幸亏慈禧明智，为了治病允许破例。刘天定这才看了慈禧的舌苔，"舌质紫红少津、舌苔干黑，且有裂纹"，当即对症下药，当晚慈禧便排黑色干便一次，五更排稀水便一次，次日清晨，发热、腹胀减轻，3天后痊愈。

[清] 佚名 《外销画·医士及各种药摊》

此系描绘清末京城医药行业的画册，共12帧。展现了当时医药行业的风貌，包括医士的诊疗、药材的贩卖等。

特别是每当慈禧有难言之隐的时候,更不愿意让御医来诊脉,以防消息外泄。光绪八年(1882年),此时慈安已经去世1年多,在宫中已经没有人能够约束慈禧了,野史记载她寂寞难耐,像皇帝一样招来男宠玩耍,不慎怀孕了。怎么办呢?一个寡妇怀孕,传出去还了得吗?这种事也不好叫御医来处理,毕竟好事不出门,恶事传千里。于是,心腹大臣李鸿章向她推荐了江南名医薛福辰。薛福辰通过给慈禧诊脉,确认慈禧怀孕了。于是,聪明的薛福辰建议慈禧用"清淤活血,行气通络"之法,必然奏效。慈禧一听,觉得薛福辰了解她的症状,便同意了他的建议。薛福辰赶忙到宫外去,亲自配了一服堕胎药,给慈禧服下,药到病除。这件事并没有确凿史料支持,但我觉得至少反映了统治者强势个性下可能发生的私生活现象。

慈禧对宫外名医的最大需求还是在于美容养颜。她认为这些事御医们干不好,有时甚至她自己动手。比如,炮炼胭脂,就是她自己挑选玫瑰花瓣并亲自指导如何炮炼。有人给她推荐了苏州名医曹沧洲,曹大夫认为慈禧的病症多半来源于工作压力太大,心情不好导致的体内气血阻滞。于是,他献上两个方子:一是三钱萝卜籽的药汤,通便顺气,调理气血阻滞;二是松仁粽子糖,由多味中药制成,可以清痰润肺,健脑强身,而且清爽可口,对慈禧体虚脱发有很好的疗效。慈禧采纳了这两个方子,效果很好,不仅体内郁积之症得到了缓解,就连面部血色也得到了改善,达到了标本兼治的效果。

自以为是的帝王

清朝的帝王在医学治疗方面大多自以为是，他们甚至干预太医的诊治，或者自己开方子。这样的例子有很多。

康熙帝对自己的医学知识就颇为自信，他认为自己见多识广，看的书多，阅历丰富，足以指导御医。

例如，康熙帝对补药有自己的见解，他认为北方人吃补药没有益处。当大臣赫世亨向他进奉补药时，康熙帝说："我从来不吃补药，我劝你也别吃；补药对人身体一点儿好处都没有，你吃完补药之后，有什么效果吗？"赫世亨说没有。康熙帝说："吃补药，就好比那些小人说些奉承的话，听着好听实际上一点儿好处也没有。"康熙帝还曾严厉批评皇八子允禩，说他滥用补药，导致身体每况愈下。赫世亨也是一样，闹了毛病，不用药物，反而用补药，结果病上加病。最终，赫世亨听了康熙帝的话，停了补药而吃治病的药。

再如，康熙四十四年（1705年）八月，康熙帝出巡，这时宫里传来不好的消息：孝庄太后的侍女苏麻喇姑病重，便血不止。康熙帝十分着急，他马上指示宫里给予治疗，并且亲自开了药方：用西伯噶古纳一剂加上白煮鸡汤，混合喝下。但令人没想到的是，这个对康熙帝百依百顺的苏麻喇姑这时却抗旨不遵，坚决不肯吃药。康熙帝没有责怪苏麻喇姑，因为这是她多年的习惯，有病从来不吃药。就这样，这年的九月初七，苏麻喇姑终于走完了自己的一生。

雍正帝也是一样，他自认为精通医理，还认为自己找到了长生不老的秘诀，那就是吃丹药。他找来很多道士在圆明园炼丹，一时之间，圆明园炉烟

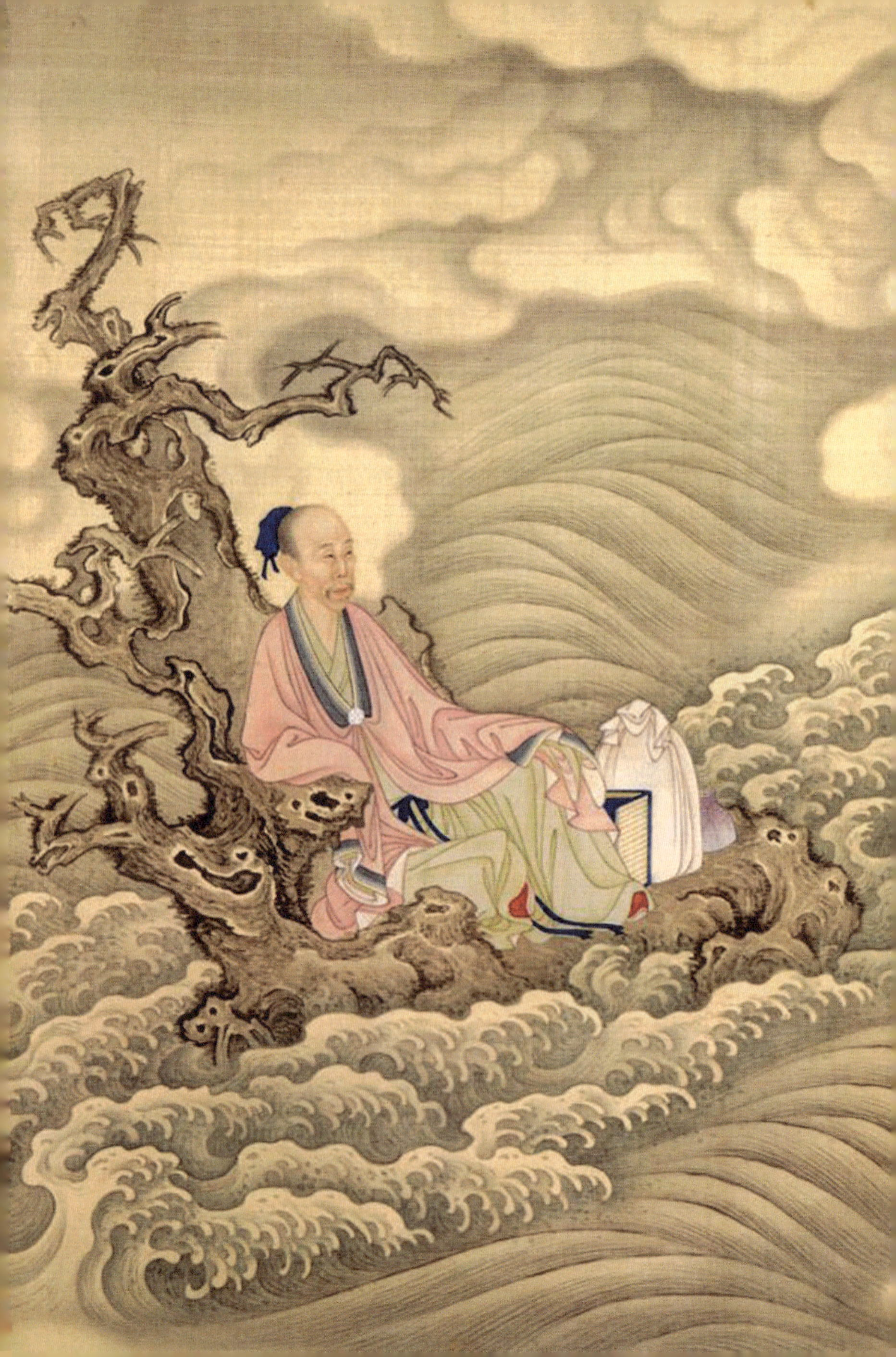

袅袅，仙气翩翩。雍正帝亲自布置，还非常悠然地写下了《烧丹诗》，描述道士们给他烧炼长生不老丹剂的情景。雍正帝非常相信吃丹剂能够长生不老，所以他不但自己长期服用，还赏给那些得宠的大臣吃。结果怎么样呢？这些丹剂里面含有大量的铅和锡，这些都是有毒物质，长期服用是会置人于死地的。专家推测，雍正帝极有可能是死于铅中毒。

光绪帝天资聪颖，对自己的身体非常了解，当御医给他开药却总是不见效果时，他似乎明白了一切。而且各种御医纷沓而至，让光绪帝非常心烦。于是，光绪帝斥责御医："你们没有对症下药！"言外之意，你们不是在救我，而是在害我。可是有什么用呢？光绪帝无力改变现状，最终，还是被砒霜毒死了。

大家可能要问，帝王们为什么要自以为是地对御医指手画脚呢？其原因主要有两点：一是皇帝告诫御医，不要糊弄我，我懂，你骗不了我；二是御医不便深入为皇帝诊脉，皇帝不得不自己下功夫研究。然而，帝王并不是专业大夫，其干预有时反而会加重病情。比如，慈禧太后的儿子同治帝明明得的是梅毒，她区分不开，就认定是天花，结果导致其病情恶化。

［清］　佚名　《胤禛行乐图册·乘槎成仙页》

画中雍正帝胤禛身着道装，乘槎浮于海上，神情悠然。历史上，雍正帝对道教十分推崇，而且对炼丹术有浓厚的兴趣，将其视为一种追求长生不老的方式。

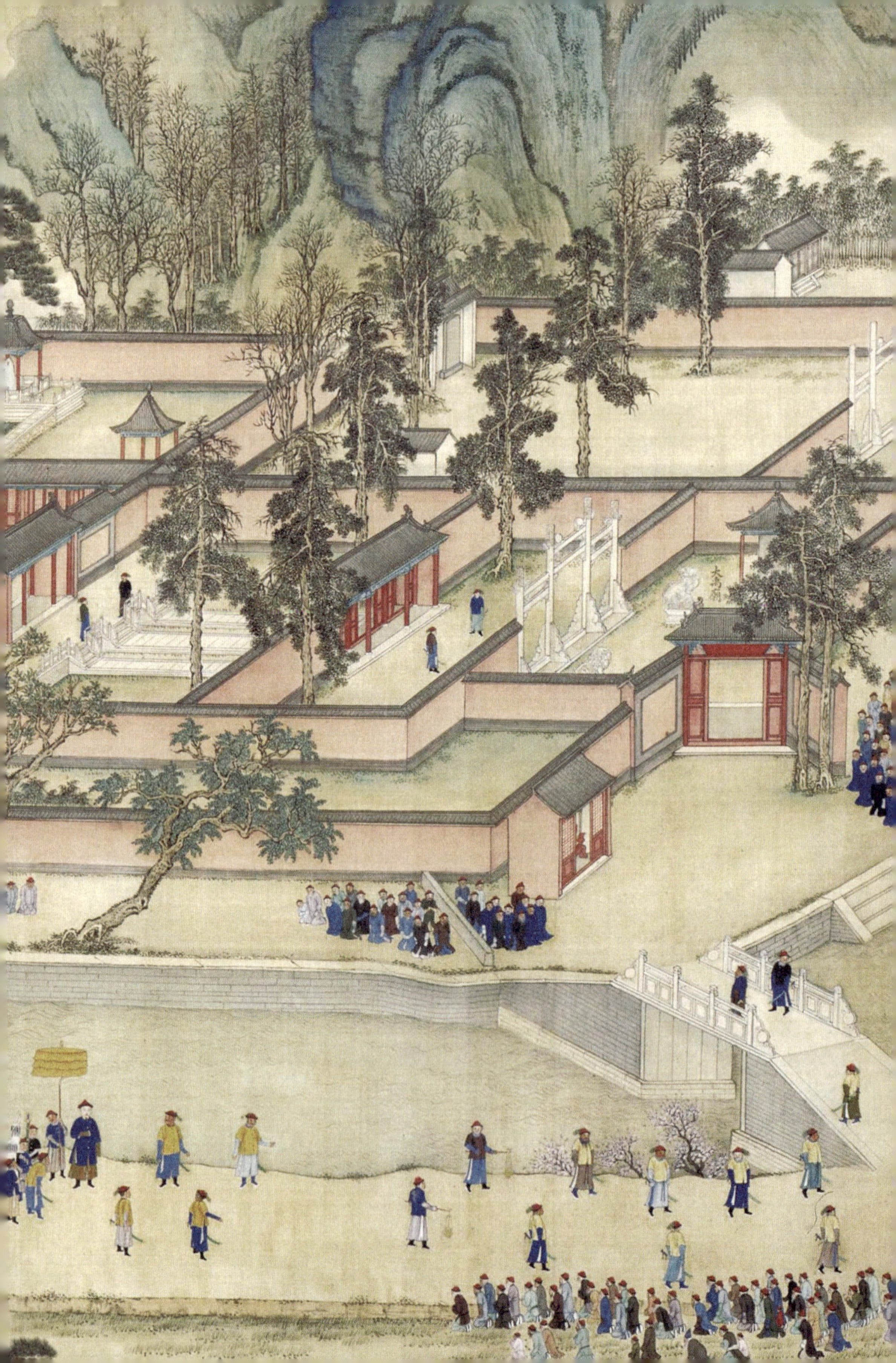

拾捌

准备后事

造棺材

清代皇家的棺具既沿袭了满洲入关之前的民族特色，又融入了汉文化元素，同时夹杂有宗教的内容。这些棺具是我们认识和了解清代宫廷史的重要实物资料。总结起来，有以下特点：

一、浓郁的民族特点。说它具有民族特点，是与汉材相比较而言的。如明嘉靖帝的棺具是直帮平顶，前大后小的形制。而清代皇家棺具则"盖如屋脊，中间隆起，两边倾斜，内部高大。棺头置一木质葫芦，挂整貂一具"。这种形制的棺具在满洲传统中称为旗材。入关前，身为游牧民族的满洲常在棺具末端置一葫芦，挂一些狩猎品来祭奠先人。入关后，虽然仍在棺具中保留了葫芦，但葫芦已失去了它的实际意义。

二、复杂而森严的等级特征。入关以后，满洲贵族很快吸收了汉文化的精髓。这在其棺具的制作中，主要体现在森严的等级制度上。在选材上，楠木、杉木的使用会根据等级严格区分；在漆饰中，三六九等的不同待遇，以及内棺衬布的细微区别，等等，都体现了等级制度的森严。

（一）选材上的区别。皇帝、皇太后、皇后、皇贵妃、皇太子的棺具用金丝楠木，贵妃、妃、嫔、贵人、常在、答应等则使用杉木。

（二）漆饰上的区别。皇帝、皇太后、皇后的棺具漆饰49次，皇贵妃金棺漆饰35次，贵妃、妃、嫔、贵人、常在、答应及众皇子、皇子福晋的外棺均漆饰15次，皇太子与皇贵妃一样，漆饰35次。

（三）颜色上的区别。清代皇家棺具最外层漆饰代表等级，因而非常重要。文献中明确记载了各级棺具的外层漆色：皇帝、皇太后、皇后的棺具髹以

金剛般若波羅蜜經

姚秦三藏法師鳩摩羅什譯

法會因由分第一

如是我聞一時佛在舍衛國祇樹給孤獨園與大比丘眾千二百五十人俱爾時世尊食時著衣持鉢入舍衛大城乞食於其城中次第乞已還至本處飯食訖收衣鉢洗足已敷座而坐

善現啟請分第二

時長老須菩提在大眾中即從座起偏袒右肩右膝著地合掌恭敬而白佛言希有世尊如來善護念諸菩薩善付囑諸菩薩

[清] 雍正帝 《金刚般若波罗蜜经》（局部）

该作品为行书，字体清雅流畅，笔力遒劲。经卷装帧考究，体现了清朝宫廷对佛教文化的尊重与推崇。

金；皇贵妃棺具髹以黄，绘金云龙纹；贵妃棺具髹以金黄，绘金云龙；妃嫔棺具髹以金黄；贵人、常在、答应棺具皆髹以朱；皇太子棺具髹以黄，绘金云龙纹；皇子棺具髹以朱，绘金云龙；皇子福晋棺具髹以金黄。

（四）称谓上的区别。清代皇家的棺具不仅外观有明显的区别，在称谓上更是有区分。帝后之棺称为梓宫，其中包括太后或太皇太后之棺；而皇贵妃、贵妃、妃、嫔的棺具称金棺；贵人、常在、答应则称为彩棺。棺具体量上，等级越高，其棺具越高大；反之，则低矮。这是其明显的外部特征。

三、宗教内容的重要体现。清代皇室对佛教的崇信是毋庸置疑的事实。在

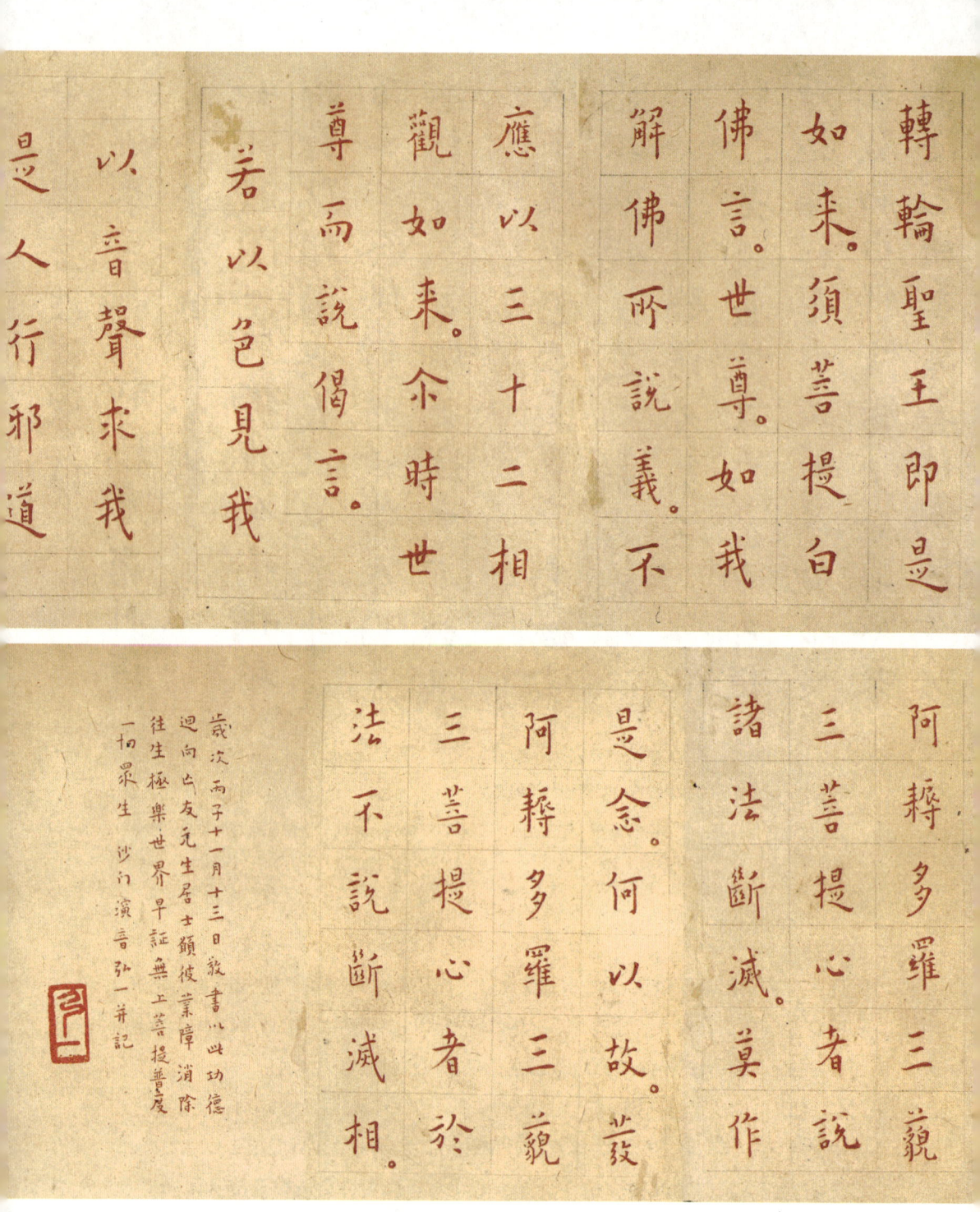

轉輪聖王即是如來。須菩提白佛言。世尊。如我解佛所說義不應以三十二相觀如來。爾時世尊而說偈言。

若以色見我 以音聲求我 是人行邪道

阿耨多羅三藐三菩提心者說諸法斷滅莫作是念。何以故。發阿耨多羅三藐三菩提心者於法不說斷滅相。

歲次丙子十一月十三日敬書以此功德迴向亡友元弁居士願彼業障消除往生極樂世界早證無上菩提普度一切眾生 沙門演音弘一并記

[民国] 弘一法师 《朱书金刚经》

　　该作品全卷长达 20 米，以行楷风格书写，线条灵动，风格含蓄。作为手抄经书的代表作，其书法精湛，极具收藏价值。

金剛般若波羅蜜經 節錄

須菩提。於意云何可以三十二相觀如來不須菩提言如是如是以三十二相觀如來。佛言須菩提若以三十二相觀如來者轉輪聖王則是如來。須菩提白佛言世尊如我解佛所說義不應以三十二相觀如來

須菩提。汝若作是念如來不以具足相故得阿耨多羅三藐三菩提。須菩提莫作是念如來不以具足相故得阿耨多羅三藐三菩提。須菩提

棺具的制作上可以通过实物来验证。档案中记载，其棺具内的数层棺衬均书写《陀罗尼经》；实物中，我们发现，乾隆帝、慈禧太后、淑嘉皇贵妃内棺表面均雕有梵文金刚经咒，等等，这都是佛教内容在棺具中的反映。如寿安固伦公主彩棺内"缮写西番字样"，道光帝常嫔内棺"缮写四天王咒"，康熙帝悼怡皇贵妃的内棺"写喇嘛字"，而慈禧太后的内棺中同样书有"西番四天王咒"。四天王咒的摆布形式则是根据棺椁入葬地宫之后的实际方向而定，棺之南书南方增长天王咒，北书北方多闻天王咒，东为东方持国天王咒，西为西方广目天王咒。

四、高超的工艺水平。毫无疑问，皇家的棺具，尤其是帝后的梓宫，是清王朝丧礼中众臣拜祭的核心，按照"事死如事生"的原则，一定是制作精良。首先在承作部门上，由内务府、工部等相关部门选择天下精良的物料，再由技艺高超的工匠精工细作而成。因此，这些棺具在一定程度上代表了当时最高的工艺水平。就已发掘的棺具来看，乾隆帝内棺采用凸雕经文工艺，是一件十分难得的剔红作品。慈禧内棺为阴刻填金，华丽无比。

制寿衣

清宫的主位们去世之后，往往会采用民间的办法，穿戴整齐下葬。同时，清朝后宫的帝后妃嫔们，在丧葬问题上，消费比较理性。相对于明朝，清朝的宫廷丧葬是比较简朴的。比如，在烧衣这个问题上，皇太极就明确规定，不许给死人烧掉很多衣物，尤其不准给死人单做新衣服烧掉，否则一旦被举报，就要惩罚。皇太极认为，死人固然要重视，但还要以活着的人为主。后来，清朝宫廷采取了一个灵活的办法：烧纸衣，上面缀假珍珠。这样一来，既表达了对逝者的尊敬，又没有浪费钱财，两全其美。

清宫的寿衣与平时穿用的衣服一样，由内务府采办，同样由三个织造局筹办，即江宁织造、杭州织造、苏州织造。下面介绍几位清宫主位的寿衣情况。

一、慈禧的寿衣。慈禧太后生前有很多华丽的衣服，死后能不能接着使用呢？那是绝对不会用的，是要烧掉的。她为自己百年后精心准备了寿衣。她委托江宁织造和苏州织造，为自己准备了三件寿衣：两件是袍子，一套是上下合体之衣。那两件袍子中穿在最外面的那一件超越了规制，完全按照皇帝龙袍的做法，在袍子的各个部位绣上了后妃龙袍不应有的十二章。《清史稿·舆服志》记载："列十二章：日、月、星辰、山、龙、华虫、黼、黻在衣，宗彝、藻、火、粉米在裳，间以五色云。"只有帝王才能绣上十二章图案。十二章图案是用来赞美帝王聪慧、文治武功等方面具有非凡的能力，每一章纹饰都有取义：日、月、星三光照耀，象征着皇恩浩荡，普照四方；山，代表稳重的性格；龙，是一种神兽，变化多端；华虫象征皇帝要"文采昭著"，要有不同寻常的气质；宗彝，是古代祭祀的一种器物，象征帝王忠、孝的美德；藻，象征皇帝的品行冰清玉洁；火，象征帝王处理政务光明磊落；粉米，象征着皇帝给养人民，重视农桑；黼，为斧头形状，象征皇帝做事干练果敢；黻，为两个"己"字相背的图案，代表帝王能明辨是非、知错就改的美德。不仅如此，慈禧的这件寿衣还有一个连帝王都不如的地方，就是上面绣了好多佛字。可以说，这件寿衣是天底下独一无二的。不仅如此，这件寿衣的很多地方缀上了大珍珠，奢华无比。慈禧最里面的那件寿衣是合身而成的两件，上衣上面绣满福字，下衣则绣满了寿字，上下衣正好合为福寿。每个字上面分别缀上一颗大珍珠。慈禧在这方面动足了脑筋。

二、乾隆帝的寿衣。嘉庆四年（1799年）正月初三，乾隆帝去世。这个享尽荣华的太上皇穿戴了怎样的寿衣呢？

（一）不戴朝冠戴佛冠。档案记载，乾隆头戴天鹅绒绣"佛"字正珠顶冠。

（二）身穿棉衣下葬。查阅乾隆帝白事档，发现乾隆帝的寿衣都是棉衣，如龙袍里面套着鱼白纺丝小棉袄。

（三）明显的民族特色。从乾隆帝寿衣的饰物来看，具有明显的满族特色。比如，随身佩饰大荷包一对、小荷包一对、火镰一把、小刀一把。

至于乾隆帝的那些华贵朝服，则放置在了他的身边，陪伴着他。还有一点需要注意，由于乾隆帝活到了89岁，生前衣物太多，需要作处理：一部分作为寿衣随葬棺材内，另一部分作为"遗念"赏人。除此之外，绝大部分在名目繁多的祭祀礼中烧掉了。从嘉庆四年正月十一日头次焚化礼开始到1周年礼，共分19次，烧掉了成百上千件豪华的衣物。

三、温僖贵妃的寿衣。温僖贵妃是康熙帝的嫔御，生前地位煊赫，她是辅政大臣遏必隆的小女儿，姐姐是康熙帝第二位皇后孝昭仁皇后。温僖贵妃很得宠，曾经一度执掌后宫大权5年之久。康熙三十三年（1694年），贵妃去世，葬进景陵妃园寝。贵妃的葬衣非常华丽，共有三件寿衣：最外面是攒金绣八团云龙纹龙袍，构图细腻精巧，龙纹动感强烈；中间是暗云纹地挖织金寿字缎窄口圆领女衣，整件衣服上面织满寿字，共300余字；最里面是暗花绫窄口圆领女衣，暗花绫上装饰着梅花和兰花等图案，三件寿衣从里到外，叠加有序。除此之外，贵妃还有两件葬衣：一件是附体内衣，素缎织金锦窄腿两腰裤，斜裆，平裤口；另一件是折枝花暗花缎云龙纹织金锦宽襕女朝裙，上部为折枝暗花缎，下部为织金五彩云龙纹锦缎，构图精细饱满。贵妃的两足着朝靴，里面是缠枝莲织金女袜，外罩织金朝靴，上面均有云龙纹装饰。

四、容妃的寿衣。容妃是乾隆帝后宫中少有的维吾尔族女子，乾隆五十三年（1788年）四月十九日，容妃去世，终年55岁。容妃去世后，乾隆帝没有以伊斯兰葬礼为她安排后事，而是按照满洲的习俗，给她穿戴整齐下葬的。档案记载，容妃身穿三件寿衣：绣杏黄缎绵蟒袍一件、缂丝八团有水褂一件、桃红缎锦衫衣一件。同时，乾隆帝还为容妃陪葬了两套寿衣和大量奇珍异宝。

［清］镂雕象牙火镰盒（附火镰）

火镰盒的外壁两面雕刻有游龙戏珠图，海波汹涌翻卷，龙纹遒劲欲飞，并以黑漆点睛。整个套盒以黄丝带从中贯穿，上端由一珊瑚珠固定开启，下端由一染牙荷叶结托，展现了清代宫廷牙雕的精湛技艺。

陀罗尼经被

《陀罗尼经》是佛教密宗的一种经咒，有很多种，仅以《大悲心陀罗尼经》为例，据说诵读此经者，就会得十大利益：除一切病，延年益寿，常得富饶，灭一切恶业重罪，增长一切功德，远离一切恐怖，成就一切善根，等等。还有就是不会意外而死：不饥饿而死，不杖刑而死，不被仇家杀死，不在阵前而死，不为虎狼而死，不为蝎蛇而死，不为水火而死，不为疾病而死，不为毒药而死，等等。只要常诵此经，15种意外死亡的情况就不会发生。

以《陀罗尼经》为内容的被子称为陀罗尼经被，这是一种非常神秘的被子，它的功用概括起来，有以下三种：

一、镇宅。陀罗尼经被若挂在宅子里面可以镇宅，能够百恶不侵。

二、送福。陀罗尼经被如果给活着的人盖在身上，将会给他带来福气。可以保一生平安，延年益寿，不受侵扰。

三、超度。陀罗尼经被的最大用途，还是给逝者覆盖尸体。古人认为，一旦这种经被覆盖身体，就会很快传递佛的力量，能够化罪孽为吉祥，转罪孽为功德，远离一切痛苦，迅速往生西方极乐世界，或投身人间富贵人家。总之，可以超度逝者，一切向好。

但是在清朝并不是每个人都有资格使用陀罗尼经被的。清朝规定，没有皇帝的命令，谁也不准随意使用陀罗尼经被。以致到目前为止，我们发现的陀罗尼经被非常稀少。下面介绍其中的珍品：

乾隆帝的陀罗尼经被。2008年，在北京迎春拍卖会上，拍出了一件乾隆帝的陀罗尼经被。这件缂丝陀罗尼经被长2米，宽1.38米，呈古铜色，用细羊毛捻丝制成，工艺采用双面缂，缂丝代表了中国丝织工艺的顶峰，而双面缂又是缂丝中的极品。这件陀罗尼经被上共有四种文字，主体是一座佛塔，塔内缂满梵文《陀罗尼经》经文，塔周围有精美繁复的花纹。这件陀罗尼经被上标有"左肩""右肩""左脚掌""右脚掌"字样，显然是根据死者的身高尺寸定做的。最终，这件珍贵的经被以6550万元人民币的高价拍出。大家可能很奇怪，这不就是一件丝织品吗，它真的值这么多钱吗？在清东陵文物库房内，保存着一件慈禧太后的陀罗尼经被，让我们走近这件历经沧桑的文物，进一步揭开陀罗尼经被的神秘面纱。

慈禧的陀罗尼经被幅面很大，是迄今为止发现的最大的陀罗尼经被。它宽274厘米，长280厘米，基本呈正方形。这条经被是江宁织造进奉给慈禧太后的，是真丝加真金捻线，用的明黄色缎。由于幅面宽大、织工复杂，需要5个熟练织锦工人同时操作，历经数年方可完成。这条经被有很多珍贵之处：

第一，上面缀有大量东珠。东珠乃珍贵之物，在清代不许民间使用。这条经被上面的东珠居然多达820颗，华光闪闪，仅这些东珠在当时就估值16万两白银。

第二，上面织有大量汉字。一般来讲，陀罗尼经被上面的文字不用汉字，都用梵文书写。而慈禧的经被都用汉文，世所罕见。而且这些文字的数量非常多，达到了25000个。

第三，采用织工绣字。一般来说，陀罗尼经被上面的经文采用的都是朱砂印文的形式，从来没有采用织工绣字的形式。大家知道，印文相对容易，而织绣文字就复杂多了。况且织绣的不是梵文，而是方方正正的汉字，那就更复杂了，稍不注意，就会把文字织变形。

第四，完整的十二章纹。十二章纹是中国帝制时代的服饰等级标志，只有帝王的服饰上才会出现完整的十二章纹饰。慈禧虽然不是帝王，可是她的陀罗尼经被上出现完整的十二章纹饰，这就极为少见了。

就是这件弥足珍贵的陀罗尼经被，在慈禧去世之后，被覆盖在尸身之上，意图帮助慈禧超度，进入西方极乐世界。可是，在1928年7月，军阀孙殿英掘开慈禧地宫，毁棺扬尸。至于这条弥足珍贵的经被，兵匪只是拆走了全部820颗东珠，丝织品被随手扔掉，幸亏他们不识货，把这件织物精品留给了后人。

今欲為苦惱眾生說消
除災厄臨難救苦眾生
陀羅尼法以用救拔一
切受苦眾生能除一切
疾病滅除惡業重罪成
就一切諸善智速能滿
足一切心願利益安樂
一切眾生煩惱障閉唯
願慈悲哀愍聽許爾時

釋迦牟尼佛言汝大慈
悲宜應速說時觀世音
菩薩從法座起合掌正
立即說姥陀羅尼曰
那謨喝囉怛那怛
囉夜耶 那謨阿唎耶
婆路咭帝 攝伐囉
耶 菩提薩埵婆耶
摩訶薩埵婆耶 摩訶
迦盧呢迦耶 怛致他

阿鈸陀 阿鈸陀
跋唎跋帝 埋醯夷醯
哆姪他 薩婆陀羅
尼曼荼囉耶 埋醯夷
醯 鉢囉磨翰馱哆
耶唵 薩婆斫蒭伽
恒姪他 薩婆所
耶陀羅尼因地唎耶
攝伐囉耶 薩婆咄
瑟吒 烏訶耶彌 薩

婆訶
爾時觀世音菩薩說此
陀羅尼已十方世界皆
大震動天雨寶花繽紛
亂下為供養此陀羅尼
名薄伽梵蓮花手自在
心王印若有善男子善
女人得聞此秘密神妙
章句一歷耳根身中所
有百千萬罪悉皆消滅

[明] 佚名 《佛顶心大陀罗尼经册》（局部）

该经册分上中下三卷，卷上赞美经文能救拔众生、除灭疾病，卷中侧重宣说该经可助妇女安全生产，卷下则记录四则生动故事以显灵验。经文采用上图下经文的结构，以风琴折页装成册，反映了佛教中国化、世俗化的特点。

佛顶心大陀罗尼經卷上

爾時觀世音菩薩而白
釋迦牟尼佛言是我前
身不可思議福德因緣
欲令利益一切衆生起
大悲心能斷一切繫縛
能滅一切怖畏一切衆
解脫爾時觀世音菩薩
重白釋迦牟尼佛言我

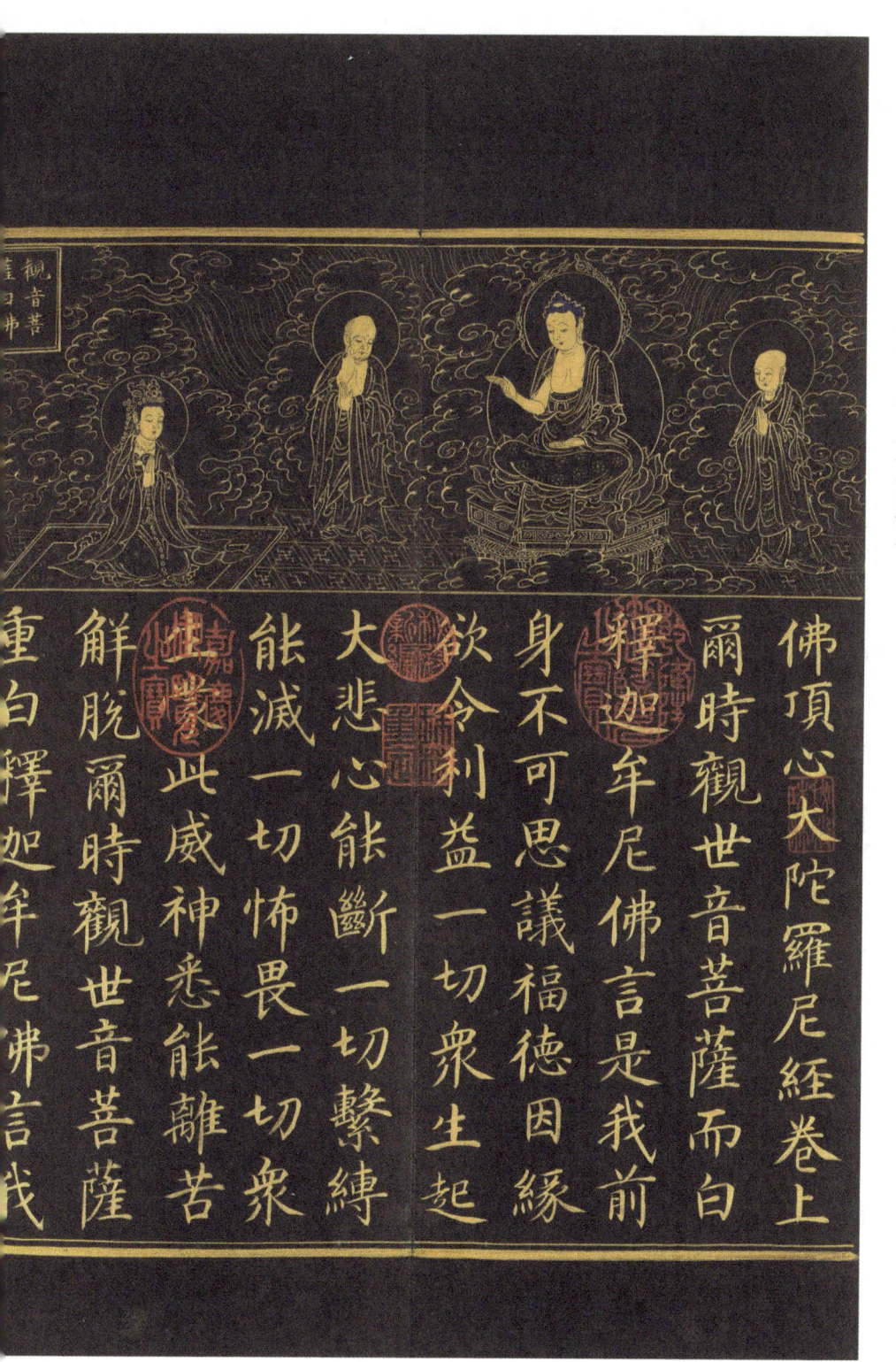

压 舌

什么叫"压舌"呢？就是把舌头压住。但不是给活人压舌，而是给死去的人压舌。这是我国古代的一种丧葬风俗。

大家可能感到疑惑，人去世之后，为什么要把舌头压住呢？原因有三：一是压住舌头，免得死者到另外一个世界里面惹口舌之灾。古人认为舌头易惹是非，因此，古人认为把舌头压住很有必要。二是不让死者做饿死鬼，晚辈为了孝敬逝者，会将物品塞进死者的嘴里，免得死者在黄泉路上太饥饿，所以压舌也叫"饭含"，就是给死者吃饭。三是在嘴里含上珠玉等珍贵之物，可以起到防腐的作用。古人认为，人体有七漏：鼻子二、耳朵二、嘴一、生殖一、肛门一，人去世之后，如果全部塞上，可以使身体不腐烂。

因此，古代上至皇帝，下到黎民百姓，去世之后，都要压舌。东北关外的满洲平民死后，多含乾隆制钱，贵族、官吏则含珠玉、金木屑、金银屑、银屑等。清代皇族则根据等级、地位而有区别。雍正九年（1731年）九月，雍正孝敬宪皇后在咽气之前，雍正帝表示要前去为皇后压舌，却遭到王公大臣的一致反对。雍正帝很生气，说："我一定要去，我和皇后在一起生活40多年了，感情至深，我一定要送她最后一程。"一位王公大臣说道："即便如此，皇上您也不能去。"雍正怒道："为什么？你说！"大臣回答道："人在咽气之前，最后一口气是最腥臊的，最忌讳喷到活人身上。皇上您前去压舌，最后一口气如果喷到您身上，那可就麻烦了。"雍正帝是非常迷信的，所以即使他和皇后的感情再深，一旦涉及切身利益，也会望而却步。于是，他听从了劝告，没有前去为皇后压舌。

乾隆帝的压舌。据说乾隆帝去世后使用了一个特殊的东西压舌，那就是知了——用汉玉片琢成，线条流畅，简洁大方。他为什么用知了压舌呢？原因有二：一是知了会蜕皮，寓意金蝉脱壳，具有灵活多样的应变能力，也寓意轮回转世，正好迎合了皇帝的心理诉求；二是知了也叫蝉，而"蝉"和"禅"同音，暗喻禅教，也就是佛教。乾隆帝信奉佛教，也难怪他要用玉蝉压舌了。

慈禧太后的压舌。慈禧的压舌是一颗大大的夜明珠。盗掘慈禧陵的孙殿英回忆："她的口中含有一颗很大的夜明珠，这颗珠子分开是两块，合拢就是一个圆球，分开时透明无光，合拢起来则透出一道绿色的寒光，夜间在百步之内可照见发丝。"这段描述足见这颗夜明珠的价值。为了取出这颗珍贵的夜明珠，盗陵兵匪大费周章。他们想掰开慈禧的嘴，可是，慈禧牙关紧闭。于是他们把慈禧倒挂，头朝下，拍打身体，但还是没吐出来。兵匪恼羞成怒，便在慈禧脸部刺了一刀，从刀口处取出了夜明珠。盗案发生后，全国哗然，民国政府追究盗陵犯，孙殿英为了摆脱麻烦，将价值连城的夜明珠送给了蒋介石夫人宋美龄。因为这是两瓣的珠子，宋美龄便把它缀在了两只拖鞋上。

[清]　玉蝉佩件

玉蝉多以和田玉制作。该玉蝉形态逼真，线条流畅。其玉质温润，造型规整，寓意高洁、清廉。

亲临镇墓

清宫中的那些主子,生前要为自己做一件非常重要的事情,但这件事不能大张旗鼓,要秘密去做,还要亲自去做。这是什么事呢?就是到自己陵寝中去实施镇墓行动。也就是向陵寝中的金井中投放镇墓珍宝,目的是防止陵寝将来被人盗掘。这件事并不是每个主子都能够做到的,只有那些有权有势的人才能够实施。下面以慈禧太后为例,看看她是怎么去镇墓的。

先解释一下金井,因为慈禧镇墓的地点就在金井。金井其实就是洞穴,直径大概15厘米,深度150厘米左右。慈禧陵寝的金井是竖向井,位于慈禧棺椁下方。这个地方之所以被称为金井,是因为它的作用至关重要,被认为象征龙穴,可以沟通阴阳,具有黄金一样的价值。为了防止将来陵墓被盗,慈禧首先想起了这个地方,决定要好好利用一下。

慈禧生前共向她的金井之中投放了六批珍宝,《菩陀峪金井安放帐》中记载:

第一次是光绪五年(1879年)清明节,慈禧亲临金井投宝。这年她45岁,清明节这天她把自己的儿子同治帝安葬在了惠陵,心情烦乱,于是她想起了自己的陵寝,便亲自向金井中投放了一批珍宝。其中,有一副金镯子和一副绿玉佩。

第二次是光绪十二年(1886年)清明节,慈禧亲临金井投宝。此时16岁的光绪帝就要亲政了,这对于慈禧来讲意味着什么呢?她感到十分忧愁。因此,她再次在清明节这天,亲自向金井之中投放珍宝。

第三次是在光绪十六年(1890年)清明节,慈禧亲临金井投宝。这一年实在是太特殊了。一个是光绪帝刚刚举行了亲政典礼，慈禧危机感顿生，更重要的是一直对自己忠心耿耿的醇亲王奕譞在光绪十六年病死了——他不仅是光绪的生父，还是自己的亲妹夫。此时慈禧又想起了自己的金井，于是在清明节这天亲自前往陵寝投宝。这批宝贝之中，有一件不同寻常，可以说是慈禧最喜爱的宝贝。这是一件东珠手串，共18颗大东珠，4颗小东珠，上面附有各式宝石，有红碧玺、绿玉、珊瑚、茄珠等，慈禧一直戴在腕子上。慈禧忍痛把这件宝贝摘下来投放在金井里面，是下了一番决心的。可就是这件宝贝，在8年后却发生了一段意想不到的故事。光绪二十四年，慈禧又命人给取了出来。自此之后，慈禧居然12年没有再向自己的金井中投宝，这究竟是为什么呢？

主要有两个原因。一是这段时间，是她与光绪帝较量的关键时期，光绪帝改革让慈禧十分不安，形成了帝党和后党之争，最终是慈禧胜利，变法被扼杀了。随后，慈禧又想废掉光绪帝，另立皇帝。之后，慈禧又经历了一次艰难的西逃之旅。二是她的陵寝正在被拆毁，重新修建，她不想把珍宝投进去，以防丢失。

第四次是光绪二十八年（1902年）清明节，慈禧亲临金井投宝。已经68岁的慈禧预感这是她最后一次来到自己的陵寝，意义不同寻常。自光绪二十一年（1895年），慈禧陵寝重修开始，她还没有来过，虽然此时工程还远远没有结束，但她也想看看到底建成什么样了。视察完工程之后，慈禧走向她的地宫金井，又一次向其中投宝。

第五次是光绪三十四年（1908年）十月十二日。慈禧过完74岁生日，一直拉肚子，她预感到自己将不久于人世，便特地点庆亲王奕劻向金井中投放了十件宝贝。实际上，慈禧这次是使用了调虎离山计把狡猾的奕劻调离了京城，免得他在这个时候兴风作浪，使得大权旁落。《清代通史》记载："或曰，有意出之。"说的就是这件事。

第六次是光绪三十四年十月十五日，慈禧在死前7天，又一次派出了内务府大臣来东陵向金井中投放珍宝。慈禧第五次和第六次投放的宝物，基本上是佛珠和佛像，几乎把金井都给塞满了。直到此时，慈禧这才放心，这些珍宝都是自己精挑细选的，用这些宝贝来镇墓是最好不过的。

[清] 白玉干支卦名玉珮

该玉佩采用上等和田白玉雕琢而成,莹润如脂,细腻温润。玉珮以龙纹、福纹环绕,中心镂雕善财童子。壁面刻有天干地支文字,巧妙地将古代历法融入其中。整体设计精巧,雕琢细腻。

[清] 金镶绿石钮子

以精致黄金为底,镶嵌翠绿宝石,熠熠生辉。绿石色泽浓郁,宛如翡翠,金边细致精美,工艺精湛,整体造型典雅。

[清] 茄楠木嵌金珠团寿手串

以茄楠木为珠，上嵌金珠团寿，饰以翠玉、碧玺、珍珠，尽显华丽奢侈。每颗木珠均精心制作，长约16厘米，蕴含深厚的文化底蕴和工艺价值。

[清] 翠玉佩饰

色泽鲜艳，翠质纯净，饰面雕刻精致，线条流畅，图案寓意吉祥，整体造型优美。

[清] 翠玉镯

以其温润的色泽和精致的工艺，展现了清朝玉器艺术的精湛与独特。

可令人意想不到的事情还是发生了,那就是慈禧苦心向金井之中投放的珍宝,居然有两次被取了出来。一次是在光绪二十四年(1898年),慈禧派人取走了在光绪十六年(1890年)投进的那串东珠手串,还是叫内务府的人来东陵取走的,动作很神秘。慈禧究竟为什么要取走这件宝贝呢?可能是她后悔放进去了。据说,后来慈禧在接见外国公使夫人时亮出了这件宝贝,华光闪闪,把人都看呆了。另一次是在宣统元年(1909年),就在慈禧棺材入葬地宫之前,居然有人从金井之中取走了所有珍宝。这件事真是太奇怪了,因为这些宝物是慈禧用来镇墓的。究竟是谁这么大胆,竟敢取出慈禧金井内的宝物?清宫档案《孝钦显皇后升遐记事档》中明确记载:"宣统元年十月初四日辰初,载瀛恭收金井内陈设。"也就是说,是载瀛取走了慈禧生前六次向金井中投放的全部珍宝。载瀛是一个宗室贝勒,他是奉了谁的命令?再说,金井内的珍宝是不能取出来的。1980年6月15日,西陵清理光绪帝崇陵地宫金井时,金井中的珍宝就全部在里面。慈禧金井中的珍宝为什么被人取出来,至今仍是一个难解之谜。如果泉下有知,躺在棺材之中的慈禧一定会十分关注这件事,毕竟自己苦心安排的六批金井中的葬宝,被人拿走了,没有了镇墓之宝,自己还安全吗?这时候,她的侄女,继任的隆裕太后为什么毫不干涉呢?其中的谜团,留待后人发现吧!